Knaur
MensSana

Über den Autor:

Atjo Westerhuis ist ein weltweit anerkannter Experte der Tier-Homöopathie. Er gründete 1977 die »Homoeopathic Veterinary Surgeons' Working Group«, hält Vorträge und veröffentlicht Artikel zum Thema Tier und Homöopathie. Seit den 70er-Jahren ist er praktizierender Tierarzt in einer Tierklinik im niederländischen Wageningen.

A. H. Westerhuis

Homöopathie für Hunde

Ein praktischer Leitfaden
zur Erkennung und Behandlung von
Hundekrankheiten

Mit Illustrationen von Marcel Jurriëus

Aus dem Niederländischen
von Clemens Wilhelm

Knaur
MensSana

Die niederländische Originalausgabe erschien unter dem Titel
Hond en Homeopathie bei Uitgeverij Homeovisie bv, Alkmaar

Besuchen Sie im Internet: www.droemer-knaur.de
Alle Titel aus dem Bereich MensSana finden Sie im Internet unter
www.knaur-mens-sana.de

Vollständige Taschenbuchausgabe
Droemersche Verlagsanstalt Th. Knaur Nachf., München
Juni 2000
Dieser Titel erschien bereits 1991 als deutsche Erstausgabe
unter der Bandnummer 76014.

Umschlaggestaltung: Agentur Zero, München
Satz: Rabus, Sonthofen
Druck und Bindung: Nørhaven Paperback A/S, Viborg
Printed in Denmark
ISBN 978-3-426-87111-9

10 12 13 11 9

Inhalt

Vorwort

Hunde sind manchmal wie Menschen. Als Besitzer kennen Sie den Charakter Ihres Hundes, und ich könnte mir denken, daß Sie viele seiner Charakterzüge bei Menschen in Ihrer Umgebung oder bei ihnen selbst wiedererkennen.
Auch was Gesundheit und Krankheit betrifft, sind Hunde kaum anders als Menschen. Sie können manchmal recht lästige Wehwehchen haben, die aber nicht immer so ernsthaft sind, daß man damit gleich zum Tierarzt gehen müßte.
Aber eben weil Sie Ihren Hund mit all seinen Eigenarten und Vorzügen so gut kennen, können Sie Ihrem Hausgenossen mit homöopathischen Arzneimitteln selbst helfen. Die Homöopathie geht ja vom ganzen Menschen und vom ganzen Tier aus, und deshalb ist es für die Wahl des richtigen Arzneimittels so wichtig, daß Sie Ihren Hund ganz genau kennen.
In meiner sechzehnjährigen Praxis als Tierarzt für Kleintiere konnte ich umfassende Erfahrungen mit homöopathischen Heilmitteln sammeln. Ich habe die Erfahrung gemacht, daß sich die Homöopathie in einer Vielzahl von Fällen ausgezeichnet zur Selbstbehandlung eignet.
Homöopathie für Hunde ist ein Buch, mit dem alle Herrchen und Frauchen kleinere Beschwerden bei ihrem Haustier mit homöopathischen Mitteln behandeln können. Ich habe mich bemüht, möglichst sorgfältig abzuwägen, was Sie selbst behandeln können und was nicht, und ich habe jeweils angegeben, wann der Zeitpunkt gekommen ist, daß Sie zum Tierarzt gehen müssen. Auch wenn Ihr Tierarzt wenig oder keine Erfahrung mit der homöopathischen Behandlung von Hunden hat, sollten Sie ruhig mir ihm über die Homöopathie reden; er kennt sicher einen homöopathisch arbeitenden Kollegen, mit dem man sich abspre-

chen kann. Oder Sie wenden sich mit der Bitte um Zusendung einer Liste *homöopathisch behandelnder Tierärzte* an:

Deutscher Zentralverein homöopathischer Ärzte e. V.
Linkenheimer Landstraße 113
7500 Karlsruhe 31

Die Potenzen und Dosierungen, die ich in diesem Buch empfehle, gelten für kleinere Beschwerden, so daß Sie sie ohne jede Gefahr von Komplikationen anwenden können. Wenn eine höhere Potenz als D30 erforderlich ist, ist das Leiden nicht mehr für die Selbstbehandlung geeignet, und Sie müssen einen Tierarzt aufsuchen.

Für Hundebesitzer, die überhaupt noch keine Erfahrung mit der homöopathischen Heilweise haben, findet sich am Ende dieses Buchs ein Anhang mit wichtigen Hintergrundinformationen:

Was ist Homöopathie?
Die Wirkung homöopathischer Heilmittel
Wie wendet man homöopathische Heilmittel an?

Dieses Buch will vor allem ein praktisches Nachschlagewerk sein, in dem Sie ganz schnell das richtige Heilmittel finden können. Wenn Sie das Buch des öfteren zur Hand genommen haben, wird Ihnen dies ohne weiteres gelingen. Um die Möglichkeiten dieses Buches optimal ausnutzen zu können, sollte man sich allerdings etwas Zeit für die Einleitung zur Symptomeliste und für Kapitel 1 nehmen, in dem die homöopathischen Typen dargestellt werden.

Ich wünsche Ihnen viel Vergnügen beim Lesen und alles Gute für Ihren Hund.

Dr. A. H. Westerhuis, Tierarzt

N.B.: *Homöopathie für Hunde* ist mit größter Sorgfalt zusammengestellt, damit Sie selbst das richtige Heilmittel auswählen können und Sie Ihren Hund in verantwortungsvoller Weise behandeln können. Dennoch können Verfasser, Verlag und/oder Dritte keine Haftung für das Erreichen des zu erwartenden Resultats und die eventuellen Folgen übernehmen, die aus der Befolgung der Ratschläge in diesem Buch entstehen. Wird eine Krankheit oder ein Leiden, das Sie selbst behandeln wollen, nicht erwähnt, oder erkennen Sie die Probleme Ihres Hundes nicht eindeutig in einer der Möglichkeiten der Symptomeliste, dann empfiehlt es sich, einen (homöopathischen) Tierarzt aufzusuchen.

Der Verlag

Symptomeliste

Die nachfolgende Symptomeliste ist Ihr Wegweiser durch dieses Buch. Wenn Sie die charakteristischen Krankheitserscheinungen oder andere Symptome bei Ihrem Hund aufsuchen, finden Sie daneben einen Querverweis auf die in diesem Fall angezeigten Heilmittel. Hinter jedem Mittel ist in Klammern die Seite angegeben, auf der dieses Mittel besprochen wird. Lesen Sie dort auch die Beschreibungen der anderen Mittel (manchmal kommt es auf ganz kleine Unterschiede an!), und prüfen Sie dann, welches Mittel zu Ihrem Hund paßt, das heißt zu seinem Leiden, seinem Charakter und seinem Verhalten. Die beiden letztgenannten Faktoren liefern Ihnen vielleicht Hinweise auf ein Arzneimittel, das gar nicht in der nachfolgenden, dieser Krankheitsrubrik zugehörigen Liste steht, aber sehr gut zur *Gesamtkonstitution* Ihres Hundes paßt (lesen Sie daher unbedingt auch das Kapitel *Homöopathische Typen und Verhalten,* in dem die »Arzneimitteltypen« näher behandelt werden). In vielen Fällen ist dieses Mittel dann das Mittel der Wahl für Ihren Hund.
Bei den angegebenen Mitteln hat sich in der Praxis gezeigt, daß sie in einer großen Zahl von Fällen sehr gute Resultate liefern. Trotzdem ist es mit dem Gedanken der klassischen Homöopathie, wie sie Samuel Hahnemann formulierte, nicht ganz vereinbar, mit einer solchen Symptomeliste zu arbeiten. In der klassischen Homöopathie wird ja nach einem Mittel gesucht, das zu einer Persönlichkeit, zu einer Konstitution paßt. Im vorliegenden Band geht es freilich mehr um »klinische Homöopathie«, die mehr das zu einem konkreten Leiden passende Mittel sucht. Natürlich spielt auch in der klinischen Homöopathie die Konstitution eine wesentliche Rolle. Man nehme daher von den Mitteln, die bei einem Leiden angegeben sind, nicht einfach das Erstgenannte

oder dasjenige mit dem vielversprechendsten Namen, sondern man versuche, sich etwas mit der Wirkung des Mittels vertraut zu machen.

Homöopathie für Hunde will Ihnen hierbei so gut wie möglich behilflich sein, damit Sie das Mittel finden können, das am allerbesten zu Ihrem Hund paßt. Beachten Sie, daß ein Teil der Ratschläge für die *Selbstbehandlung* und ein Teil *zum Kennenlernen und zur Besprechung mit Ihrem Tierarzt* gedacht ist. Wenden Sie sich in jedem Fall an Ihren Tierarzt, wenn Ihr Hund nicht innerhalb der angegebenen Behandlungsdauer zu mindestens 80 % wiederhergestellt ist. Auch dann, wenn die Beschwerden des Patienten im Laufe der Selbstbehandlung schlimmer werden oder neue Beschwerden hinzukommen, muß man zum Tierarzt gehen. In einer Reihe von Fällen werden Sie sofort zum Tierarzt geschickt – versuchen Sie niemals, selbst an Leiden wie zum Beispiel Epilepsie, Herzbeschwerden oder Tumoren herumzukurieren. Erkrankungen dieser Art haben im übrigen mit Homöopathie auch eine ungünstige Prognose.

Halten Sie insbesondere die vorgeschriebenen Potenzen ein; überschreiten Sie in keinem Fall nach eigenem Gutdünken die angegebene Potenz und überschreiten Sie nicht die Höchstpotenz von D30.

Beschwerden	*Indikationen*	*Arzneimittel* (mit Seitenverweis)
Aggressivität	durch Angst	Hyoscyamus (72), Natrium muriaticum (196), Tarantula (95)
	durch Eifersucht	Lachesis (77)
	durch Scheinträchtigkeit	Ignatia (75)
	durch Widerstand	Aurum metallicum (65), Chamomilla (69), Lycopodium (78), Platinum metallicum (89), Sepia (91)
Akne	allgemein	Arnica (122), Calcium jodatum (123), Hepar sulfuris (128), Kalium jodatum (305), Sulfur jodatum (222)
	nach Verletzungen, auf Narben (auch Bißnarben)	Arnica (62)
	zwischen den Zehen	Ignatia (129), Selenium (149)
Aktivität	übermäßige	Agaricus (120), Aurum metallicum (65), Coffea (69), Jodum (76), Nux vomica (83), Phosphorus (87)
	verminderte	Calcium carbonicum (67), Graphites (70)

Beschwerden	*Indikationen*	*Arzneimittel* (mit Seitenverweis)
Alleinsein	kann nicht	Hyoscyamus (72), Nux vomica (83), Phosphorus (87), Pulsatilla (89), Stramonium (94), Tarantula (95)
	kann	Chamomilla (69), Graphites (70), Ignatia (75), Lachesis (77), Lycopodium (78), Natrium muriaticum (83), Sepia (91), Staphisagria (93)
	will	Ignatia (75)
Allergie	allgemein	Cardiospermum (124)
	Nesselsucht	Apis mellifica (121), Lachesis (133), Rhus toxicodendron (148), Urtica (151)
	starke Schwellungen	Apis (353)
Analbeutelentzündung		Calcium sulfuricum (379), Causticum (124), siehe auch **Entzündung**
Angst	Verfolgungswahn	Argentum nitricum (62), Tarantula (95)
	heftige, plötzliche	Aconitum (60)
	allein gelassen zu werden	siehe **Alleinsein, kann nicht**

Beschwerden	*Indikationen*	*Arzneimittel* (mit Seitenverweis)
Angst	vor glitzernden Dingen	Stramonium (94)
	vor Gewitter	Borax (67), Phosphorus (87), Rhododendron (91)
	vor Stürmen	Rhododendron (165)
	vor Feuerwerk	Borax (258)
Appetit, perverser	Eier	Calcium carbonicum (67)
	eigener Kot	Veratrum album (282)
	Gras (ohne Erbrechen)	Silicea (282)
	Kalk, Zement usw.	Calcium phosphoricum (68), Calcium carbonicum (67)
	Kieselsteine	Lycopodium (79)
	Kot anderer Hunde	Carbo vegetabilis (282)
	Papier	Calcium phosphoricum (68)
	Plastik, Holz (ohne Erbrechen)	Ignatia (282)
	rohe Kartoffeln	Calcium carbonicum (67)
	Sand	Tarantula (95)
	Salz	Natrium muriaticum (281)
Arthrose	allgemeine	Bryonia (174), Causticum (124), Dulcamara (169), Harpagophytum (176), Hekla lava (177)
	Zehen	Ledum (160), Rhododendron (165)

Beschwerden	*Indikationen*	*Arzneimittel* (mit Seitenverweis)
Atherom Balggeschwulst (Grützbeutel)		Calcium carbonicum (123), Causticum (124), Thuja (151)
Aufstoßen, Blähungen		Aloe (260), Carbo vegetabilis (262), China (266), Lycopodium (268)
Autokrankheit		siehe **Reisekrankheit**
Bandscheiben-probleme	Hals	Bryonia (186), Calcium carbonicum (186), Lachnanthes tinctoria (188) Silicea (191)
	Rücken (Grundbehandlung)	Calcium carbonicum (186), Silicea (191)
	Rücken, nur Schmerz	Arnica (185), Bryonia (186), Calcium carbonicum (186), Hypericum (188), Rhus toxicodendron (190), Silicea (191)
	Rücken, mit Nervenausfall	Arnica (185), Causticum (187), Hypericum (188), Nux vomica (189), Petroselinum (189), Plumbum metallicum (190), Strychninum nitricum (191)

Beschwerden	*Indikationen*	*Arzneimittel* (mit Seitenverweis)
Bewegungs-probleme	Grundbehandlungen	Calcium carbonicum (168), Calcium fluoratum (168), Calcium phosphoricum (168) Silicea (182)
	Besserung durch Bewegung	Rhododendron (178)
	Verschlechterung durch Bewegung	Arnica (157), Bryonia (159), Ledum (160)
	Verschlechterung durch fortgesetzte Bewegung	Bellis perennis (159), Rhus toxicodendron (178), Ruta (179)
Bewegungspro-bleme und Kälte	trockene Kälte ver-schlimmert	Bryonia (159), Causticum (169)
	Kälte verschlimmert	Ledum (160)
	nasse Kälte verschlimmert	Acidum formicicum (157), Arnica (157), Dulcamara (169), Pulsatilla (161), Rhododendron (178), Rhus toxicodendron (178), Ruta (179)
Bewegungspro-bleme und Wärme	Wärme bessert	Rhus toxicodendron (165), Ruta (179)
	Wärme verschlechtert	Ledum (177), Pulsatilla (161)
Bindehaut-entzündung	allgemein	Calendula (354), Cineraria maritima (354), Echinacea angustifolia (355)

Beschwerden	*Indikationen*	*Arzneimittel* (mit Seitenverweis)
Bindehaut-entzündung	akute, eitrige	Belladonna (354), Hepar sulfuris (378), Mercurius vivus (377), Pulsatilla (355)
	chronische, eitrige	Argentum nitricum (354)
	mit wäßrigem Ausfluß	Aconitum (353), Allium cepa (353), Apis (377), Euphrasia (355)
	mit Schwellung	Apis (353)
Bißwunden	siehe **Schnitt-, Stichwunden**	
Blasenentzündung	allgemein	Echinacea angustifolia (316), Equisetum hiemale (316), Hepar sulfuris (320), Oleum terebinthinae (320), Solidago virga aurea (331)
	bei Blasenfunktions-störungen	Arnica (157), Hypericum (188), Nux vomica (189), Petroselinum (189), Plumbum metallicum (190), Strychninum nitricum (191)
	durch eine Rückenmark-erkrankung	siehe **Bandscheiben-probleme, Spondylose**
	bei trockener Kälte	Aconitum (315), Causticum (316)
	bei feuchter Kälte	Dulcamara (316), Rhus toxicodendron (322)

Beschwerden	*Indikationen*	*Arzneimittel* (mit Seitenverweis)
Blasenentzündung	heftige, akute	Cantharis (315), Pareira brava (320)
	während der Läufigkeit	Oleum terebinthinae (320), Pulsatilla (322)
Blasenfunktions-störung	allgemein	Petroselinum (321)
	emotionelle	Hyoscyamus (72), Pulsatilla (89)
Blaues Auge		Arnica (385), Ledum (343), Hypericum (387)
Blähungen, Aufstoßen		Aloe (260), Carbo vegetabilis (262), China (266), Lycopodium (268)
Blutende Penis-schleimhaut		Acidum nitricum (119), Arnica (324), Hamamelis (387), Millefolium (388)
Bluterguß		Arnica (385), Bellis perennis (385),
Bluterguß in der Ohrmuschel (Othämatom)		Arnica (385), Conium (359), Hamamelis (387)
Blutung im Augapfel		Hamamelis (387), Symphytum (343)

Beschwerden	*Indikationen*	***Arzneimittel*** (mit Seitenverweis)
Blutungen, äußere	relativ kleine	Arnica (385), Hamamelis (387), Millefolium (388)
Brandige Haut		Arsenicum album (122), Sulfur (149)
Brandwunden	ersten Grades	Calendula (386), Urtica (390) siehe auch **Verbrennungen**
Deckunwilligkeit der Hündin	aggressiv	Sepia (222)
	ängstlich, unsicher	Pulsatilla (217)
Demodikose (siehe Seite 000)		Hepar sulfuris (128), Sulfur (149), Sulfur jodatum (347), siehe auch **Akne**
Dominantes Verhalten	stets	Aurum metallicum (65), Lycopodium (78), Platinum (89), Sepia (91)
	gelegentlich	Chamomilla (69), Natrium muriaticum (82)
Durchfall	siehe **Erbrechen** und **Nervöser Durchfall**	
Durst, psychogener		Acidum phosphoricum (336)
Elefantenhaut		Carbo animalis (124), Carbo vegetabilis (124), Graphites (126), Kreosotum (133), Selenium (149), Tellurium (151)

Beschwerden	*Indikationen*	*Arzneimittel* (mit Seitenverweis)
Entwässerung	zur Anregung der Leber- und Nieren-funktion	Berberis (123), Cantharis (315), Lycopodium (138), Solidago virga aurea (149)
Entzündungen, nach der Ent-wicklungsphase	Anfangsstadium, meist noch keine lokalen Symptome	Aconitum (376)
	Infiltrationsstadium, erste lokale Symptome	Belladonna (376)
	lokale Veränderungen, anzuwendendes Mittel wird erkennbar, keine Eiterungen	Apis mellifica (377), Bryonia (377)
	Auftreten von Eiterungen, bis Abszeßbildung	Hepar sulfuris (378), Mercurius vivus (377), Myristica sebifera (378), Siegesbeckia orientalis (379) Tarantula cubensis (378)
	schlecht heilende Ent-zündungen mit Fistel-bildung	Calcium sulfuricum (379), Silicea (379)
	allgemeine Infektion des Körpers	Ferrum phosphoricum (380), Lachesis(380)
	unterstützende Mittel	Arnica (381), Calendula (380), Echinacea angustifolia (380)
	Nosoden	Pyrogenium (381) u. a.

Beschwerden	*Indikationen*	*Arzneimittel* (mit Seitenverweis)
Erbrechen und/oder Durchfall	bei Bauchgrippe	Arsenicum album (261), Ipecacuanha (267)
	bei Dickdarmproblemen	Aloe (260), Ignatia (75), Lycopodium (268), Mercurius corrosivus (268), Mercurius vivus (268), Nux vomica (269), Rheum (279)
	chronischer Durchfall bei einem alten Hund	Sulfur (279)
	durch Milch, bei Welpen	Aethusa (260)
	durch Ernährungsstörungen	Aethusa (260), Arsenicum album (261), Nux vomica (269), Okoubaka (274), Pulsatilla (278)
	mit Reizbarkeit	Antimonium crudum (261), Colocynthis (266), Natrium muriaticum (82)
	Erbrechen am Morgen	Arsenicum album (261), Bryonia (262), Ipecacuanha (267)
	explosionsartiges Erbrechen	Aethusa (260), Colocynthis (266), Nux vomica (269)
	beim Gebißwechsel	Chamomilla (244)

Beschwerden	***Indikationen***	***Arzneimittel*** (mit Seitenverweis)
Erbrechen und/oder Durchfall	durch Nervosität	Argentum nitricum (62), Gelsemium (70), Ignatia (75), Nux vomica (83), Staphisagria (93)
	durch Aufregung	Argentum nitricum (62), Gelsemium (70), Nux vomica (83)
Erfrierungen		siehe **Verbrennungen**
Fellprobleme		siehe **Haarkleid**
Fettsucht		Cimicifuga (290), Fucus vesiculosus (289), Ginkgo biloba (290), Graphites (290), Pulsatilla (290)
Fisteln		Hypericum (387), Silicea (389), siehe auch **Knochenhaut- und Knochenverletzungen Entzündungen, Sehnenverletzungen**
Fliegen schnappen		Hyoscyamus (72), Phosphorus (87)
Gebärmutterblutungen		Cimicifuga (208), Hamamelis (208), Millefolium (209), Secale cornutum (209), Ustilago maydis (209)

Beschwerden	***Indikationen***	***Arzneimittel*** (mit Seitenverweis)
Gebärmutterentzündung		Caulophyllum (203), Echinacea angustifolia (203), Helonias (203), Hepar sulfuris (204), Hydrastis (204), Kalium jodatum (204), Pulsatilla (205), Sabina (206), Secale cornutum (206), Sepia (206)
	Allgemeininfektion	Echinacea angustifolia (203), Lachesis (380), Pyrogenium (381)
Gebißwechsel	Basismittel bei Problemen	Calcium carbonicum (243), Calcium phosphoricum (244) Calcium fluoratum (168), Silicea (244)
	Erbrechen, Durchfall, während des	Chamomilla (69)
	Gebißteile bröckeln ab	Acidum fluoricum (243)
Gerstenkorn		Hepar sulfuris (346), Myristica sebifera (346)
Geschlechtstrieb	übermäßiger	Agnus castus (234), Arsenicum album (63), Asa foetida (212), Aurum metallicum (65), Gelsemium (266), Majorana (229), Murex purpureus (223),

Beschwerden	***Indikationen***	***Arzneimittel*** (mit Seitenverweis)
Geschlechtstrieb	übermäßiger	Platinum (224), Stramonium (94), Tarantula (95)
	zu wenig	siehe **Impotenz**
Haarkleid	abgebrochene Haare	Lycopodium (138),
	trockenes Haarkleid, bei feuerroter Haut	Sulfur (149)
	übermäßiges Haaren	Sulfur (149), Thallium aceticum (151)
Hagelkorn (Chalazion)		Graphites (347), Platanus occidentalis (346), Staphisagria (347)
Harnleiterkrampf		Sabal serrulatum (322)
Harnwegsteine		Berberis (333), Lycopodium (334), Orthosiphonis stamineus (33 Rubia tinctorum (334), Solidago virga aurea (334)
Haut- oder Muskelverletzung		Arnica (385), Bellis perennis (385), Calendula (386)
Hautprobleme und Kälte	Kälte bessert	Apis mellifica (121), Arsenicum album (122), Carbo vegetabilis (124), Dolichos pruriens (125), Fagopyrum (125), Ledum (134), Mezereum (14 Sulfur (149)

Beschwerden	*Indikationen*	*Arzneimittel* (mit Seitenverweis)
Hautprobleme und Kälte	Kälte verschlimmert	Antimonium crudum (120), Carbo animalis (124), Causticum (124), Hepar sulfuris (128), Petroleum (144), Psorinum (147), Rhus toxicodendron (148)
Hautprobleme und Wärme	Wärme bessert	Carbo animalis (124), Hepar sulfuris (128), Psorinum (147)
	Wärme verschlimmert	Antimonium crudum (120), Apis mellifica (121), Arsenicum album (122), Carbo vegetabilis (124), Dolichos pruriens (125), Fagopyrum (125), Kalium arsenicosum (133), Kreosotum (133), Ledum (134), Mezereum (142), Sulfur (149)
Hautprobleme und Wasser	Schwimmen, Baden usw. verschlimmert	Sulfur (149)
Hautprobleme Lokalisierung von	Hodensack	Croton tiglium (125), Rhus toxicodendron (148)
	Übergang von Haut zu Schleimhaut	Acidum nitricum (119), Petroleum (144)
	Schleimhaut um die Geschlechtsöffnung	Croton tiglium (125)

Beschwerden	***Indikationen***	***Arzneimittel*** (mit Seitenverweis)
Hautprobleme, Lokalisierung von	Rücken von Schwanz bis Hinterkopf	Agaricus (120)
Heimweh	in Pension oder nach Umzug	Ignatia (75)
Heiserkeit		Arum triphyllum (301), Causticum (301), Paris quadrifolia (302)
Hinterhandschwäche		Causticum (187), Conium (196), Ginkgo biloba (188), Natrium muriaticum (196), siehe auch **Bandscheibenprobleme, Spondylose**
Hoden steigen nicht ab		Cimicifuga (238), Pulsatilla (238)
Hornhautentzündung mit Geschwürbildung		Aethiops antimonialis (358), Aurum jodatum (358), Calendula (358), Kalium bichromicum (359), Silicea (359)
Husten	bei Allergie	Ammi visnaga (299), Grindelia robusta (303)
	bei asthmatischer Bronchitis nach Zwingerhusten	Yerba santa (307)
	bei chronischer Bronchitis	Arsenicum jodatum (300), Stannum (306), Antimonium tartaricum (307)

Beschwerden	*Indikationen*	*Arzneimittel* (mit Seitenverweis)
Husten	bei trockener Kälte	Aconitum (299), Causticum (302)
	bei Zwingerhusten	Arsenicum album (300), Belladonna (301), Drosera (303), Ipecacuanha (304), Spongia (306)
	bei Lungenemphysem	Ammonicum carbonicum (30
	bei nasser Kälte	Dulcamara (303), Rhus toxicodendron (306)
	bei Virusinfektionen	Arsenicum album (300)
	und zäher Schleim	Kalium bichromicum (305)
	mit Erbrechen	Ipecacuanha (304)
	krampfartiger	Cuprum aceticum (302)
	nach dem Einatmen von Ammoniak	Arum triphyllum (301), Ammonium carbonicum (30C
	nach der Unterdrückung von Hautbeschwerden	Sulfur (306)
	nach Impfung	Thuja (307)
	nervöser	Hysocyamus (304), Ignatia (304)
	Resorbtionsmittel	Arsenicum jodatum (300)
	sehr schmerzhafter	Bryonia (302)
Hüftdysplasie	beginnende, mit Knochenwucherungen	Calcium fluoratum (175), Harpagophytum (176), Hekla lava (177), Ruta (179), Symphytum (182

Beschwerden	***Indikationen***	***Arzneimittel*** (mit Seitenverweis)
Hüftdysplasie	ohne Knochenwucherungen	Calcium carbonicum (174), Calcium fluoratum (175), Calcium phosphoricum (176), Rhus toxicodendron (178), Silicea (182)
Hysterie	bei Scheinträchtigkeit oder Geburt	Asa foetida (226)
	durch Angst	Hyoscyamus (72)
	unerwartet, ohne Anlaß	Ignatia (75)
Impotenz		Acidum phosphoricum (234), Agnus castus (234), Arnica (234), Damiana (235), Ginseng (235), Yohimbinum (235)
Infektion		Calendula (380), Echinacea angustifolia (380), Hypericum (387), Lachesis (380), Ledum (388), Pyrogenium (381)
Juckreiz	durch Nervosität	Nux vomica (143)
	durch übermäßigen Geschlechtstrieb	Majorana (138)
	ohne Haut- oder Fellschädigung	Agaricus (120)

Beschwerden	***Indikationen***	***Arzneimittel*** (mit Seitenverweis)
Kahlheit	mit Juckreiz	Graphites (70), Natrium muriaticum (143), Pulsatilla (.147)
	symmetrische	Graphites (126), Lachesis (133)
	ohne Juckreiz, lokal, pigmentiert	Apis (121), Lachesis (133), Pulsatilla (147)
Kalmieren	(Phytotherapie)	Avena sativa (58), Passiflora incarnata (58)
Knochenbruch		Hekla lava (160), Symphytum (167)
Knochenentkalkung		Calcium carbonicum (168), Calcium fluoratum (168), Calcium phosphoricum (168) Hekla lava (160)
Knochenhaut- und Knochenverletzung		Hekla lava (160), Ruta (389), Symphytum (390)
Knochenwucherungen		Calcium fluoratum (175), Causticum (169), Harpagophytum (176), Hekla lava (177), Ruta (179), Symphytum (182)
Läufigkeit bleibt aus		Cimicifuga (217), Pulsatilla (227)

Beschwerden	*Indikationen*	*Arzneimittel* (mit Seitenverweis)
Leckgranulom	allgemein	Arnica (157), Hyoscyamus (72), Hypericum (387), Ignatia (129)
	eiternd	Silicea (148)
Lidakne		Sulfur jodatum (347)
Lider, geschwollene	bei Allergie, Infektion	Apis (344), Ledum (345)
Lidwarzen		Acidum nitricum (345), Thuja (345)
Linsentrübung		Calcium fluoratum (357), Causticum (357), Cineraria maritima (356), Naphtalinum (357), Sulfur (357)
Lippenfaltenexzem		Mezereum (242)
Mandelentzündung		Kalium bichromicum (251), Kalium jodatum (251), Lachesis (252), Lycopodium (252), Mercurius bijodatus (252), Phytolacca (252), Sulfur jodatum (252)
Milchglasauge		Thuja (360)
Milchmangel		Agnus castus (211), Alfalfa (211), Asa foetida (212),

Beschwerden	*Indikationen*	*Arzneimittel* (mit Seitenverweis)
Milchmangel		Chamomilla (212), Phytolacca (212), Urtica (212)
Mundentzündung		Calendula (247), Chamomilla (247), Kreosotum (247), Mercurius corrosivus (250), Mercurius vivus (250)
Nachgeburt	nicht gelöst	Caulophyllum (203), Sabina (206), Secale cornutum (206)
Nagen an den Pfoten	durch Anspannung	Hyoscyamus (72), Ignatia (129)
	nach Unfall	Arnica (157), Hypericum (160)
Narben	entzündet	Arnica (122), Silicea (389)
	hart und schmerzend	Calendula (386), Conium (359), Graphites (359), Silicea (148)
	auf der Hornhaut	Conium (359), Graphites (359), Silicea (359)
Nasenausfluß	eitriger	Cinnabaris (295), Hepar sulfuris (296), Kalium bichromicum (296), Luffa operculata (296),

Beschwerden	***Indikationen***	***Arzneimittel*** (mit Seitenverweis)
Nasenausfluß	eitriger	Pulsatilla (296)
	wäßriger	Allium cepa (295), Euphrasia (295), Luffa operculata (296), Galphimia glauca (296)
Nasenbluten	allgemein	Hamamelis (387), Millefolium (388)
	nach Verletzung	Arnica (385) siehe auch **Verletzungen**
Nervenzucken		Agaricus (60), Zincum metallicum (96)
Nervöser Durchfall		Argentum nitricum (62), Gelsemium (70), Ignatia (75), Nux vomica (85), Staphisagria (93)
Nervöser Husten		Hyoscyamus (72), Ignatia (75)
Nierenentzündung	akute	Cantharis (386), Echinacea angustifolia (387)
	Schrumpfniere	Lespedeza sieboldi (331), Orthosiphonis stamineus (33 Solidago virga aurea (331)
Nierensteine		siehe **Harnwegsteine**
Nymphomanie		Apis (223), Aurum metallicum (223), Cimicifuga (223), Murex purpureus (223),

Beschwerden	*Indikationen*	*Arzneimittel* (mit Seitenverweis)
Nymphomanie		Platinum (224)
Ohrentzündung	akute, eitrige, schmerzhafte	Hepar sulfuris (371)
	akute, wäßrig-eitrige	Mercurius vivus (371)
	chronische, den Gehörgang verstopfende	Tellurium (372)
	chronische, eitrige, mit Geschwürbildung	Aethiops antimonialis (371)
	chronische, schrundige, blutige	Acidum nitricum (370)
	chronische, mit honigartigem Ohrschmalz	Graphites (371)
	chronische, wäßrig-eitrige, irritierende	Silicea (371)
Operationswunde		Arnica (385), Calendula (386), Echinacea angustifolia (387), Hypericum (387), Staphisagria (390)
Prostataprobleme	Vergrößerung (bei einem alten Rüden)	Majorana (327)
Reisekrankheit		Apomorphinum muriaticum (257), Borax (258), Cocculus (258), Hyoscyamus (258), Nux vomica (259), Passiflora incarnata (259), Petroleum (259),

Beschwerden	*Indikationen*	*Arzneimittel* (mit Seitenverweis)
Reisekrankheit		Tabacum (260)
Reizbar	bei Störung der Ruhe	Graphites (70)
	im allgemeinen	Calcium carbonicum (67), Chamomilla (69), Jodum (76), Staphisagria (93), Tarantula (95)
	nach Unfall	Arnica (62)
	bei Scheinträchtigkeit	Ignatia (226)
Samenqualität, schlechte		Cimicifuga (236), Pulsatilla (236)
Scheinträchtigkeit	aggressiv, keine Milch	Ignatia (226)
	im Haus träge, viel Milch	Pulsatilla (227)
	hysterisch	Asa foetida (226)
	zum Stoppen der Milchproduktion	Phytolacca (227), Salvia officinalis (228), Urtica (228)
	Vorbeugung gegen Knoten	Phytolacca (227)
Schläft	fast immer	Antimonium crudum (61)
	fast nie	Coffea (69)
Schnitt-, Stichwunden		Arnica (385), Hypericum (387), Ledum (388), Staphisagria (390)

Beschwerden	*Indikationen*	*Arzneimittel* (mit Seitenverweis)
Schock		Arnica (157)
	Erschöpfung/Austrocknung bei Erbrechen und Durchfall	Carbo vegetabilis (262), China (266), Podophyllum peltatum (278), Veratrum album (280)
Schrundige Haut		Acidum nitricum (119), Antimonium crudum (61), Graphites (126), Petroleum (259), Thuja (151)
Schuppen		Kalium arsenicosum (133), Sulfur (149)
Schürfwunden		Calendula (386)
Schwäche	und Nervosität	Acidum phosphoricum (234), Arnica (234), Arsenicum album (63), Avena sativa (58), Calcium carbonicum (67), Calcium phosphoricum (68), Jodum (76), Silicea (91)
Schwielen		Antimonium crudum (120)
Sehnenverletzung		Calendula (386), Ledum (388), Rhus toxicodendron (388), Ruta (166)

Beschwerden	*Indikationen*	*Arzneimittel* (mit Seitenverweis)
Sonnenwärme	wird nicht vertragen	Antimonium crudum (261), Natrium muriaticum (82), Psorinum (147)
Spondylose	ohne Hinterhandschwäche	Harpagophytum (193), Hekla lava (194), Rhus toxicodendron (194), Symphytum (195)
	mit Hinterhandschwäche	Harpagophytum (193), Plumbum (194), Strychninum nitricum (195)
	Probleme mit Wasserlassen und Stuhlgang	Nux vomica (284), Opium (285), Petroselinum (189), Plumbum (190), Strychninum nitricum (191)
Stubenrein, nicht	lange (junger Hund)	Agaricus (60)
	um zu markieren	siehe **Geschlechtstrieb, übermäßiger**
	unwillkürlich	Hyoscyamus (188), Nux vomica (83), Pulsatilla (189)
	absichtlich	Stramonium (94)
Stuhlgang	schlechter	Caulophyllum (214), Gelsemium (214)
Tränenstreifen		Graphites (348), Kalium bichromicum (348), Silicea (348)

Beschwerden	*Indikationen*	*Arzneimittel* (mit Seitenverweis)
Trockene Augen		Alumina (349), Aurum jodatum (358), Kalium bichromicum (359)
Trockener Nasenspiegel		Antimonium crudum (293), Causticum (293), Graphites (293), Natrium muriaticum (82)
Verwachsungen im Bauch		Graphites (222), Sepia (222), Silicea (222)
Unterwürfiges Verhalten	immer	Pulsatilla (89)
	zeitweise	Hyoscyamus (72), Nux vomica (84), Silicea (91)
Verbrennungen	Blasen	Cantharis (386), Urtica (151)
	Juckreiz nach	Agaricus (120) siehe auch **Brandwunden**
Verhaltens-probleme, Ursache von	Kastration	Lachesis (77)
	heftiger Schreck	Aconitum (60), Opium (86)
	Eifersucht	Hyoscyamus (72), Lachesis (77)
	Mißhandlung	Nux vomica (83), Staphisagria (93)
	Narkose	Opium (86)

Beschwerden	***Indikationen***	***Arzneimittel*** (mit Seitenverweis)
Verhaltens-probleme, Ursache von	nach einem Umzug	Hyoscyamus (72), Ignatia (75), Stramonium (94)
	nach einem Unfall	Arnica (62)
	Alter (Demenz)	Barium carbonicum (66), Stramonium (94)
	Bestrafung	Ignatia (75)
	Verlassen	Graphites (70), Hyoscyamus (72), Ignatia (75), Nux vomica (83), Staphisagria (83), Stramonium (84)
Verrenkungen		Bellis perennis (159), Bryonia (159), Calcium carbonicum (166), Calcium fluoratum (166), Calcium phosphoricum (166) Ledum (160), Rhododendron (165), Rhus toxicodendron (165), Ruta (166), Silicea (166)
Verspieltheit	übermäßige	Coffea (69)
Warzen		Acidum nitricum (119), Causticum (124), Thuja (151)

Beschwerden	*Indikationen*	*Arzneimittel* (mit Seitenverweis)
Wechselwirkung Haut / innere Beschwerden		Graphites (70), Mezereum (142), Sulfur (149), Urtica (151)
Wehenschwäche		Caulophyllum (214), Gelsemium (214), Sabina (214), Secale cornutum (209)
Wildes Fleisch		siehe **Knochenhaut- und Knochenverletzungen, Sehnenverletzungen**
Wunden	allgemein	Calendula (386)
	in nervenreichem Gewebe	Hypericum (387)
	mit starkem Gewebeverlust	Bellis perennis (385)
Wundliegen		Arnica (385), Bellis perennis (385), Calendula (386)
Würmer	Folgen eines Wurmbefalls	Abrotanum (256)
	Bandwurm	Cuprum oxydatum nigrum (256)
	Spulwurm	Cina (256)
Zehenverletzung		Hypericum (160), Ledum (160)
Zerstörungswut	wenn allein	siehe **Alleinsein, kann nicht**
	aus Ungezogenheit	Agaricus (60)
	aus Verspieltheit	Coffea (69)

Aus der Praxis ...

Vor etwa 15 Jahren kam jemand mit einem Bastard-Spaniel zu mir in die Sprechstunde. Ich hatte gerade meinen Abschluß an der Universität gemacht und ging mit Feuereifer daran, die Kenntnisse eines sechsjährigen Veterinärstudiums zum Heil des kranken Tieres in die Praxis umzusetzen. Allerdings enthielten diese Kenntnisse nichts über Homöopathie – ich wußte gerade, wie man dieses Wort schreibt.
Der Spaniel Flip hatte eine Speicheldrüsenzyste, und ich hatte gelernt, daß hier nur das Skalpell Abhilfe schaffen könne. Der Besitzer lehnte jedoch eine Operation entschieden ab. Er selbst hatte schon gute Erfahrungen mit Homöopathie gemacht, während sowohl sein Hausarzt wie auch die Spezialisten das Leiden für unheilbar erklärt hatten.
Als junger praktischer Arzt konnte ich noch nicht genügend Überzeugungskraft aufbieten, um einem älteren, von seiner Meinung fest überzeugten Klienten seine Ansichten auszureden. Und ich sagte mir, daß die Operation schließlich noch nicht so dringend sei.
Natürlich hatten wir auf der Universität viel Brauchbares gelernt, und doch beschlich mich bei den Seminaren zur inneren Medizin manchmal das Gefühl, daß sich die wachsende Zahl klingender Krankheitsbezeichnungen, die ich lernte, umgekehrt proportional zur Zahl der erfolgreichen Behandlungsverfahren verhielt. Ein Gefühl, das sich später in meiner eigenen Praxis durchaus bestätigen sollte.
Nun gab es doch in meinem persönlichen Umkreis einige Gründe, mich mit Homöopathie zu beschäftigen. Meine Tante Lies wurde nach einer jahrelangen Odyssee von Arzt zu Arzt schließlich von einem Homöopathen weitgehend von ihrem Asthma befreit, und der Hund ihrer Schwester lebt mit homöopathischen Tropfen

schon fünf Jahre länger, als man ihm an der Universität noch zugestanden hatte... Ich suchte für den Spaniel das passende Mittel heraus und besorgte beim örtlichen Apotheker ein Röhrchen Tabletten Mercurius corrosivus D12, der mir dieses Mittel mit dem beruhigenden Hinweis mit auf den Weg gab, daß Quecksilberchlorid in einer Verdünnung von 1 zu 1 Billion vollkommen ungefährlich sei. Er hielt nichts von Homöopathie, hatte aber zum Glück die Mittel doch vorrätig.

Nach zwei Wochen kam Flip wieder in die Sprechstunde. Sein Herrchen hatte ihm zweimal täglich eine Tablette Mercurius corrosivus D12 gegeben. Die Speicheldrüsenzyste war fast vollständig verschwunden. Eine Woche später war nichts mehr davon zurückgeblieben; die Zyste kam auch nicht wieder.

Das gab mir zu denken. Warum hatte ich hierüber nichts gelernt? Knapp vier Wochen später kam ein Afghane mit demselben Leiden in die Sprechstunde. Auch diese Zyste verschwand innerhalb von drei Wochen, ohne Skalpell, nur mit Mercurius corrosivus D12, und trat nicht wieder auf. Dies war mein »Aha-Erlebnis« bezüglich der Homöopathie.

Daß die Wirksamkeit homöopathischer Mittel (noch) nicht erklärt werden konnte, war plötzlich vollkommen unwichtig. Natürlich waren es »absurd hohe Verdünnungen«; daß ich aber selbst erlebt hatte, wie Patienten gesund wurden, die der Allopathie zufolge »lernen mußten, mit ihrer Krankheit zu leben«, hinterließ mir einen bleibenden Eindruck. Ich begann, mich für die Sache näher zu interessieren. Es zeigte sich, daß es für manche Patienten Möglichkeiten gab, die mir aus der Literatur noch nicht bekannt waren: Rhus toxicodendron D30 bei Hüftdysplasie, Arnica D6 bei einem Bluterguß, Ledum D6 bei einem Wespenstich usw. usf. Natürlich gab es auch immer wieder Mißerfolge. Es war mir dann aber klar, daß ich einfach noch zu wenig wußte, und ich vertiefte mich weiter in das Studium der Homöopathie.

Bei aller Begeisterung vergaß ich trotzdem nie, daß man nicht

alles homöopathisch behandeln kann und muß. Die allopathische Tierheilkunde verfügt über hervorragende Behandlungsmöglichkeiten, die sie auch ständig erweitert und ausbaut und über die man als Tierarzt informiert sein muß.
Manchmal fällt die Wahl zwischen Homöopathie und Allopathie auch recht schwer.

Eine ältere Dame rief mich ganz aufgeregt an, weil ihr Toypudel Dorrie so krank war. Sie wollte es nicht riskieren, mit ihm durch die Kälte zu fahren, und bat mich, zu ihr zu kommen. Als ich bei ihr ins Wohnzimmer kam, sah ich ihren Pudel als ein Häufchen Elend auf dem Sofa liegen. Dorrie zeigte kaum Reaktionen. Die Besitzerin erzählte mir, wie sehr sie ihren Hund brauchte, weil sie so viel allein war. Angesichts ihres Alters wäre dies gewiß der letzte Hund, um den sie sich kümmern könnte. Das Tier bedeutete ihr außerordentlich viel, und er mußte einfach wieder gesund werden.
Ich stellte eine hohe Körpertemperatur fest, 41 °C, infolge einer Lungenentzündung. Eine homöopathische Behandlung kam hier nicht mehr in Frage, sagte ich mir; hier mußte ich mit einer Antibiotikum-Spritze massiv eingreifen.
Weil Dorrie nicht trank, gab ich ihr auch noch eine Infusion. Am nächsten Tag war allerdings das Fieber nicht gesunken, sondern gestiegen: 41,5 °C. Dem Hund ging es um nichts besser. Ich gab im eine zweite Antibiotikum-Spritze. Die Besitzerin war sehr besorgt: »Sie machen doch auch Homöopathie – warum behandeln Sie Dorrie nicht homöopathisch?« Ich gab ihr zu verstehen, daß dies in diesem Fall nicht zu vertreten wäre.
Auch am dritten Tag war indes das Fieber nicht zurückgegangen. Der Zustand war nun wirklich besorgniserregend. Beiläufig erzählte mir die Besitzerin, daß sich Dorrie wahrscheinlich erkältet hatte, weil sie mit ihr unmittelbar nach dem Hundefriseur im Regen über den Marktplatz gegangen war. Und es war ziemlich

kalt an diesem Morgen. Dorrie lief auch etwas steif nach dem Aufstehen; dies wurde besser, nachdem sie ein wenig gelaufen war.

›Rhus toxicodendron: Beschwerden durch Kälte und Nässe, Steifigkeit mit Besserung durch fortgesetzte Bewegung …‹ Endlich ging mir das homöopathische Licht auf! Ich setzte alles auf eine Karte.

Innerhalb von 24 Stunden war die Körpertemperatur wieder normal: 38,5 °C. Dorrie aß und trank wieder. Rhus toxicodendron D6, dreimal täglich 5 Tropfen, hatte sie schnell und vollständig geheilt.

Dies sind die Fälle, in denen man als Tierarzt durch seine Erfahrungen geformt wird. Seither ist die Homöopathie die Grundlage meiner Behandlungen.

Homöopathische Typen und Verhalten

Repertorium Verhaltensprobleme

Dies ist eine globale Übersicht. Genauere Anweisungen finden Sie bei den Beschreibungen der einzelnen homöopathischen Heilmittel.

Beschwerden	*Indikationen*	*Arzneimittel*
Aggressivität	durch Angst	Hyoscyamus, Natrium muriaticum, Tarantula
	durch Eifersucht	Lachesis
	durch Scheinträchtigkeit	Ignatia
	durch Widerstand	Antimonium crudum, Aurum metallicum, Chamomilla, Lycopodium, Platinum metallicum, Sepia
Alleinsein	kann nicht	Hyoscyamus, Nux vomica, Phosphorus, Pulsatilla, Stramonium, Tarantula
	kann	Chamomilla, Graphites, Ignatia,

Beschwerden	*Indikationen*	*Arzneimittel*
Alleinsein	kann	Lachesis, Lycopodium, Natrium muriaticum, Sepia, Staphisagria
	will	Ignatia
Angst	heftige, plötzliche	Aconitum
	vor glitzernden Dingen	Stramonium
	vor Gewitter	Borax, Phosphorus, Rhododendron
	vor Stürmen	Rhododendron
	vor Feuerwerk	Borax
Appetit, perverser	Eier	Calcium carbonicum
	eigener Kot	Veratrum album
	Gras (ohne Erbrechen)	Silicea
	Kalk, Zement, Erde usw.	Calcium phosphoricum, Calcium carbonicum
	Kieselsteine	Lycopodium
	Kot anderer Hunde	Carbo vegetabilis
	Papier	Calcium phosphoricum
	Plastik, Holz (ohne Erbrechen)	Ignatia
	Rohe Kartoffeln	Calcium carbonicum
	Sand	Tarantula
	Salz	Natrium muriaticum
Beruhigung, Mittel zur	(Phytotherapie)	Avena sativa, Passiflora incarnata

Beschwerden	*Indikationen*	*Arzneimittel*
Dominantes Verhalten	stets	Aurum metallicum, Lycopodium, Platinum, Sepia
	gelegentlich	Chamomilla, Natrium muriaticum
Durst, psychogener		Acidum phosphoricum
Fliegen schnappen		Hyoscyamus, Phosphorus
Heimweh	in Pension	Ignatia
Hysterie	unerwartet, ohne Anlaß	Ignatia
	bei Scheinträchtigkeit oder Geburt	Asa foetida
	durch Angst	Hyoscyamus
Nagen an den Pfoten	durch Anspannung	Hyoscyamus, Ignatia
	nach Unfall	Arnica, Hypericum
Nervenzucken		Agaricus, Zincum metallicum
Nervöser Durchfall		Argentum nitricum, Gelsemium, Ignatia, Nux vomica, Staphisagria
Nervöser Husten		Hyoscyamus, Ignatia
Reizbar	bei Störung der Ruhe	Graphites
	im allgemeinen	Calcium carbonicum, Chamomilla, Jodum, Staphisagria, Tarantula

Beschwerden	*Indikationen*	*Arzneimittel*
Schläft fast immer		Antimonium crudum
Schläft fast nie		Coffea
Schwäche	und Nervosität	Acidum phosphoricum, Arnica, Arsenicum album, Avena sativa, Calcium carbonicum, Calcium phosphoricum, Jodum, Silicea
Stubenrein, nicht	lange (junger Hund)	Agaricus
	unwillkürlich	Hyoscyamus, Nux vomica, Pulsatilla
	absichtlich	Stramonium
	um zu markieren	siehe **Geschlechtstrieb, übermäßiger**
Träge (im Haus)	bei Scheinträchtigkeit	Pulsatilla
Unterwürfiges Verhalten	immer	Pulsatilla
	zeitweise	Hyoscyamus, Nux vomica, Silicea
Übermäßige Aktivität		Agaricus, Aurum metallicum, Coffea, Jodum, Nux vomica, Phosphorus
Übermäßiger Geschlechtstrieb		Agnus castus, Arsenicum album, Asa foetida, Aurum metallicum, Gelsemium, Murex purpureus, Origanum majorana, Platinum, Stramonium, Tarantula

Beschwerden	*Indikationen*	*Arzneimittel*
Verfolgungswahn		Argentum nitricum, Tarantula
Verhaltens-probleme	Alter (Demenz)	Barium carbonicum, Plumbum, Stramonium
	nach Verlassen	Graphites, Hyoscyamus, Ignatia, Nux vomica, Staphisagria, Stramonium
	Eifersucht	Hyoscyamus, Lachesis
	Kastration	Lachesis
	nach Unfall	Arnica
	nach heftigem Schrecken	Aconitum, Opium
	nach Mißhandlung	Nux vomica, Staphisagria
	nach Narkose	Opium
	nach Bestrafung	Ignatia
	nach einem Umzug	Hyoscyamus, Ignatia, Stramonium
Verminderte Aktivität		Calcium carbonicum, Graphites
Zerstörungswut	aus Ungezogenheit	Agaricus
	aus Verspieltheit	Coffea

Homöopathische Typen

Vor allem bei Verhaltensproblemen ergeben sich eine Reihe von Schwierigkeiten für die Stellung einer Arzneimitteldiagnose; für den Tierarzt gilt, daß er insbesondere auf eine Materia medica und ein Repertorium (homöopathisches Nachschlagewerk) angewiesen ist. Diese sind freilich für Menschen geschrieben. Trotz der zahlreichen Entsprechungen zwischen dem Verhalten von Menschen und demjenigen von Tieren ist es nicht immer leicht, Verhaltenssymptome eines Tieres in psychische Symptome eines Menschen zu »übersetzen«, wie diese in der Literatur beschrieben sind. Hinzu kommt, daß wir bei Tieren auf viele Empfindungs-Symptome verzichten müssen; denn Tiere können uns ihre Gefühle nicht schildern.
Bei der homöopathischen Behandlung von Verhaltensproblemen muß das Mittel sehr genau zu dem jeweiligen Hund passen: in der Homöopathie spricht man von sogenannten »Typen«.
Was man braucht, ist letztlich eine individuelle Arzneimitteldiagnose, und diese kann man nicht auf der Grundlage einer mehr oder weniger unsicheren »Übersetzung« von Hundeverhalten in Menschenverhalten stellen. Man braucht zur Unterstützung zusätzliche Symptome, um eine ausreichende Entsprechung zwischen Patient und Mittel sicherzustellen. Zusätzliche Hinweise auf das richtige Mittel ergeben sich aus:

1. einer Typdiagnose
2. einem auslösenden Faktor für die Beschwerden
3. einem charakteristischen Symptom
4. einem Umstand, durch den sich ein Symptom verändert.

Um eine Erkrankung durchgreifend heilen zu können, muß man möglichst tief in den Patienten »eindringen«, zu den Wurzeln der Krankheit vorstoßen und das Heilmittel finden, das die größte »Ähnlichkeit« mit dem Patienten hat.

Es lassen sich verschiedene Arten von »Symptomen« unterscheiden:

1. Typdiagnose
2. Krankheitsursache
3. charakteristische Symptome
4. Verhaltenssymptome
5. Modalitäten
6. lokale Symptome

Die Symptome ganz oben auf der Liste nennen wir »hochwertig«, die unteren »geringwertig«.

Was versteht man unter einem »Typ«?
Das Krankheitsbild eines Hundes kann zum Beispiel zum Arzneimittelbild von Arsencium album passen. Manchmal handelt es sich nur um eine Gleichheit zwischen körperlichen Symptomen, während die Gleichheit in anderen Fällen weitergeht: Dann sind auch die Verhaltenssymptome oder sogar Elemente des Körperbaus für Arsencium album typisch.
Wenn auch bei einem gesunden Hund im Körperbau und/oder Verhalten noch Merkmale von Arsenicum album zu finden sind, dann nennt man einen solchen Hund einen Arsenicum-album-Typ.
Der Typ zeichnet sich nicht nur dadurch aus, daß das passende Mittel immer am gesunden Tier erkennbar bleibt. Ein Typ ist auch prädestiniert für die Krankheitserscheinungen, die beim zugehörigen Arzneimittelbild auftreten.

Wie entsteht ein Typ?
Ein Typ entsteht sowohl durch Veranlagung als auch durch Umwelteinflüsse. Die äußeren Einflüsse spielen bei einem Typ die wichtigere Rolle. Wenn die Veranlagung die größere Rolle spielt, spricht man von Konstitution.

Bei Tieren läßt sich beim heutigen Stand der Homöopathie eine Typdiagnose einfacher stellen als eine Konstitutionsdiagnose. Aus demselben Grund ist bei Tieren einer Typbehandlung mehr Erfolg beschieden als einer Konstitutionsbehandlung. Daß in der Literatur trotzdem die Resultate der Konstitutionsbehandlung in einem besseren Licht dargestellt werden, liegt daran, daß die Begriffe »Konstitution« und »Typ« miteinander verwechselt werden.

Woran erkennt man einen Typ?

Den Typ erkennt man am Körperbau, am Verhalten zu Hause oder beim Tierarzt (im Warte- und Sprechzimmer, auf dem Behandlungstisch) und/oder aufgrund charakteristischer Symptome. Bei dem einen Typ ist der Körperbau das entscheidende Zuordnungskriterium, bei anderen sind es die Verhaltenssymptome; die charakteristischen Symptome können zur Sicherung der Typdiagnose dienen.

Eine Typdiagnose ist ein Hilfsmittel und gibt nicht immer hundertprozentige Gewißheit bezüglich der Richtigkeit der Arzneimitteldiagnose. So kann es vorkommen, daß man einem mageren Graphites-Typ begegnet, während Graphites-Typen im allgemeinen eher dick sind. Mir sind auch schon etwas träge Nux-vomica-Typen begegnet, während der klassische Nux-vomica-Typ lebhaft und begeisterungsfähig ist.

Was ist der Sinn einer Typdiagnose?

Zweck einer Typdiagnose ist die Stellung einer Arzneimitteldiagnose, die zu den »Wurzeln« der Krankheit vordringt und damit die Aussichten auf eine durchgreifende Heilung verbessert. Mir selbst ist es immer wieder gelungen, körperliche Beschwerden, für die das Spezifikum nicht zu finden war, einfach dadurch zu heilen, daß ich das Typmittel verschrieb. Ein Beispiel: Sie kommen zu dem Schluß, daß Ihr Hund eine Blasenentzündung hat und daß hier bezüglich seiner hochwertigen Symptome (Typ, Krankheitsursache usw.) Arsenicum album paßt. In diesem Führer ist aber Arsenicum album nicht als Spezifikum gegen Blasenentzündung angegeben – geben Sie trotzdem Arsenicum album, und Sie werden Erfolg haben!

Wie sind die Resultate der Homöopathie bei Verhaltensproblemen?

Mit Homöopathie kann man nicht zaubern. Man kann nicht mit ein paar Kügelchen einen Zwergpinscher in einen Bernhardiner verwandeln.

Was man allerdings kann, ist, die »Kanten« schwierigen Verhaltens so »abzuschleifen«, daß es nicht mehr stört. Die besten Ergebnisse erzielt man durch die Kombination zweier Maßnahmen:

1. Verhaltensdiagnose: Welches Verhalten zeigt der Hund und warum? Auf dieser Grundlage versucht man, eine Verhaltenskorrektur zu erreichen.
2. Individuelle Arzneimitteldiagnose; auf deren Grundlage führen wir eine homöopathische Behandlung durch.

Die Bedeutung einer guten Verhaltensdiagnose darf man nicht unterschätzen. Früher wurden zum Beispiel viele Rüden mit aggressivem Verhalten einfach kastriert; heute weiß man, daß dieser Eingriff bei vielen Tieren deshalb nutzlos war, weil man die Ursache dieses Verhaltens nicht ermittelt hatte. Es können ganz unterschiedliche Gründe vorliegen: Eine Verhaltenskorrektur betrifft häufig nicht nur den Hund, sondern auch den Besitzer. Trotz bester Absichten unterlaufen jedem einmal Erziehungsfehler, die manchmal weitreichende Folgen für das Verhalten des Hundes haben können. Verhaltensprobleme können auch »angeboren« sein (zum Beispiel Angst bei einer Deutschen Dogge oder Dominanz bei einem Roten Englischen Cocker-Spaniel). Zum Glück gelingt es Züchtern sehr oft, mittels Selektion unter den

Zuchthunden bestimmte Verhaltensprobleme aus ihrer Rassenpopulation zu eliminieren.
Angeborene Verhaltensprobleme sprechen auf homöopathische Heilmittel weniger gut an. Was man ein »angeborenes Verhaltensproblem« nennt, kommt häufig erst durch äußere Einflüsse nach der Geburt zum Vorschein. Bei entsprechender Abrichtung ist es klar, daß zum Beispiel ein Pitbull seine angeborene »Killermentalität« an den Tag legen wird.
Eine Verhaltenskorrektur ist eine gute Sache, aber viel wichtiger noch ist eine gute Erziehung von Anfang an. Vorbeugen ist auch hier besser als heilen. Freilich gibt es gerade auf diesem Gebiet noch viel Unwissen und Unklarheit. Es wäre unbedingt erforderlich, daß angehende Hundebesitzer mehr über Erziehungsaspekte wissen.

Negative Auswirkungen auf das Verhalten
Nachfolgend sollen kurz einige Punkte angedeutet werden, die sich besonders nachteilig auf das Verhalten auswirken:

1. Ungenügende Anpassung in der fünften bis vierzehnten Lebenswoche. Ungute Einflüsse bzw. fehlende gute Einflüsse in dieser für ein Hundeleben außerordentlich wichtigen Prägungs- und Sozialisierungsphase sind für das ganze weitere Verhalten von entscheidender Bedeutung. Verhaltensprobleme, die in dieser Phase veranlagt wurden, sind häufig sowohl der Homöopathie wie auch einer Verhaltenskorrektur wenig oder nicht zugänglich.
2. Streß, sei es durch das Verhalten des Besitzers oder durch eine gespannte Atmosphäre im Haus oder auch durch zu wenig Zerstreuung und Bewegung. Vielleicht ist der Hund auch zu häufig allein, während er eine starke Bindung an den Besitzer hat. Möglicherweise wird auch zu wenig auf Regelmaß geachtet (man könnte sagen, daß der Hund eine »bürgerliche Uhrzeit« hat).

3. Zu häufiges und/oder zu hartes Strafen. Dies gilt insbesondere dann, wenn der Hund nicht verstehen kann, warum er bestraft wird (zum Beispiel wenn er aus Instinkt handelt oder wenn sein Vergehen schon zu lange zurückliegt).
   Schädlich ist aber auch zu viel Zärtlichkeit. Die Bindung, die der Hund empfindet, wird immer stärker; der Hund will immer mehr, auch zu Zeiten, an denen es dem Besitzer nicht paßt. Man hat nichts mehr, womit man das Tier belohnen könnte, wenn es gehorcht.

Bei schweren Verhaltensproblemen braucht man in aller Regel einen Tierarzt und/oder Verhaltenspsychologen. Vor allem bei Aggressivität muß man größte Vorsicht walten lassen, um Unglücksfälle zu vermeiden.

Beruhigungsmittel

Bevor wir mit dem Verzeichnis homöopathischer Arzneimittel beginnen, nenne ich Ihnen zwei wichtige Beruhigungsmittel aus der Phytotherapie (Pflanzenheilkunde):

Avena sativa
Beruhigungsmittel bei schwachen und nervösen Hunden mit Appetitmangel, während der Rekonvaleszenz.
Avena sativa Ø, 3 x täglich 5–20 Tropfen (entsprechend dem Körpergewicht des Hundes). Kann ohne weiteres über längere Zeiträume gegeben werden.

Passiflora incarnata
Beruhigungsmittel bei emotionellen Problemen wie Nervosität und Angst. Die milde Wirkung gewährleistet, daß der Hund nicht betäubt wird. Auch anwendbar, wenn Angst der Anlaß zu epileptischen Anfällen ist oder wenn die Angst durch eine Herzinsuffizienz bedingt ist.
Passiflora incarnata Ø, 3 x täglich 5–20 Tropfen (entsprechend dem Körpergewicht des Hundes). Kann ohne weiteres über längere Zeiträume gegeben werden.

Homöopathie

Nachfolgend die Beschreibungen einer Reihe homöopathischer Arzneimittel, die bei bestimmten Verhaltensproblemem eingesetzt werden können. Mit manchen Mitteln habe ich mehr Erfahrung als mit anderen, und da in diesem Buch nur bewährte Indikationen aufgenommen sind, sind manche Beschreibungen auch umfassender als andere.

Die Beschreibungen sind vielfach nicht auf die Verhaltensprobleme beschränkt. Im Anhang dieses Führers wird immer wieder auf die Typen in diesem Kapitel zurückverwiesen, damit man sich ein vollständigeres Bild von dem Patienten machen kann.

Die Mittel sind in alphabetischer Reihenfolge angegeben. Wenn man ein bestimmtes Verhaltensproblem nachschlagen möchte, zum Beispiel »kann nicht allein sein«, »Zerstörungswut«, »Sand fressen« usw., gehe man zuerst in die *Symptomeliste* vorne in diesem Führer, zum *Repertorium Verhaltensprobleme* am Anfang des Kapitels, oder zum *Stichwortregister* am Ende dieses Buchs.

Acidum phosphoricum

Bei nervöser Erschöpfung, zum Beispiel angezeigt bei Impotenz eines Rüden, der zu häufig gedeckt hat. Eventuell mit Avena sativa zu kombinieren. Als D1 = Ø anzuwenden bei psychogenem Durst, einer psychischen Störung, durch die der Hund einen starken Trinkzwang hat (literweise!), während keine körperlichen Störungen feststellbar sind.

Acidum phosphoricum D6, 3 x täglich eine Dosis[1] *drei Wochen lang, bei nervöser Erschöpfung und Impotenz.*

Acidum phosphoricum D1 = Ø, 1 x täglich 10 Tropfen mit dem Trinkwasser, etwa 6–8 Wochen lang bei psychogenem Durst.

1 Zum Begriff der »Dosis« siehe Anhang Seite 409.

Aconitum

Paßt am besten zu muskulösen, vollblütigen, leicht erregbaren Hunden. Der Aconitum-Typ ist unruhig, ängstlich und zeigt sofort Abwehrbewegungen, ist schreckhaft. Alles bei Aconitum ist heftig und plötzlich. Verhaltensprobleme nach heftigem Schreck (siehe auch Opium), wie zum Beispiel ständige Angst, aber auch Herzprobleme nach einem heftigen Schrecken.

Aconitum D30, 1 x täglich eine Dosis, 6–8 Wochen lang. Kur ganz zu Ende führen.[1]

Agaricus

Ich bin derzeit noch nicht in der Lage, für Agaricus eine eindeutige Typbeschreibung zu geben. Man kann an den kräftigen, aktiven, unbedachten und spontanen Boxer denken, jedoch habe ich auch schon das genaue Gegenteil erlebt, das heißt also einen ganz ruhigen Hund, der sehr gut auf Agaricus reagierte. Der Boxer kann an heftigem Hautjucken leiden, obwohl Behaarung und Haut so tadellos sind, daß man kaum verstehen kann, warum der Hund Juckreiz hat. Man braucht die Haut am Rücken nur zu berühren, und der Hund windet sich nach allen Seiten, um mit seinen Hinterpfoten kratzen zu können.

Dieser Typ ist neugierig, untersucht alles, ist manchmal aber auch aus Protest zerstörungssüchtig, weil er nicht genügend Aufmerksamkeit findet. Er wird spät sauber und spät geschlechtsreif.

Agaricus wirkt auf das Nervensystem. Wenn der (passende) Patient an Epilepsie leidet, kann man diese mit Agaricus behandeln. Das Nervenzucken nach Hundekrankheiten (heute selten) spricht ebenfalls auf Agaricus an. Der Unterschied zu Zincum metallicum liegt darin, daß das Nervenzucken bei Agaricus wäh-

1 Abgewöhnungskur: Um einem Hund Verhaltensprobleme abzugewöhnen, muß man die volle Behandlungsdauer von 6–8 Wochen einhalten, auch wenn die Beschwerden früher (häufig schon nach 3 Wochen) beseitigt sind. Evtl. in Absprache mit dem Tierarzt die Potenz im Laufe der Behandlung erhöhen.

rend des Schlafens verschwindet; beim Zincum-metallicum-Hund bleibt es auch in diesem Zustand bestehen.
Agaricus D30, 1 x täglich eine Dosis, 6–8 Wochen lang. Die Kur ganz zu Ende führen. Eventuell in Absprache mit dem Tierarzt eine höhere Potenz. Bei Hautjucken habe ich gute Erfahrungen gemacht mit Agaricus D60, 1 x wöchentlich eine Dosis.

Agnus castus
Bringt den Geschlechtstrieb auf ein normales Maß: Bei fehlendem Geschlechtstrieb stimuliert es, bei übermäßigem Geschlechtstrieb wirkt es hemmend. Bewährt sich vor allem dann, wenn der verliebte Rüde nachts die Familie und die Nachbarn durch sein unaufhörliches Winseln um den Schlaf bringt.
Agnus castus D6, 3 x täglich eine Dosis, 1–3 Wochen lang.

Antimonium crudum
Der unruhestiftende, eigensinnige, reizbare und möglicherweise auch trübsinnige Magen-Darm-Patient, der auffallend viel schläft. Ruhe bessert die Beschwerden nicht. Wenn der Hund erbricht, bringt es keine Erleichterung. Das Erbrechen hält an. Der Kot ist weich und schleimig. Antimonium crudum zeigt Verschlimmerung der Beschwerden bei extremen Temperaturen. Dieser Typ weist schmerzende, schwielige Verdickungen an den Fußsohlen auf mit kreuz und quer wachsenden Nägeln, die sogar abbrechen können; Nagelbettentzündung. Der Appetit ist in der Regel gut. Auch an anderen Stellen des Körpers können schwielige Hautverdickungen mit Schrunden entstehen, unter anderem an den Mund- und Augenwinkeln. Schwieliger Nasenspiegel, schwielige Warzen.
Antimonium crudum D30, 1 x täglich eine Dosis, 6–8 Wochen lang. Die Kur zu Ende führen. Eventuell in Absprache mit dem Tierarzt eine höhere Potenz.

Argentum nitricum

Der Argentum-nitricum-Typ ist ein nervöser und temperamentvoller Hund, unruhig, immer ängstlich und auf der Hut (wie ein scheues Reh). Immer im Alarmzustand. Es ist häufig ein schlanker, kleiner Hund. Beschwerden treten auf, wenn das Tier sich vor Dingen ängstigt, deren Eintreten es befürchtet (Erwartungs- bzw. Antizipationsangst). Ein Beispiel für ein solches Antizipationsproblem ist Durchfall aus Angst vor einem bestimmten Ereignis (bei Gelsemium kommt der Durchfall nach angstbesetzten Ereignissen).

Argentum-nitricum-Patienten leiden häufig an Epilepsie. Einem eventuell auftretenden Anfall gehen Angst und vergrößerte Pupillen als Vorboten voraus (manchmal schon Tage davor); der Anfall tritt meist nachts ein.

Argentum nitricum D30, 1 x täglich eine Dosis, 6–8 Wochen lang. Eventuell in Absprache mit dem Tierarzt eine höhere Potenz.

In einer Reihe von Fällen reagieren Hunde mit Argentum nitricum-Verhalten nur bedingt auf dieses passende Mittel. Möglicherweise ist bei diesen Hunden schon während der Prägungsphase ein Trauma eingetreten.

Arnica

Verhaltensstörungen nach Trauma (Verletzung), wie zum Beispiel einem Autounfall. Beispiel: Selbstverstümmelung, das heißt das Fressen an einem Körperteil – eine Störung, die so stark sein kann, daß tatsächlich Stückchen abgebissen werden. Das Tier hat Beschwerden infolge einer anhaltenden körperlichen Erschöpfung. Auch bei einem schon lange zurückliegenden Trauma besteht mit Arnica eine gute Chance, die Verhaltensprobleme zu verringern.

Arnica D30, 1 x täglich eine Dosis, 6–8 Wochen lang. Die Kur ganz zu Ende führen. Eventuell in Absprache mit dem Tierarzt eine höhere Potenz.

Arsenicum album

Der Arsenicum-album-Typ ist unruhig, nervös, ängstlich; der Körperbau ist schlank bis mager. Manchmal sieht der Hund älter aus, als er ist. Er steht nicht richtig fest auf den Pfoten; der Typ hat keine »Power«. Das Haarkleid ist üppig und weich. Den Arsenicum-album-Typ findet man unter anderem bei den Schottischen Collies. Man kann sie häufig als richtige Zierpüppchen bezeichnen. Sie sind vielfach etwas zu sexbetont. Sehr sauber (im Gegensatz zum Sulfur-Hund, der es genießt, sich im Schmutz zu wälzen).

Eine Besitzerin berichtete mir von ihrem Hund: »Mein Hund (ein Collie-Rüde) trabte stolz wie ein Paradepferd auf einen anderen Rüden zu und wollte ihm mutig eins verpassen. Da geriet er freilich an den Falschen!« Der Hund hatte ein prächtiges Fell und schien äußerlich in bester Verfassung zu sein; wenn man ihn jedoch abtastete, spürte man, wie mager er war und wie unsicher er auf seinen Pfoten stand.

Arsenicum-album-Typ

Der Arsenicum-album-Typ ist zwar ängstlich, nimmt aber doch eine Behandlung gelassen hin (im Gegensatz zum Calcium-phosphoricum-Typ, der eher widerwillig reagiert).
Nicht selten erlebt man bei diesem Typ, daß die Beschwerden (wie zum Beispiel Hautjucken und Durchfall) ständig wiederkehren und periodisch auftreten.
Der Arsenicum-album-Typ ist durstig und trinkt häufig hintereinander kleine Schlückchen Wasser, auch wenn er erbricht, wobei er das Wasser sofort wieder übergibt. Bei Durchfall sind typisch: übler Geruch, rasche Erschöpfung und Abmagerung. Ursache kann bei diesem Typ das Fressen von Schnee, Eis oder verdorbenem Futter sein.
Manchmal tritt die typische Verschlechterung der Beschwerden genau nach Mitternacht ein. Die allgemeine Verfassung eines Arsenicum-album-Patienten bessert sich durch Wärme. Im Gegensatz dazu gilt bei Hautbeschwerden, daß sie gerade durch Kälte besser werden, jedoch ist dies keine absolute Regel.
Arsenicum album D30, 1 x täglich eine Dosis, 6–8 Wochen lang. Die Kur ganz zu Ende führen. Eventuell in Absprache mit dem Tierarzt eine höhere Potenz.

Asa foetida

Eines der Mittel bei Scheinträchtigkeit. Asa foetida bringt die Milchproduktion auf ein normales Maß, das heißt es verringert die Milchproduktion bei Scheinträchtigkeit und regt sie an, wenn eine Hündin nach der Geburt der Welpen zu wenig Milch hat. Bei Scheinträchtigkeit ist das Verhalten mehr oder weniger hysterisch: große Unruhe, läuft den ganzen Tag hinter einem her. Japsen, Winseln, Nestbauverhalten, will Welpen adoptieren (nicht zulassen!).
Die Läufigkeit tritt viel zu früh ein; der Zyklus ist kürzer (zum Beispiel alle 4–5 Monate). Sogar außerhalb der Läufigkeit ist eine Asa-foetida-Hündin für Rüden attraktiv und macht ihnen Avan-

cen. Der Asa-foetida-Patient ekelt sich aber vor Berührungen. Das Verhalten dieses Typs kann sich durch Bewegung an frischer Luft bessern; Ablenkung und Bewegung sind immer gut für eine scheinträchtige Hündin.
Asa foetida hat im Arzneimittelbild chronische Entzündungen mit Geschwürbildung, unter anderem in Haut und Knochen. Auch eine chronische Analbeutelentzündung mit eitrigem und stinkendem Inhalt (man riecht den Hund) paßt zu Asa foetida (siehe auch Calcium sulfuricum).
Asa foetida D4, 3 x täglich eine Dosis, 7–14 Tage lang. Innerhalb einiger Tage muß eine deutliche Besserung eingetreten sein.

Aurum metallicum
Im allgemeinen sind die Aurum-metallicum-Typen vollblütig, kräftig und schwer gebaut, wie zum Beispiel der Rottweiler und der Boxer. Man findet den Typus insbesondere bei Hündinnen, manchmal auch bei Rüden. Es ist ein lebendiges und aufgewecktes Tier, aber willensstärker und dominanter als der Nux-vomica-Typ (siehe dort). Der Aurum-Typ ist hartnäckig, versucht seinen Willen stärker durchzusetzen. Er zeigt übermäßige Aktivität und hektisches Verhalten (vergleiche mit Argentum nitricum; beim Aurum-Typ haben wir es aber nicht mit Hektik durch Angst, sondern durch Leistungsdruck zu tun).
Bei Widerstand oder wenn er etwas nicht will, kann der Aurum-Typ schnell knurren oder beißen. Die wichtigste Ursache für das typische Aurum-Verhalten liegt darin, daß der Hund seinen Willen nicht bekommt. Rüden suchen Streit mit Rüden, Hündinnen mit Hündinnen.
Der Aurum-Hund ist übermäßig schmerzempfindlich: er reagiert auf eine Spritze sofort mit Beißen, während der Nux-vomica-Hund alles angespannt, aber ohne Abwehrbewegung über sich ergehen läßt.
Der Aurum-Hund zeigt nicht selten hypersexuelles Verhalten.

Bei einer Hündin ist Aurum das Mittel der Wahl bei Nymphomanie, wenn diese mit einem etwas bösartigen, aufdringlichen, drängenden und streitsüchtigen Verhalten gepaart ist.
Besserung bewirken Wärme und Bewegung in frischer Luft; Verschlechterung tritt bei Kälte und Widerstand auf. Unter Widerstand ist hier zum Beispiel zu verstehen: das Wegnehmen eines Knochens oder des Futternapfs, das Verhindern einer Annäherung an eine Hündin, Strafe im allgemeinen usw. Beruhigen, Zu-sich-Nehmen und Trösten heben die Aggression auf (dies im Gegensatz zu Ignatia, Natrium muriaticum und Sepia).
Der Aurum-Typ ist argwöhnisch und kann bestimmte Personen nicht ausstehen, denen er sich daher auch aggressiv nähert (im Gegensatz zum Nux-vomica-Hund, der nur bellt, wenn ein Fremder hereinkommt, dann aber immer einen Schritt zurückgeht). Der Aurum-Hund ist gerne allein, jedoch kann der Rüde durch dominantes (und trotzdem etwas ängstliches) Verhalten im Haus zu markieren beginnen!
Aurum metallicum kann angezeigt sein bei einem Hund mit schlechter Herzfunktion, Arthrose im Knie und Ellbogen oder chronischer Hornhautentzündung.
Aurum metallicum D30, 1 x täglich eine Dosis, 6–8 Wochen lang. Die Kur zu Ende führen. Eventuell in Absprache mit dem Tierarzt eine höhere Potenz.

Barium carbonicum

Barium carbonicum wird angewandt bei allgemeinen Alterserscheinungen, wie zum Beispiel Demenz (siehe auch Stramonium). Dieses Mittel läßt sich gut mit Plumbum kombinieren.
Barium carbonicum D30, 1 x täglich eine Dosis, 6–8 Wochen lang. Mit Plumbum D12 kombinieren, 2 x täglich eine Dosis 6–8 Wochen lang. Bei guten Ergebnissen ständig geben.

Borax

Dies ist ein Mittel für den Hund, der ausgesprochen ängstlich reagiert auf plötzliche, laute, knallende Geräusche wie zum Beispiel Feuerwerk.

Ein zweites Merkmal von Borax ist Reisekrankheit bei einer Abwärtsbewegung, zum Beispiel einer Autofahrt in einer hügeligen Gegend.

Borax D3, 3 x täglich eine Dosis, 1–3 Wochen lang. Im Hinblick auf ein Feuerwerk an Silvester oder eine Autofahrt die Behandlung eine Woche vor Silvester bzw. vor der geplanten Fahrt beginnen.

Calcium carbonicum

Der Calcium-carbonicum-Typ ist der schlaffe, weiche, ungeschlachte Hund mit einem viel zu großen Kopf und einem aufgeblähten Bauch. Mehr Fell und Knochen als Muskeln. Einen solchen Typ findet man zum Beispiel bei den Berner Sennenhunden. Er ist träge, faul, aber nicht apathisch: »Er will zwar, kann aber nicht.« Die Ausdauer ist gering.

Das Tier ist etwas störrisch (siehe auch Calcium phosphoricum) und etwas mürrisch. Nicht immer ganz leicht zu erziehen. Der Calcium-carbonicum-Typ ist nicht aggressiv, dominant, aber auch nicht wirklich ängstlich. Etwas angespannt.
Manchmal findet man auch bei diesem Hund, daß Milch nicht vertragen wird (Durchfall) und daß er Eier und rohe Kartoffeln liebt; manchmal möchte er auch Kalk, Zement usw. fressen (siehe auch Calcium phosphoricum). Infektionen heilen relativ schlecht.
Bei Welpen mit einem solchen Körperbau, die Gewichtsprobleme oder Knochenkrankheiten haben, muß man sofort an Calcium carbonicum denken (auf die Ernährung achten!). Calcium-carbonicum-Typen können an Epilepsie leiden.
Calcium carbonicum D12, 2 x täglich eine Dosis, 3–6 Monate lang. Die Kur ganz zu Ende führen. Eventuell in Absprache mit dem Tierarzt eine höhere Potenz.

Calcium phosphoricum
Es ist möglich, daß ein Calcium-carbonicum-Typ sich während des Wachstums in einen Calcium-phosphoricum-Typ entwickelt. Es ist der Hund, der zu schnell in die Höhe wächst: der leptosome, schlaksige Typ. Schlank, hochbeinig mit schwachen Gelenken. Hinsichtlich seines Körperbaus liegt er zwischen dem Phosphorus-Typ und dem Calcium-carbonicum-Typ. Die Ausdauer ist besser als beim Calcium-carbonicum-Typ, schlechter als beim Phosphorus-Typ.
Der Hund ist zwar lebhafter (verspielter) als der Calcium-carbonicum-Typ, aber doch relativ schnell ermüdet.
Man findet ihn zum Beispiel bei den langhaarigen Deutschen Schäferhunden.
Der Calcium-phosphoricum-Typ ist viel »ungezwungener« als der Arsenicuma-lbum-Typ, aber relativ störrisch (siehe auch Calcium carbonicum). Wenn dieser Typ seltsame Dinge frißt,

dann meistens Kalk, Zement (siehe auch Calcium carbonicum) oder Papiertaschentücher usw. Calcium-phosphoricum-Typen können an Epilepsie leiden.
Calcium phosphoricum D12, 2 x täglich eine Dosis, 3–6 Monate lang. Die Kur ganz zu Ende führen. Eventuell in Absprache mit dem Tierarzt eine höhere Potenz.

Chamomilla

Der Chamomilla-Hund will immer im Vordergrund stehen und alle Aufmerksamkeit für sich haben. Wenn dies nicht gelingt, wird er böse, knurrt und kann sogar beißen. Das Tier tut stets Dinge, von denen es genau weiß, daß es sie nicht tun darf. Versucht sich aufzuspielen, wenn es nur die geringste Chance dazu sieht. In ungewohnten Situationen kann es trotzdem ängstlich und unterwürfig reagieren.
Trotz seiner Reizbarkeit will das Tier immer mehr und immer häufiger gestreichelt werden; es fordert Zuwendung. Zu vergleichen mit einem verwöhnten, unzufriedenen, reizbaren Kind, das immer mehr verlangt.
Der Chamomilla-Hund hat möglicherweise während des Gebißwechsels Probleme (zum Beispiel Durchfall). Allgemeine Überempfindlichkeit gegen Schmerzen.
Chamomilla D30, 1 x täglich eine Dosis, 6–8 Wochen lang. Die Kur ganz zu Ende führen. Eventuell in Absprache mit dem Tierarzt eine höhere Potenz.

Coffea

Der Coffea-Hund kennt keine Pause. Er erfindet ständig etwas Neues, um nur spielen zu können. Er schläft fast nicht (im Gegensatz zu Antimonium crudum), weil er geistig und körperlich unermüdlich ist; der Hund hat gerade einen weiten Spaziergang hinter sich, möchte aber schon wieder ins Freie, damit Sie mit ihm Ball spielen. Wenn ein Coffea-Hund etwas kaputt macht,

geschieht dies nicht mutwillig, sondern aufgrund seiner Ungestümheit beim Spielen.
Coffea D30, 1 x täglich eine Dosis, 6–8 Wochen lang. Die Kur ganz zu Ende führen. Eventuell in Absprache mit dem Tierarzt eine höhere Potenz.

Cuprum metallicum
Charakteristisch sind die plötzlich auftretenden heftigen Krampfzustände: Krämpfe der Atemwege, des Magens, der Eingeweide und der Gliedmaßen (Epilepsie).
Cuprum metallicum D12, 2 x täglich eine Dosis, 3 Wochen lang.

Gelsemium
Wie beim Argentum nitricum-Typ besteht eine Angst vor bestimmten Ereignissen, jedoch mit dem wesentlichen Unterschied, daß beim Gelsemium-Typ die Beschwerden nicht vor, sondern nach dem Ereignis eintreten (Durchfall oder Epilepsie nach Aufregung). Die Gelsemium-Hunde sind außerdem etwas weniger nervös und gehetzt. Gelsemium wurde auch als Mittel gegen übermäßigen Geschlechtstrieb eingesetzt.
Gelsemium D6, 3 x täglich eine Dosis, 1–3 Wochen lang. Eventuell eine höhere Potenz.

Graphites
Den Graphites-Typ finden wir zum Beispiel bei den Wetterhounen. Man nimmt an, daß der Graphites-Typ an einer Unterfunktion der Schilddrüse leidet, was bei der Blutuntersuchung nicht immer deutlich zu Tage tritt. Der Hund ist träge, und auch die Heilung körperlicher Beschwerden zieht sich lange hin. Der Hund ist langsam, fast apathisch, desinteressiert und fast ein bißchen trübsinnig. Er ist durchweg gutmütig, aber doch nicht wirklich freundlich zu bestimmten Menschen oder Kindern (die ihm vielfach zu unruhig sind); er kann etwas reizbar reagieren

und möchte dann offensichtlich in Ruhe gelassen werden. Ein Graphites-Hund ist gegenüber anderen Hunden unproblematisch, hat aber meist wenig Lust zu spielen. Manchmal hat er Angst vor einem viel kleineren Hund.

Wenn es mit dem Graphites-Hund aufwärts geht, fällt auf, daß das Tier gleichzeitig auch mutiger und weniger apathisch wird. So kann es passieren, daß ein Graphites-Rüde tatsächlich auch wieder mit anderen Rüden kämpft. Ein Graphites-Hund ist meist eher dick. In mancher Hinsicht scheint er etwas dumm zu sein, ist unbeholfen und plump und liegt dementsprechend häufig im Wege. Er neigt manchmal zu Erkältungen.

Scheinträchtigkeit kommt seltener vor, doch sehen die Milchdrüsen häufig wie von einer Hündin aus, die soeben ihre Jungen gesäugt hat. Der Graphites-Hund kann ganz gut alleine sein.

Häufig treten Hautkrankheiten auf: symmetrische Kahlheit (unter anderem an den Beinen, den Flanken und hinter den Ohren) mit Schwarzfärbung der Haut, die etwas verdickt ist und manchmal harte, trockene Pickel aufweist, die dem Tier jucken. Das Haar, das bei der Behandlung wiederkommt, ist kräftiger als zuvor. Manchmal findet man, daß äußere und innere Beschwerden einander abwechseln, wie zum Beispiel Hautbeschwerden und Rückenbeschwerden.
Graphites D30, 1 x täglich eine Dosis, 6–8 Wochen lang. Die Kur ganz zu Ende führen. Eventuell in Absprache mit dem Tierarzt eine höhere Potenz.

Hyoscyamus
Das Hyoscyamus-Bild findet man häufig bei Toy- oder Zwergpudeln. Hyoscyamus ist mit Stramonium verwandt. Die Ursachen für das Hyoscyamus-Verhalten sind ähnlich denjenigen für das Stramonium-Verhalten: (Angst vor dem) Verlust der vertrauten Umgebung und der Bezugspersonen. Die Reaktion kann recht unterschiedlich sein. Daneben können auch Eifersucht und Anspannung durch Unsicherheit bei Hyoscyamus auftreten.
Der Hyoscyamus-Typ ist unterwürfig (aber nicht in der freundlichen Weise wie Pulsatilla), unruhig, argwöhnisch und zeigt heftige Angst/Aggression (stürmt hysterisch kläffend auf einen vermuteten Eindringling los, flüchtet aber bei der ersten wirklichen Annäherung oder versteckt sich). Wenn ein Hyoscyamus-Typ in Bedrängnis gerät, beißt er sehr leicht. Dabei tritt häufig ein unwillkürlicher Harnabgang auf, in sehr kritischen Situationen sogar Kotabgang. Auf dem Behandlungstisch kann der Hyoscyamus-Patient einem Tierarzt erhebliche Probleme aufgeben: hysterisches Jaulen und Abgang von Harn und Kot (aus lauter Angst), bevor man ihn überhaupt noch berührt hat. Unwillkürlicher Harnabgang (auch bei Pulsatilla, aber nicht bei Stramonium, denn dieser Typ tut es absichtlich) ist auch bei Freude und im

Schlaf auf dem eigenen Schlafplatz möglich. Hyoscyamus bietet deshalb auch eine Behandlungsmöglichkeit für den Harnabgang im Schlaf, wie es etwa bei einer Hündin nach der Sterilisierung auftreten kann. In diesem Fall könnten zwar anatomische Veränderungen die Möglichkeit eines unwillkürlichen Harnabgangs vergrößert haben, doch sind emotionelle Faktoren häufig der »Tropfen«, der die Blase überlaufen läßt. Wenn Sie erwägen, Ihre Hündin sterilisieren zu lassen, sollten Sie auch bedenken, daß Hündinnen, die seit ihrer Welpenzeit immer wieder Probleme mit Harnabgang aus Angst oder Freude hatten (und daher eventuell zu Hyoscyamus oder Pulsatilla passen), nach einer Sterilisierung möglicherweise noch stärker zu unwillkürlichem Urinieren im Schlaf neigen.

Wie der Stramonium-Hund hat auch der Hyoscyamus-Hund Angst, allein zu sein, insbesondere nachts. Solche Hunde träumen unruhig. Ein seltsamer Hyoscyamus-Zug ist das Zupfen an bestimmten Gegenständen oder an sich selbst (Körbchen, eigene Pfoten usw.) – ein nervöses Verhalten, das mit dem Nägelbeißen von Menschen vergleichbar ist. Es ist vermutlich eine Art, bestimmte Spannungen abzureagieren. Durch dieses Verhalten können allerdings an den Pfoten eklige, entzündete Leckflecken entstehen oder Flecken mit wildem Fleisch (Leckgranulom), die spontan abheilen, wenn der Hund nicht mehr lecken kann, aber sofort wieder auftreten, sobald er die Möglichkeit dazu bekommt. Bei Leckgranulom sind Hyoscyamus und Ignatia die wichtigsten Mittel. Der Deutsche Schäferhund, der durch das Abrichten unter nervliche Anspannung gerät und dadurch ein Leckgranulom entwickelt, wird zum Beispiel mit Hyoscyamus behandelt.
Die Verhaltensprobleme, die zu Hyoscyamus passen, entstehen häufig nach einer überstandenen Krankheit. Autokrankheit, »Fliegen schnappen« (nach Fliegen, die es nicht gibt; siehe auch Phosphorus), Epilepsie und Reizhusten (vor allem nachts, wenn sich der Hund hinlegt) können gut zu Hyoscyamus passen.
Hyoscyamus D30, 1 x täglich eine Dosis, 6–8 Wochen lang. Die Kur ganz zu Ende führen. Eventuell in Absprache mit dem Tierarzt eine höhere Potenz.

Ignatia

Der Ignatia-Typ ist meist eine Hündin. Sie ist freundlich, nicht überschwenglich, scheinbar ruhig (aber keineswegs langweilig), etwas schüchtern und introvertiert. Sie kann nicht nur gut allein sein, sondern will dies sogar. Trotzdem ist Ignatia das »Heimweh-Mittel«! Solche Widersprüchlichkeiten sind typisch für den Ignatia-Typ.
Ebenfalls typisch für Ignatia ist, daß die Symptome plötzlich, unerwartet und in massiver Form auftreten, oder daß sie einander

abwechseln. Der Ignatia-Hund kann urplötzlich und ohne Anlaß hysterisch zu jaulen beginnen, zum Beispiel wenn man ihn einfach hochhebt. So kann ein scheinträchtiger Golden Retriever urplötzlich äußerst aggressiv und ungehorsam werden, während er im Normalfall eine »Seele von Hund« ist.

Die Ignatia-Hündin wird höchstens einmal im Jahr läufig. Scheinträchtigkeit äußert sich in den oben beschriebenen Verhaltenssymptomen oder dem Auftreten eines Leckgranuloms und/oder ausgedehnter Hautbeschwerden durch Lecken und Kratzen. Es tritt kein oder nur ein geringer Milchfluß auf und keine Schwellung der Milchdrüsen.

Ursachen für Ignatia-Verhalten können sein: verdrängter Ärger, Kummer, Heimweh, Strafe usw.

Ignatia-Typ

Nervöser Durchfall, nervöser Husten, schubartiges Sabbern und sporadischer unwillkürlicher Harnabgang gehören ebenfalls zum Ignatia-Bild. Ein ganz typisches Ignatia-Symptom kann sein, daß das Leiden jeden Tag um dieselbe Zeit wiederkehrt (was im übrigen sehr selten ist). Epilepsie ist möglich. Ursachen können Strafen sein oder Maßnahmen, die als Strafen erlebt werden.
Der Ignatia-Typ ist anhänglich, aber nicht so gefügig und untertänig wie der Pulsatilla-Typ. Der Ignatia-Typ verträgt keinen Trost; er reagiert darauf nicht mit Aggression, sondern zieht sich zurück.
Ignatia D30, 1 x täglich eine Dosis, 6–8 Wochen lang. Die Kur ganz zu Ende führen. Eventuell in Absprache mit dem Tierarzt eine höhere Potenz.

Jodum
Bei der Beschreibung des Jodum-Typs sind vor allem die Übereinstimmungen und die Unterschiede gegenüber dem Phosphorus-Typ interessant. Der Jodum-Typ ist reizbar und aggressiv, der Phosphorus-Typ nicht. Der Phosphorus-Typ will, anders als der Jodum-Typ, nicht angefaßt werden. Der Jodum-Typ ist nicht wirklich bösartig.
Beide Typen sind hungrig. Der Phosphorus-Typ ist durstig, der Jodum-Typ ist nicht so ausgeprägt, trinkt aber doch gierig. Der Jodum-Typ hat keine Angst vor Gewitter, ist aber doch im allgemeinen ängstlich und schreckhaft. Der Jodum-Typ kann überhaupt nicht hören. Sein Verhalten ist hektisch (viel stärker als bei Phosphorus), er ist unruhig und ständig in Bewegung; der Hund kann einen Menschen einfach über den Haufen rennen. Das Tier kann Wärme nicht ausstehen.
Dieser Hund ist mager (trotz seines guten Appetits), und Fell und Haut sind in schlechtem Zustand. Der Phosphorus-Typ ist häufig nicht mager (Springer-Konstitution) und hat ein glänzendes Fell. Zu Jodum paßt nicht selten auch ein Patient, der genau das

entgegengesetzte Bild zeigt: nicht mager, sondern dick usw. Bei einem mageren Patienten liegt eine zu schnell arbeitende, bei dem dicken eine zu langsam arbeitende Schilddrüse vor. Letzerer ißt schlecht (im Gegensatz zu Graphites-Hunden), friert leicht (insbesondere nasse Kälte führt zu einer Verschlimmerung der Beschwerden), verträgt aber keine Sonnenwärme.

Ein weiterer möglicher Unterschied ist der, daß beim Jodum-Hund die Verschlechterung morgens auftritt, beim Phosphorus-Hund abends. Vor allem bei Jodum muß man darauf achten, daß bei einer Verschlimmerung des hektischen Verhaltens oder bei einer zu starken Ruhigstellung des Hundes die Medikation sofort beendet wird.

Jodum D30, 1 x täglich eine Dosis, 6–8 Wochen lang. Wenn der Hund in der richtigen Weise anspricht, die Kur zu Ende führen. Eventuell in Absprache mit dem Tierarzt eine höhere Potenz.

Lachesis

Das markanteste Verhaltenssymptom von Lachesis ist Eifersucht, und zwar nicht das freundliche Bedrängen, genommen zu werden, das man als Eifersuchtsform bei vielen Hunden findet, wenn man zu einem anderen Hund nett ist. Die Lachesis-Eifersucht ist nicht gutmütig. Sie zeichnet sich aus durch Unverträglichkeit, Aggression, Herausforderung des Rivalen (siehe auch Chamomilla). Ein Lachesis-Hund kann sich ohne unmittelbaren Anlaß knurrend und manchmal auch beißend auf den vermuteten Rivalen stürzen. Wirklich falsch ist der Lachesis-Hund aber nicht, und im allgemeinen ist er ansonsten ein gutmütiger Hund.

Ein weiteres starkes Lachesis-Symptom ist die Linksseitigkeit der körperlichen Beschwerden; dies ist vor allem dann typisch, wenn die Linksseitigkeit bei mehr als einer körperlichen Beschwerde feststellbar ist (möglicherweise auch bei früheren Beschwerden). Die Ursache für die Lachesis-Beschwerden liegt häufig in irgendeiner Unterdrückung: Spritze gegen die Läufig-

keit, Kastration, zu strenge Erziehung (darf überhaupt nichts) oder ähnliches. Der Hund kann gut allein sein, ist nicht wirklich dominant, aber auch nicht unterwürfig. Er ist einigermaßen ruhig, wenig ängstlich, ein wenig reserviert.
Lachesis D30, 1 x täglich eine Dosis, 6–8 Wochen lang. Die Kur ganz zu Ende führen. Eventuell in Absprache mit dem Tierarzt eine höhere Potenz.

Lycopodium
Den Lycopodium-Typ findet man u. a. bei Rottweilern und Chow-Chows. Er ist selbstbewußt und dominant. Schon von Ferne sieht man an seinem Gang und dem begleitenden Geknurr, daß man Respekt vor ihm haben muß. Falsch ist dieser Hund nie; er greift nicht plötzlich und unerwartet an, sondern warnt zuvor. Er besitzt eine Zurückhaltung, über die man sich nicht hinwegsetzen darf, weil er Zudringlichkeit nicht ausstehen kann.
Der Hund ist häufig etwas mager, obwohl sein Appetit sehr gut ist. Das Fell ist etwas trocken und stumpf.
Hauterkrankungen wie abgebrochene Haare und Hautentzündun-

gen haben ihren Sitz nicht selten an der Schulter. Schwachstellen des Lycopodium-Typs sind Leber-, Nieren- und Dickdarmfunktion; die Hautbeschwerden haben teilweise auch darin ihre Ursache. Auffallend sind die starken Blähungen. Dünner Kot (Durchfall), häufig nachdem der Hund zunächst normalen Kot abgesondert hat.

Wenn ein Lycopodium-Typ die dumme Angewohnheit hat, seltsame Dinge zu fressen, dann sind es Kieselsteine. Manchmal tritt beim Lycopodium-Hund eine Verschlechterung der Beschwerden zwischen 16 und 18 Uhr und 4 und 6 Uhr auf.
Lycopodium D30, 1 x täglich eine Dosis, 6–8 Wochen lang. Die Kur ganz zu Ende führen. Eventuell in Absprache mit dem Tierarzt eine höhere Potenz.

Murex purpureus
Standardmittel für übermäßigen Geschlechtstrieb bei der Hündin. Einer individuellen Arzneimitteldiagnose ist natürlich der Vorzug zu geben.
Murex purpureus D30, 1 x täglich eine Dosis, 1–3 Wochen lang.

Aus der Praxis ...

Eines Nachmittags kam Bertus, ein dreijähriger Rottweiler-Rüde, wegen Hautbeschwerden zu mir in die Sprechstunde. Ein Kollege hatte den Hund an mich verwiesen. Das Tier hatte ständig Probleme mit Juckreiz und einem trockenen, stumpfen Fell mit abgebrochenen Haaren; kahle Stellen hatte er nicht. Er war mager, obwohl sein Appetit eigentlich gut war. Die letzten zwei Tage fraß er jedoch überhaupt nicht mehr und erbrach sich regelmäßig; auch die kleinen Mengen Wasser, die er trank, gab er sofort wieder von sich. Davor hatte er viel getrunken und brach fast nie. Der Zustand der letzten Tage war also eindeutig abnormal.

Bei der Untersuchung stellte ich eine Verdickung im Bauch fest. Eine Röntgenaufnahme lieferte die Bestätigung, daß sich ein Stein im Dünndarm verklemmt hatte, so daß der Durchtritt von Nahrung oder Wasser blockiert war. Der Hund wurde operiert und der Stein entfernt. Erst als ich nach der Operation dem Besitzer den Stein zeigte, berichtete er mir, daß Bertus schon immer gerne Kieselsteine gefressen hatte – die Auffahrt zum Haus hatte er schon fast aufgefressen. Außerdem klagte der Besitzer noch über die Blähungen seines Hundes.

Wer das Lycopodium-Bild durchgelesen hat, erkennt hier sofort dieses Mittel (natürlich bis auf die Symptome durch den verklemmten Kieselstein).

Als der Hund von der Operation wieder genesen war, gab ich ihm Lycopodium D6, 3 x täglich 5 Tropfen. Leider wurden die Beschwerden schlimmer: der Hund machte sich nun über den Kiesweg der Nachbarn her! Prompt verklemmte sich wieder ein Kieselstein im Dünndarm. Zum zweitenmal mußte Bertus operiert werden. Der Besitzer beruhigte sich selbst mit der Bemerkung, daß es eigentlich erstaunlich sei, daß dies nicht schon häufiger passiert war. Als der Hund von der zweiten Operation genesen war, wagte ich trotzdem einen neuen Versuch – die Beschwerden waren ja eindeutig – mit Lycopodium, jedoch jetzt mit einer höheren Potenz: Lycopodium D30, 1 x täglich 5 Tropfen.

Innerhalb einiger Wochen besserte sich das gesamte Verhaltensmuster erheblich: Appetit normal, Trinken normal, Körpergewicht normal, Fell glatt und glänzend, kein Juckreiz mehr, keine abgebrochenen Haare, auch keine Blähungen und keine Steinefresserei mehr – zur großen Erleichterung des Besitzers und der Nachbarn.

Natrium muriaticum

Der Natrium-muriaticum-Typ ist ängstlich, weiß aber ganz gut, daß Knurren, Beißen und Bellen abschreckt. Der Hund zeigt ein aggressives Verhalten, das zwischen demjenigen des Hyoscyamus-Typs und demjenigen des Lycopodium-Typs liegt: kein hysterisch kläffendes Weglaufen (Hyoscyamus), aber auch kein mutiges Losgehen auf das Ziel (Lycopodium). Die subdominante Aggressivität zeigt er insbesondere bei Annäherung durch Fremde. Im Behandlungsraum des Tierarztes verfolgt er mit großer Anspannung das Geschehen; bei der geringsten Annäherung knurrt und/oder bellt er. Auf dem Behandlungstisch drückt er sich angespannt und knurrend gegen den Besitzer (dies tun auch der Hyoscyamus- und Stramonium-Typ, während der Lycopodium-Typ mutig und drohend knurrt).

Der Hund kann gut allein sein. Typisch für Natrium muriaticum kann auch morgendlicher Durchfall sein, der mittags vorüber ist. Der Hund kann häufig kein Wasser lassen oder seinen Kot entleeren, wenn jemand dabeisteht. Er kann manchmal den Harn nicht zurückhalten, wenn er dringend muß (Harnträufeln). Die Hautprobleme des Natrium-muriaticum-Typs haben ihren Sitz häufig im Kreuzbereich: diffuser Haarausfall und kleine Krusten. Manchmal Durst und Magerkeit.
Typisch für Natrium muriaticum ist, daß dasjenige, was feucht sein muß, trocken ist und umgekehrt (zum Beispiel eine trockene Nase). Ein Natrium-muriaticum-Hund mag keine Sonne. Die Beschwerden können aber auch durch Kälte und Nässe schlimmer werden. Eine leichte Hinterhandschwäche, wie man sie manchmal bei Deutschen Schäferhunden findet, wobei auf dem Röntgenfoto keine krankhaften Veränderungen der Wirbelsäule feststellbar sind, paßt ebenfalls in das Natrium-muriaticum-Bild.
Natrium muriaticum D30, 1 x täglich eine Dosis, 6–8 Wochen lang. Kur ganz zu Ende führen. Eventuell in Absprache mit dem Tierarzt eine höhere Potenz.

Nux vomica

Der Nux-vomica-Hund ist überempfindlich für Sinnesreize, die auf Gesicht, Gehör und Gefühl wirken. Er zeigt eine schnelle, heftige Reaktion auf solche Reize, die sogar auf den ganzen Körper »ausstrahlen« kann, insbesondere auf den Magen-Darm-Kanal. Ursachen für diese Überempfindlichkeit können eine zu starke Mutterbindung und psychotraumatische Erfahrungen (Streß, Mißhandlung usw.) sein. Mit dem Nux-vomica-Bild verwandt ist unter anderem dasjenige von Staphisagria (siehe auch Ignatia, Pulsatilla). Ein wichtiger Unterschied liegt darin, daß der Staphisagria-Hund mehr in sich gekehrt ist, sich gerne absondert und manchmal (auf Fremde) knurrend und beißend reagieren kann.

Der Nux-vomica-Hund ist vielfach ein Rüde. Bekannten Menschen gegenüber ist er lieb und anhänglich; Fremden und fremden Dingen gegenüber ängstlich und schreckhaft. Das typische Nux-vomica- und Staphisagria-Verhalten tritt insbesondere dann auf, wenn das Tier bestimmte Ereignisse mit früheren psychodramatischen Erfahrungen assoziiert (Beispiel: er hat Angst vor Männern und damit auch vor dem Herrchen, weil er früher von einem Mann zu hart angefaßt wurde, während er gleichzeitig eine starke Mutterbindung zum Beispiel zum Frauchen zeigt).
Was an dominanten Zügen beim Nux-vomica-Typ vorhanden ist, ist meistens Bluff. In seltenen Fällen kann dieser Bluff freilich auch in Aggression umschlagen. Der Nux-vomica-Welpe läßt manchmal vor Angst oder Freude seinen Harn abgehen.
Der Nux-vomica-Hund kann nicht allein sein: Er bellt, macht manchmal Pfützen im Haus (unwillkürlicher Harnabgang), ist manchmal auch zerstörungssüchtig.
Der Hund ist in der Regel freundlich (im Gegensatz zum Natrium-muriaticum-Typ), aber äußerst unsicher (siehe auch den Na-

trium-muriaticum- und den Staphisagria-Typ). Wenn Unbekannte ins Haus hereinkommen, kann er zugleich bellen, mit dem Schwanz wedeln und die Gäste vorsichtig beschnüffeln; wenn die Gäste wieder gehen, ist es möglich, daß er noch schnell von hinten nachschnappt.

Im Sprechzimmer des Tierarztes läuft er japsend und winselnd hin und her, vom Besitzer zum Tierarzt, vom Tierarzt zum Ausgang usw. Auf dem Behandlungstisch steht er wie angenagelt und völlig verspannt: der Tierarzt kann alles mit ihm tun – er traut sich keinen Mucks zu machen.

Einige Male habe ich bei einem Nux-vomica-Typ einen recht unangenehmen Zug beobachtet: das Tier kann sehr eifersüchtig reagieren, wenn Frauchen das erste Kind bekommt. In diesem Fall ist es wichtig, den Hund gleich nach der Geburt positiv auf das Kind einzustellen: den Hund nicht beachten, wenn das Baby nicht in der Nähe ist, den Hund zu sich nehmen, ihn füttern, ihn verwöhnen, wenn auch das Baby da ist. Bei Fehlverhalten ist der Nux-vomica-Hund schuldbewußt, der Chamomilla-Hund zum Beispiel nicht.

Vor allem im Magen-Darm-Kanal und hier insbesondere im Dickdarm zeigt sich die körperliche Reaktion des Nux-vomica-Typs auf äußere Reize: Bei der geringsten Futterumstellung tritt Durchfall auf, ebenso bei Spannungen. Durchfall kann mit Verstopfung oder normalem Stuhlgang abwechseln, doch kostet es den Hund in jedem Fall Anstrengung. Häufig ist der Kot in Schleim eingehüllt. Der Appetit ist gut, der Hund frißt sogar gierig (wie wenn ein anderer Hund ihm das Fressen wegnehmen wollte). Bricht sporadisch.

Epilepsie ist möglich und entsteht meist nach Übellaunigkeit; nach einem solchen Anfall fällt der Hund meist in einen tiefen Schlaf. Auch Magen- Darm- und Leberstörungen infolge von Futter- und Arzneimittelvergiftungen können zum Nux-vomica-Bild gehören (siehe auch Sulfur).

Nux vomica D30, 1 x täglich eine Dosis, 6–8 Wochen lang. Die Kur ganz zu Ende führen. Eventuell in Absprache mit dem Tierarzt eine höhere Potenz.

Origanum majorana

Origanum ist das Standardmittel bei hypersexuellem Verhalten beim Rüden. Bei der Hündin ist es bei Nymphomanie ebenfalls wirksam, jedoch empfiehlt sich hier in der Regel als Standardbehandlung Murex purpureus. Wenn genügend Symptome vorhanden sind, um eine individuelle Arzneimitteldiagnose stellen zu können, ist es selbstverständlich, daß das am besten passende Heilmittel anzuwenden ist.

Origanum hat auch günstige Wirkung auf die Folgen von hypersexuellem Verhalten wie Vorhautentzündung mit störendem eitrigen Ausfluß und Prostatabeschwerden. Origanum läßt sich gut mit Platinum kombinieren.

Origanum D30, 1 x täglich eine Dosis, 1–3 Wochen lang. Kontakt mit und Duft von (läufigen) Hündinnen möglichst vermeiden.

Opium

Ein Mittel, das nicht für die Selbstmedikation geeignet ist; es muß immer vom Tierarzt verordnet werden. Zum Arzneimittelbild von Opium passen Verhaltensabweichungen nach Narkose oder heftigem Schreck. Aufgeregtheit und heftige Reaktionen auf die Umgebung können mit Phasen der Mattigkeit und Abwesenheit abwechseln. Opium D30 kann auch einem Hund mit Strychninvergiftung gegeben werden. Eine erfolgreiche Behandlung ist nur bei weniger schweren Vergiftungen zu erwarten. Opium ist weiterhin als Mittel gegen die Folgen einer übermäßigen Verabreichung von Antiepileptika angezeigt, also von regulären Arzneimitteln, mit denen Epilepsie unterdrückt werden kann.

In Absprache mit dem Tierarzt Opium D30 oder eventuell eine höhere Potenz, 1 x täglich eine Dosis, 6–8 Wochen lang. Die Kur ganz zu Ende führen. Bei einer Strychninvergiftung mit 3 x 1 Dosis in Abständen von 1 Stunde beginnen. Danach 1 x täglich mehrere Tage lang 1 Dosis. Kombination mit regulären Behandlungsverfahren ist möglich und meist auch nötig. Die Behandlung selbstverständlich nur nach Anweisung des Tierarztes durchführen.

Phosphorus

Der Phosphorus-Typ hat ein weiches, glänzendes Fell, und zwar sowohl bei kurzem wie bei langem Haar. Der Hund hat den Bauch eines Sprinters (siehe auch Calcium phosphoricum). Man findet diesen Typ zum Beispiel beim Deutschen Kurzhaar und beim Boxer. Es sind temperamentvolle Tiere, die schon nach kurzer Ruhe wieder zu einer Energieexplosion fähig sind. An der Leine draußen hängt der Hund im Halsband, scheint es eilig zu haben (vor lauter Begeisterung), zerrt den Besitzer hinter sich her, spielt sich als Herr auf. Reagiert auf alles. Lernt schnell, aber vergißt auch schnell wieder; alles um ihn herum interessiert ihn ungemein, aber nicht lange. Ein ausgesprochen lebhafter Hund. Bellt gerne.

Erschreckt vor Geräuschen, vor allem bei Gewitter: will in Panik weglaufen (nicht mit eingeklemmtem Schwanz, sondern wach um sich her blickend) oder sich verstecken. Beim Tierarzt ist er fast nicht zu halten, will ständig vom Behandlungstisch springen, wirft sich gegen die Türen, um zu entwischen. Er will sich nicht anfassen lassen und kann daher auf die Verabreichung einer Spritze heftig reagieren.

Alleinsein verträgt er absolut nicht. Wenn er allein gelassen wird, zerlegt er buchstäblich die Wohnung, bellt und jault. So schlimm ist es bei keinem anderen Typ. Er fordert Aufmerksamkeit für seine Schauspielerei.

Ein vorzügliches Beispiel aus meiner Praxis war ein Boxer, der sich schon seit einiger Zeit häufig erbrach. Beobachtung und intensive Untersuchungen, unter anderem in einer Universitätsklinik förderten keine körperlichen Befunde zutage. Der Boxer paßte zu Phosphorus, und es lag die Vermutung nahe, daß er mit dem Erbrechen nur die Aufmerksamkeit erregen wollte. Tatsächlich war das Erbrechen verschwunden, wenn sich der Besitzer ständig mit ihm beschäftigte, nämlich im Urlaub. Eine Behandlung mit Phosphorus D30 brachte das Erbrechen zu 95 % zum Verschwinden.

Der Phosphorus-Hund ist manchmal hungrig und durstig. Er trinkt große Mengen auf einmal, die manchmal wieder erbrochen werden, jedoch erst nach einiger Zeit. Gelegentlich findet man auch nervöse Züge, wie etwa das Hinterherjagen hinter dem eigenen Schwanz oder das Schnappen nach Fliegen, die es nicht gibt (siehe auch Hyoscyamus).

Typisch für das Phosphorus-Bild können auch Schleimhautblutungen sein. Man lese auch die Beschreibung des Jodum-Typs.

Phosphorus D30, 1 x täglich 1 Dosis, 6–8 Wochen lang. Die Kur ganz zu Ende führen. Eventuell in Absprache mit dem Tierarzt eine höhere Potenz.

Platinum

Schlüsselsymptome für Platinum sind Stolz und Hochmut neben hypersexuellem Verhalten. Der Platinum-Typ blickt mit Verachtung auf den Rest der Welt herab. Paßt vor allem auf Hündinnen; bei Rüden in Kombination mit Origanum.
Platinum D30, 1 x täglich eine Dosis, 6–8 Wochen lang. Die Kur ganz zu Ende führen. Eventuell in Absprache mit dem Tierarzt eine höhere Potenz.

Pulsatilla

Der Pulsatilla-Typ ist extrem unterwürfig: übertrieben freundlich gegen jedermann, kriecht schwanzwedelnd und leckend auf einen zu, dreht sich auf den Rücken und läßt unwillkürlich den Harn abgehen.
Der Pulsatilla-Typ ist häufig eine Hündin, selten dunkelhaarig. Er ist gehorsam, sucht immer eine moralische Stütze, kann absolut nicht allein sein (heult, ist nicht sauber, manchmal zerstörungswütig). Er ist unsicher und nervös, bei allem unstet (sowohl was die psychischen wie die körperlichen Symptome betrifft). Er leidet leicht an Fettsucht, obwohl er nicht sonderlich viel frißt.
In der Scheinträchtigkeit erzeugt die Hündin so viel Milch, daß sie leicht als Amme einen Wurf versorgen könnte. Die Milchdrüsen sind dementsprechend stark geschwollen. Der Pulsatilla-Hund ist während der Zeit der Scheinträchtigkeit im Haus außerordentlich träge, schläft den ganzen Tag, ißt nicht und trinkt nur sehr wenig. Im Freien ist es, als ob gar nichts los wäre. Der Zyklus dauert bei der Pulsatilla-Hündin etwas länger als normal (7–9 Monate). Die erste Läufigkeit tritt eher spät ein, manchmal erst mit 14 Monaten. Die Läufigkeit ist meist kaum feststellbar, und die Hündin läßt sich schlecht decken. Für Rüden wenig attraktiv; sie steht spät (manchmal erst am 16. Tag). Der Pulsatilla-Welpe (aber auch der ältere Hund) läßt häufig vor Angst oder Freude den Harn laufen. Nach der Kastration wird eine solche Hündin

fast mit Sicherheit inkontinent. Wenn man in einem solchen Fall den emotionellen Faktor durch die Verabreichung eines geeigneten homöopathischen Heilmittels in den Griff bekommt (in diesem Fall Pulsatilla), kann man einen solchen Patienten von einem sehr lästigen Leiden befreien (siehe auch Hyoscyamus).

Der Typ neigt etwas zu Schleimhautentzündungen, insbesondere der Gebärmutter, der Scheide (auch bei noch nicht geschlechtsreifen Hunden) und der Blase. Die cremig aussehende eitrige Absonderung ist nicht reizend. Der Kot ist von häufig wechselnder Farbe und Konsistenz. Durchfälle können nach dem Fressen von fettem Futter auftreten.

Pulsatilla D30, 1 x täglich 1 Dosis, 6–8 Wochen lang. Die Kur ganz zu Ende führen. Eventuell in Absprache mit dem Tierarzt eine höhere Potenz.

Rhododendron

Angst vor Gewitter und Stürmen. Der Hund spürt das schlechte Wetter schon einige Zeit im voraus; er fühlt die Aufladung der Luft. Das Heraufziehen eines Gewitters oder Sturms kann bei einem Rhododendron-Patienten auch die Schmerzen, zum Beispiel in Gelenken, verschlimmern (Wetterfühligkeit).
Rhododendron D3, 3 x täglich eine Dosis, 1–3 Wochen lang.

Sepia

Der Sepia-Typ reagiert gegenüber Fremden und auch Hausgenossen zwischen gleichgültig oder brummig bis sehr aggressiv. Oft handelt es sich um (ältere) Hündinnen, weniger häufig um Rüden. Will am liebsten alleine sein und in Ruhe gelassen werden. Es kann eine lokale Gewebeschwäche vorliegen, zum Beispiel Erschlaffung der Milchleisten, Erschlaffung der Scheidenwand (Scheidenvorfall). Frigidität; läßt sich nicht decken.
Sepia D30, 1 x täglich eine Dosis, 6–8 Wochen lang. Die Kur ganz zu Ende führen. Eventuell in Absprache mit dem Tierarzt eine höhere Potenz.

Silicea

Dieser Typ ist mager, im Wachstum zurückgeblieben, schwach und hat ein trockenes, rauhes Fell. Typisch sind die mißgebildeten, häufig unterentwickelten Nägel, wobei Schwielen an den Pfoten fehlen. Nagelmißbildungen mit Schwielenbildung findet man dagegen beim Arzneimittelbild von Graphites und insbesondere demjenigen von Antimonium crudum.

Absonderungen, zum Beispiel aus Augen, Nase und Ohren, sind ätzend, das heißt, sie wirken höchst irritierend auf Haut und Schleimhäute: brennende Augen, beschädigte Liderränder, Ohrenränder, Nase und Nasenrücken. Auch Absonderungen aus Anus oder Geschlechtsöffnungen können sehr irritierend wirken: geröteter Anus, gerötete Vulva usw. Wenn Entzündungen und

Geschwüre entstehen, heilen sie sehr schlecht (Fistelbildung). Der Typ ist schwach, gelassen, ängstlich, nicht aggressiv, bei guter Gesundheit sogar freundlich (erinnert an den Pulsatilla-Typ).

Silicea ist unter anderem das homöopathische Heilmittel für Störungen des Immunsystems.

Silicea D12, alle 2 Tage 1 Dosis, 3–6 Monate lang. Die Kur ganz zu Ende führen. Eventuell in Absprache mit dem Tierarzt eine höhere Potenz.

Staphisagria

Der Staphisagria-Typ steht dem Nux-vomica-Typ und gelegentlich auch dem Pulsatilla-Typ sehr nahe. Meist handelt es sich, ebenso wie beim Nux-vomica-Typ, um Rüden. Neben einer erhöhten nervösen Reizbarkeit findet man auch nervöse Zerrüttung (der Nux-vomica-Typ ist fröhlicher).

Es liegt eine verdrängte Bösartigkeit vor. Der Staphisagria-Typ ist ein stiller Grübler, der sich leicht aufregt und aggresiv werden kann; er ist verzweifelt und niedergeschlagen. Vielfach kommen psychosomatische Beschwerden vor (zum Beispiel Darm- und Blasenerkrankungen). Die Ursache für Staphisagria-Beschwerden ist häufig dieselbe wie bei Nux vomica, nämlich psychotraumatische Erlebnisse. Der Nux-vomica-Patient setzt dies in Angst und Furcht vor dem Alleinsein um; beim Staphisagria-Patienten führt dies zu einem »verdrießlichen« Verhalten und dem Bedürfnis, in Ruhe gelassen zu werden. Häufig tritt beim Rüden ein gesteigerter Geschlechtstrieb auf (Pollution), während gleichzeitig die Potenz vermindert ist und eine Abneigung oder ein Mißtrauen gegen Hündinnen besteht. Verschlimmerung der Beschwerden tritt durch Kälte oder nach dem Schlafen auf; Besserung durch Wärme und Bewegung in frischer Luft. Manchmal kann es Probleme mit dem Wasserlassen geben: häufiges Urinieren, Schmerzen beim Wasserlassen, erhöhter Drang und gleichzeitig dünner Strahl oder Harnträufeln (auch zum Beispiel eine Blasenentzündung nach dem Einführen eines Katheters).

Staphisagria begünstigt in niedrigen Potenzen die Heilung von Schnitt- und damit auch Operationswunden, auch am Gebiß. Nach einer Bauchoperation regt es die Darmperistaltik an. Wie bei Nux vomica und Ignatia tritt bei Staphisagria nervöser Durchfall auf.

Staphisagria D30, 1 x täglich 1 Dosis, 6–8 Wochen lang. Die Kur ganz zu Ende führen. Eventuell in Absprache mit dem Tierarzt eine höhere Potenz.

Stramonium

Der Stramonium-Typ hat Angst vor dem Alleinsein, insbesondere nachts. Wenn man den Hund abends hinausläßt, kann es sein, daß er vor lauter Angst vergißt, draußen sein Geschäft zu verrichten und dies dann im Haus erledigt. Die Angst vor dem Alleinsein äußert sich demzufolge in fehlender Sauberkeit (Harn, manchmal aber auch Kot), Heulen, Winseln und/oder Bellen und Zerstörungswut. Es liegt eine absichtliche Unsauberkeit vor, häufig immer an derselben Stelle, aber nie am eigenen Schlafplatz; wenn man die Bewegungsfreiheit des Hundes auf sein Plätzchen beschränkt, dann ist der Hund sehr wohl sauber. Das Tier hat also seine Blase durchaus unter Kontrolle.

Die Zerstörungswut ist nicht so hemmungslos wie beim Phosphorus- oder Tarantula-Typ. Trotzdem zeigt der Stramonium-Typ heftige Reaktionen: Er zittert, ist schnell erregt und zeigt nicht

selten hypersexuelles Verhalten. Angst vor glänzenden Dingen (zum Beispiel Spiegel). Dem Stramonium-Tier geht das Empfinden für Fremdes und Bekanntes ab. Er bindet sich zu stark an seine Bezugspersonen und/oder die ihm vertrauten Tiere; er hat Angst, sie zu verlieren. Das Stramonium-Verhalten kann ausgelöst werden durch den Verlust vertrauter Beziehungen oder der vertrauten Umgebung: ein anderer Besitzer, eine Heimvergangenheit, ein Umzug, ein Familienmitglied, das weggegangen ist. Auch ein älterer Hund, der wegen schlechter werdendem Hör- und Sehvermögen oder Intelligenzabbau nicht mehr alles mitbekommt und daher ein Stramonium-Verhalten zeigt, kann mit dem passenden Mittel in vielen Fällen noch eine ganze Weile ein verträglicher Hausgenosse sein.
Ein Stramonium-Hund mit Epilepsie als Hauptbeschwerde kann durch Stramonium geheilt werden. Stramonium ist mit Hyoscyamus verwandt.
Stramonium D30, 1 x täglich eine Dosis, 6–8 Wochen lang. Eine Kur ganz zu Ende führen. Eventuell in Absprache mit dem Tierarzt eine höhere Potenz.

Tarantula
Das zu Tarantula passende Bild findet man überwiegend bei kleinen Rassen wie zum Beispiel dem glatthaarigen Zwergpinscher. Das Tier ist reizbar, will von Fremden nicht angefaßt werden, manchmal auch nicht von Bekannten. Rüden haben häufig einen übermäßigen Geschlechtstrieb; Vorhautentzündung mit relativ starken eitrigen Absonderungen. Vor allem der junge Hund kann zerstörungswütig sein; er läßt seine Wut an Körbchen, Teppich, Kleidern, der Sitzgruppe und anderem aus. Merkmale: unruhig, schnell aufgeregt, läuft im Haus hin und her, rennt draußen aufgeregt herum, wie wenn er verfolgt würde, ist ängstlich. Frißt Sand. Nervöser Husten. Während der Aufgeregtheit werden die Beschwerden vergessen.

Tarantula D30, 1 x täglich eine Dosis, 6–8 Wochen lang. Die Kur ganz zu Ende führen. Eventuell in Absprache mit dem Tierarzt eine höhere Potenz.

Thuja

Stets ein Hund mit unproblematischem Charakter. Er ist entweder zu dick oder zu mager. Nässe und Kälte verursachen oder verschlimmern die Beschwerden. Hautprobleme findet man unter anderem im Bereich von Vulva und Anus: Juckreiz, etwas verdickte Haut und Schwarzverfärbung. Typisch für Thuja ist die Bildung leicht blutender Warzen.
Thuja D30, 1 x täglich 1 Dosis, 6–8 Wochen lang. Die Kur ganz zu Ende führen. Eventuell in Absprache mit dem Tierarzt eine höhere Potenz.

Zincum metallicum

Schreckhaft, ängstlich und nervös. Zittert und zuckt fortwährend mit den Gliedern, auch während des Schlafs (dies im Gegensatz zu Agaricus). Vor allem wenn die Hauptbeschwerden auch noch unterdrückt werden, spricht der Zincum-metallicum-Patient mit Epilepsie gut auf das zu ihm passende Mittel an.
Zincum metallicum D12, 2 x täglich eine Dosis, 3 Wochen lang.

Haut

Repertorium Hautprobleme

Dies ist eine globale Übersicht. Genauere Anweisungen findet man bei den Beschreibungen der einzelnen homöopathischen Heilmittel.

Beschwerden	*Indikationen*	*Arzneimittel*
Abgebrochene Haare		Lycopodium
Akne	allgemein	Arnica, Calcium jodatum, Hepar sulfuris, Kalium jodatum, Sulfur jodatum
	nach Verletzungen, auf Narben (auch Bißwunden)	Arnica
	zwischen den Zehen	Ignatia, Selenium metallicum
Allergie	allgemein	Cardiospermum
	mit starker Schwellung	Apis
Analbeutelentzündung		Causticum, Calcium sulfuricum
Atherom		Calcium carbonicum, Causticum
Blasen	bei Verbrennungen	Cantharis, Urtica
Brandige Haut		Arsenicum album, Phosphorus, Sulfur

Beschwerden	*Indikationen*	*Arzneimittel*
Demodikose (siehe S. 000)		Sulfur, Hepar sulfuris, Sulfur jodatum
Elefantenhaut		Carbo animalis, Carbo vegetabilis, Graphites, Kreosotum, Selenium, Tellurium
Entwässerung		Berberis, Cantharis, Lycopodium, Solidago virga aurea
Erfrierungen		siehe **Verbrennungen**
Furunkulose		Echinacea angustifolia, Hepar sulfuris, Kalium bromatum, Sulfur jodatum, Viola tricolor
Gürtelrose		Apis, Lachesis, Rhus toxicodendron, Urtica
Haaren	übermäßiges	Sulfur, Thallium aceticum
Hautprobleme	am Hodensack	Croton tiglium, Rhus toxicodendron
	am Übergang zwischen Haut und Schleimhaut	Acidum nitricum, Petroleum
	am Rücken, von Schwanz bis Hinterkopf	Agaricus
	im Bereich der Geschlechtsöffnung	Croton tiglium
Hautprobleme bessern sich	bei Kälte	Apis, Arsenicum album, Carbo vegetabilis, Dolichos pruriens,

Beschwerden	*Indikationen*	*Arzneimittel*
Hautprobleme bessern sich	bei Kälte	Fagopyrum, Ledum, Mezereum, Sulfur
	bei Wärme	Carbo animalis, Hepar sulfuris, Psorinum
Hautprobleme verschlimmern sich	bei Kälte	Antimonium crudum, Carbo animalis, Causticum, Hepar sulfuris, Petroleum, Psorinum, Rhus toxicodendron
	bei Wärme	Antimonium crudum, Apis, Arsenicum album, Kreosotum, Carbo vegetabilis, Dolichos pruriens, Fagopyrum, Kalium arsenicosum, Ledum, Mezereum, Sulfur
	nach Schwimmen, Baden	Sulfur
Juckreiz	bei Nervosität	Nux vomica
	bei übermäßigem Geschlechtstrieb	Origanum
	bei Verbrennungen	Agaricus
	ohne Haut- oder Fellbeschädigung	Agaricus
Kahlheit	mit Juckreiz	Graphites, Natrium muriaticum, Pulsatilla
	symmetrische	Apis, Lachesis, Graphites, Pulsatilla
	ohne Juckreiz, lokal, pigmentiert	Apis, Lachesis, Pulsatilla

Beschwerden	*Indikationen*	*Arzneimittel*
Leckgranulom	allgemein	Arnica, Hyoscyamus, Hypericum, Ignatia
	eiternd	Silicea
Narben	hart und schmerzhaft	Conium
	entzündet	Arnica, Graphites, Silicea
Schrunden		Acidum nitricum, Antimonium crudum, Graphites, Petroleum, Thuja
Schuppen		Kalium arsenicosum, Sulfur
Schwielen		Antimonium crudum
Sonnenwärme wird nicht vertragen		Natrium muriaticum, Psorinum
Trockenes Haarkleid	bei feuerroter Haut	Sulfur
Verbrennungen	ersten Grades	Calendula, Urtica
	zweiten Grades, Blasen	Cantharis, Urtica
Warzen		Acidum nitricum, Causticum, Thuja
Wechselwirkungen Hautbeschwerden/ innere Beschwerden		Graphites, Mezereum, Sulfur, Tellurium, Urtica

Hautbeschwerden

Unter Hautbeschwerden sind in diesem Kapitel Anomalien der Haut oder des Haarkleids zu verstehen, die für den Hund selbst oder den Besitzer störend sind. So ist Haaren zwar für den Hund selbst kein Problem, während der Besitzer dies gerne behandelt haben möchte.
Welche Probleme können sonst noch auftreten?
Hautjucken, Kahlheit, stumpfes, trockenes Fell, Schuppen, stinkende Haut, Pickel, Krusten, nässende Hautentzündungen und Ekzeme, Hautverfärbung, Hautverdickung (»Elefantenhaut«) und Warzen.
Der Hund mit Hautbeschwerden ist der häufigste Patient in einer Praxis für kleine Haustiere.
In Paragraph 201 des Lehrbuchs Hahnemanns (»Organon der Heilkunst«) heißt es, daß der Körper offensichtlich in der Lage ist, eine Krankheit in andere, weniger wichtige Körperteile abzuleiten. Die Haut wirkt dabei wie ein Ventil, das die lebenswichtigeren Körperteile entlastet. Bei der Behandlung von Hautbeschwerden darf man daher nicht nur die Anomalien von Haut und/oder Haarkleid betrachten, sondern man muß auch versuchen herauszufinden, warum dieses Ventil benötigt wird.
Die bloße Unterdrückung von Hautbeschwerden ohne Erkundung der tieferen Ursachen bringt meist nur vorübergehende Besserung: die Hautbeschwerden verschwinden zwar für eine Weile, jedoch ist das Grundleiden nicht beseitigt, während die Nebenwirkungen der angewandten Arzneien den Patienten noch zusätzlich belasten.
In vielen Fällen ist freilich die genaue Ursache für die Hautprobleme nicht zu klären. An der Vielzahl homöopathischer Heilmittel, die bei ein- und derselben Hauterkrankung Erfolg bringen können, ist abzulesen, daß die Ursachen höchst unterschiedlicher Natur sind. Meist spielen sogar mehrere Faktoren gleichzeitig

eine Rolle. Die Homöopathie befaßt sich mit allen vorhandenen Symptomen, so daß die Krankheit insgesamt angegangen wird und die Heilung auch zu den Ursachen vorstößt.
Ich bespreche die Behandlung von Hautbeschwerden hier anhand eines von mir in der Praxis angewandten Behandlungsschemas. Dieses besteht aus zehn aufeinander folgenden Schritten. Unser Bestreben ist es, möglichst wenig Schritte zu durchlaufen und möglichst nicht weiter zu gehen als bis Schritt 7.

Die Behandlung von Hautbeschwerden beim Hund in 10 Schritten:

1. Kontrolle der Ernährung
2. Kontrolle der Beziehungen zwischen dem Hund und seiner Umgebung
3. Kontrolle der Haut- und Fellpflege
4. Bekämpfung von Flöhen und Würmern
5. Diagnose
6. Homöopathie
7. Isopathie und Nosoden
8. Antibiotika
9. Desensibilisierung
10. Kortikosteroide

Schritt 1: Kontrolle der Ernährung

Wenn ein Hund mit Hautbeschwerden falsch ernährt wird, verschlimmern sich vielfach die Beschwerden. Umgekehrt ist die Ernährung an sich selten die Ursache für Hautprobleme. Normal füttern (Empfehlungen siehe im nachfolgenden Ernährungsplan). Man braucht keine Haute Cuisine und kein exotisches Kräuterkochbuch, um einen Hund gesund zu ernähren. Behauptungen, daß Hautprobleme durch die Ernährung mit Dosenfutter entstehen, sind Unsinn! Zumindest den guten handelsüblichen Hundefuttern kann man dies nicht nachsagen. Die unterschiedlichsten

Diätumstellungen zur Bekämpfung von Hauterkrankungen bringen nach meiner Erfahrung nur wenig Erfolg. Vielleicht verträgt der eine Hund keinen Pansen, bei dem anderen ist es eine bestimmte Marke. Dies sind allerdings Ausnahmen. Nierendiäten, Leberdiäten usw. sind nur dann sinnvoll, wenn eine tierärztliche Untersuchung eine entsprechende Indikation ergeben hat. Den normalen Speiseplan ergänzen können eventuell Zusätze wie Vitamin B-Komplex (unter anderem in Hefe) und essentielle Fettsäuren (Schafsfett, Sojaöl oder Maisöl, 1 Eßlöffel je 10 kg Körpergewicht).

Ernährungsschema für den Hund

Nachfolgend globale Richtlinien für den Futterbedarf eines Hundes pro Tag (man beachte die Anmerkungen im Anschluß an die Tabelle):

Gewicht des Hundes in kg	***Handelsübliches Vollfutter in g***	***Selbstzubereitetes Futter: Fleisch in g***	***Brot in Scheiben***
1	20	20	1
2	35	45	1,5
3	55	65	2
4	70	90	2,5
5	90	110	3
7	130	150	3,5
10	180	220	4
15	270	330	5
20	350	450	5,5
25	450	550	6
30	550	650	6,5
40	700	900	6,5
50	900	1100	7
70	1200	1500	8

Anmerkungen

1. Der Futterbedarf des Hundes kann ganz unterschiedlich sein, je nach Temperament, Stoffwechsel usw. und kann 20 bis 50 % unter den angegebenen Mengen liegen.
2. Der Futterbedarf eines Hundes kann unter bestimmten Umständen erhöht sein (wobei ebenfalls das im vorigen Absatz Gesagte gilt).

	Normaler Bedarf
Junge Tiere bis zur Hälfte des ausgewachsenen Körpergewichts	x 2
Junge Tiere von der Hälfte des ausgewachsenen Körpergewichts bis zum Erreichen des ausgewachsenen Körpergewichts	x 1,5
Hündinnen während der Trächtigkeit	x 1–2
Hündinnen während der Stillzeit	x 2–3

3. Dem handelsüblichen Vollfutter braucht man nichts hinzuzufügen, höchstens etwas essentielle Fettsäuren für den Zustand des Fells. Auf keinen Fall Ergänzungsnahrung mit Vitaminen und Mineralstoffen geben.
4. Selbstzubereitetes Futter muß außer Fleisch und Schwarzbrot auch gekochtes Blattgemüse und ergänzend Vitamine und Mineralstoffe enthalten. Auch hier können zusätzlich essentielle Fettsäuren gegeben werden.
5. 3 x täglich im Abstand von etwa 8 Std. füttern.
   Beispiel: 2 Mahlzeiten eines handelsüblichen Vollfutters (das heißt also 2 x ein Drittel des Tagesbedarfs an handelsüblichem Vollfutter) am Morgen und späten Abend und 1 Mahlzeit mit selbstzubereitetem Futter nachmittags etwa um 17.00 Uhr (das heißt ein Drittel des Tagesbedarfs an selbstzubereiteter Nahrung). Junge Hunde ab 3 Wochen essen etwas häufiger; das (Bei-)Füttern der jüngeren Welpen wird an anderer Stelle in diesem Buch besprochen.

Es ist im übrigen ein durchaus ernst gemeinter Rat, einmal mit einem Fachmann über die Ernährung Ihres Hundes zu reden, denn ich erlebe tagtäglich, daß Ernährungsfehler gemacht werden. Dies gilt sogar für Kynologen, die es eigentlich besser wissen müßten. Dies liegt zum Teil daran, daß von allen Seiten Empfehlungen gegeben werden, die sich nicht selten widersprechen.

Wenn bei Schritt 1 keine Korrekturen nötig sind oder die Korrekturen unbefriedigende Ergebnisse bringen, gehen wir zu Schritt 2 über.

Schritt 2: Kontrolle der Beziehungen zwischen Hund und Umgebung

Unterschätzen Sie nicht die Bedeutung einer guten Beziehung zwischen dem Hund und seiner Umgebung (Besitzer, andere Hausgenossen, wozu auch andere Haustiere gehören). Störungen in der Lebensumwelt können sich erheblich auf den Hund auswirken. Lesen Sie nur die Praxisgeschichte von Fleur (S. 131). Ein Hund braucht Regelmaß, eine fachkundige Erziehung, Zerstreuung und Bewegung an frischer Luft. Ich will den Hund keineswegs vermenschlichen, doch bestätigen die homöopathischen Behandlungsergebnisse, daß Angst, Eifersucht, Kummer, Streß usw. die Ursache psychogener Hauterkrankungen sein können.

Wenn bei Schritt 2 keine Korrekturen erforderlich sind oder die Korrekturen unbefriedigende Ergebnisse liefern, gehen wir zu Schritt 3 über.

Schritt 3: Kontrolle der Haut- und Fellpflege

Durch außergewöhnliche Klimabedingungen (sowohl im Haus als auch im Freien!), aber auch durch andere Ursachen kann ein Haarwechsel abnormal verlaufen. Neben der üblichen Fellpflege kann es notwendig sein, der Hund außer der Reihe zum Trimmen

zu bringen oder einen Hund zu trimmen, der normalerweise keine solche Pflege braucht.
Wenn bei Schritt 3 keine Korrekturen erforderlich sind oder die Korrekturen keine oder unbefriedigende Ergebnisse liefern, gehen wir zu Schritt 4 über.

Schritt 4: Bekämpfung von Flöhen und Würmern
Flöhe und Würmer müssen unbedingt vollständig entfernt werden. Vor allem die Bekämpfung von Flöhen muß mit Nachdruck vorgenommen werden. Der Ansteckungsdruck in dichtbesiedelten Wohngebieten kann sehr groß sein, so daß wir häufig nicht mehr ohne giftige Flohbekämpfungsmittel auskommen. Was im Handel heute an wirksamen Mitteln angeboten wird, ist recht sicher, aber trotzdem ist Vorsicht und sparsamer Gebrauch geboten. Auch Würmer müssen beseitigt werden, da diese die Verfassung, das heißt also auch diejenige von Haut und Haarkleid, beeinträchtigen. Der häufigste Hundebandwurm wird vom Floh übertragen; Floh- und Bandwurmbekämpfung gehen daher Hand in Hand (die Verpackungshinweise genau durchlesen und prüfen, ob das Wirkungsspektrum der Wurmkur breit genug ist). Ein Wurmmittel, das nur gegen Spulwürmer wirkt, ist auch bei Welpen nicht ausreichend; so klein sie sind, können sie doch schon Flöhe und damit auch Bandwürmer haben.

Wie hartnäckig sind Flöhe?

1. Sie können monatelang ohne Nahrung überleben.
2. Sie sind außerordentlich druckfest und überstehen daher auch das Beißen und Kratzen des Hundes.
3. Sie können ein volles Jahr im gefrorenen Zustand überleben.
4. Ihre Fortpflanzungsgeschwindigkeit und Beißaktivität sind bei Wärme stark erhöht (auch im Winter im warmen Haus).
5. Durch ihre Schnelligkeit und die Weite ihrer Sprünge sind sie schwer zu fangen.

Keine Kompromisse bei der Flohbekämpfung!

1. Frühzeitig beginnen, zum Beispiel im April/Mai. Damit kann man bereits die Brutspitze im Sommer kappen. Jeder Floh, den man im Frühjahr tötet, steht für 100 Nachkömmlinge, die dann im Sommer Ihren Hund nicht mehr plagen können.
2. Täglich Staubsaugen. Dies gilt insbesondere für den Liegeplatz. Möglichst auch den Hund selbst absaugen. In den Staubsaugerbeutel etwas Flohpulver geben, um die aufgesaugten Flöhe zu töten. Schlecht zugängliche Stellen eventuell mit einem Spray behandeln. »Nester« möglichst entfernen (Deckchen usw.).
3. Flohbekämpfungsmittel am Hund (aber auch an der Katze und anderen Haustieren) anwenden.

Wenn bei Schritt 4 keine Korrekturen erforderlich sind oder die Korrekturen keine oder unbefriedigende Ergebnisse liefern, gehen wir zu Schritt 5 über.

Schritt 5: Diagnose

Um sicherzustellen, daß wir den richtigen Behandlungsweg einschlagen, ist natürlich eine gute Diagnose erforderlich. Diese stellt selbstverständlich am besten der Tierarzt. Um den Rahmen für eine Selbstmedikation abzustecken, müssen wir einige spezifische Hautbeschwerden kennenlernen, die nicht oder nur bedingt für eine homöopathische Behandlung infrage kommen.
Bei dieser Einschränkung denke ich insbesondere an zwei Gruppen von Hautbeschwerden:

GRUPPE I

Hautbeschwerden aufgrund äußerer Parasiten.

Milben

Milben sind nur im Mikroskop sichtbar; der Tierarzt kann die Diagnose sichern, indem er ein Hautgeschabsel unter dem Mikroskop untersucht.

Räude

Heftiger Juckreiz. Zunächst nur Blutpünktchen auf der Haut, später aufgerauhte Haut durch Kratzen, Beißen, Reiben und Lecken. Deutlich sichtbar zum Beispiel auf der Bauchhaut. Menschen (Kinder), die mit einem räudigen Hund Kontakt haben, bekommen unausweichlich selbst ebenfalls Räude (heftigen Juckreiz und Blutpünktchen auf der Haut). Dies ist also eine Diagnose, die man nicht auf die leichte Schulter nehmen darf. Die Behandlung besteht in der Bekämpfung der Räude-Milbe und hygienischen Maßnahmen beim Hund wie beim Menschen. Für beides ist die Beratung des Tierarztes wie des Hausarztes erforderlich.

Räude tritt selten auf, ist aber dann mit einiger Behandlungsdisziplin schnell zu beseitigen.

Demodikose

In den allermeisten Fällen liegt kein Juckreiz vor (im Gegensatz zur Räude). Die typischen Stellen, an denen die reizlosen (zumindest im Anfangsstadium und bei einem weniger schweren Verlauf) kahlen Stellen auftreten, sind der Augenbereich, die Wangen, Hals und die Innenseite der Vorderpfoten. Die Kahlheit kann sich anschließend über den ganzen Körper ausbreiten. Nur bei sehr ausgedehnter Demodikose mit dazukommender bakterieller Infektion von Haut und Lymphdrüsen kann es zu Juckreiz kommen. Die Krankheit tritt insbesondere bei Hunden unter zwei Jahren auf. Die Demodex-Milbe ist nicht der primäre Verursacher der Krankheit, sondern die herabgesetzte Abwehrkraft des Tieres bietet der Demodex-Milbe die Angriffsfläche für ihre verheerende Tätigkeit. Demodikose ist daher auch nicht ansteckend. Da die Milbe nicht selbst die Hautbeschwerden hervorruft, sind die regulären Behandlungen mit giftigen Bekämpfungsmitteln in den meisten Fällen praktisch aussichtslos (es werden Behandlungen verordnet, die Monate und manchmal über ein Jahr dauern).

Demodikose muß daher unbedingt homöopathisch behandelt werden, eventuell in Kombination mit Allopathie.

Cheyletiellosis

Cheyletiella yasguri ruft beim Hund keine wirklichen Veränderungen an Haut und Behaarung hervor, sondern nur eine auffallende übermäßige Schuppenbildung, insbesondere im Bereich der Schulter; manchmal bilden die Hautschuppen dicke Schichten zwischen den Haaren. Manche Menschen, die Kontakt mit einem infizierten Hund haben, bekommen heftigen Juckreiz mit Blutpünktchen, vor allem auf dem Bauch. Wegen der lästigen Hautprobleme beim Besitzer kommt man vielfach nicht umhin, den Hund regelmäßig mit einem regulären Bekämpfungsmittel zu behandeln. Nach der Behandlung wird auch der Besitzer ohne Behandlung spontan gesund; dies ist bei Räude nicht der Fall.

Läuse (Pediculosis)

Läuse befinden sich hauptsächlich an den Ohrrändern, sind jedoch in schweren Fällen auf dem ganzen Körper zu finden. Sie sind mit bloßem Auge sichtbar. Die Läuseeier (Nissen) kleben an den Haaren. Läuse haben eine helle Farbe und bewegen sich kaum (im Gegensatz zu Flöhen). Es gibt auch blutsaugende Läuse: diese rufen nicht nur Hautjucken, sondern auch Beeinträchtigungen des Allgemeinbefindens hervor.
Juckreiz am Ohr darf nicht mit Ohrmilben verwechselt werden. Läuse wie Ohrmilben sind häufig bei Welpen, die gerade von Züchtern kommen, die die Hygiene nicht so genau nahmen. Einige Behandlungen mit einem regulären Bekämpfungsmittel reichen aus, um den Läusen den Garaus zu machen.

Flöhe (Pulicosis)

Flöhe verursachen beim Hund Juckreiz und ein plötzliches, heftiges Kratzen und Beißen, vor allem an der Hinterhand.

Flöhe sind zwar mit bloßem Auge sichtbar, aber nicht immer leicht zu finden. Dies kommt daher, daß die kleinen braunen oder schwarzen Tiere außerordentlich flink sind. Häufig sind absolut keine Flöhe zu finden, während der Juckreiz doch von Flöhen verursacht wird. Am ehesten findet man sie im Kreuzbereich, im Analbereich und auf dem Bauch. An diesen Stellen findet man auch die auffälligsten Hautabweichungen und die schwarzen Floh»häufchen«.

Um herauszufinden, ob die Beschwerden ausschließlich die Folge von Flöhen sind (wenn man also keine Flöhe finden kann, der Sitz der Beschwerden aber doch typisch für Flöhe ist), muß man den Hund zunächst mit einem guten Flohbekämpfungsmittel behandeln. Für eine treffende Diagnose ist es wichtig, daß man daneben keine anderen Behandlungen anwendet. Wenn der Hund während der Flohbehandlung juckreizfrei ist, steht fest, daß Flöhe die Ursache sind; wenn der Juckreiz bleibt, ist die Flohbekämpfung nur ein Teil der anzuwendenden Behandlung.

Diese Diagnose ist sehr wichtig. Vor allem in der Vergangenheit wurden Hunde vielfach gegen Juckreiz behandelt, während eine Flohbehandlung ausgereicht hätte, sie völlig beschwerdefrei zu machen – und Mittel gegen den Juckreiz haben mehr Nebenwirkung als Flohbekämpfungsmittel.

Häufig kommt man nicht ohne Mittel gegen Flöhe aus, weil wir in dichtbesiedelten Gegenden leben, viele Haustiere und drinnen wie draußen ein mildes Klima haben. Dadurch ist der Ansteckungsdruck sehr hoch. Wo dies weniger der Fall ist, ist es natürlich immer besser, die Flöhe ohne giftige Bekämpfungsmittel zu fangen. Gift bleibt Gift!

Manche Hunde leiden nicht einfach so an Flöhen, sondern sind allergisch gegen sie – sie haben schon Juckreiz, wenn nur ein Floh vorbeikommt, während anderen Hunden einige Flöhe nichts ausmachen. Bei diesen allergischen Hunden ist eine Bekämpfung der Flöhe natürlich sehr wichtig, aber nicht ausreichend; die Homöo-

pathie oder, genauer gesagt, die Isopathie verfügt über Möglichkeiten, die Überempfindlichkeit gegen Flohspeichel zu vermindern.
Ein sauberer Liegeplatz, ausreichend Zerstreuung und Bewegung, optimale Ernährung und ein guter Zustand des Haarkleids können ebenfalls dazu beitragen, die Empfindlichkeit gegen Flöhe zu senken.

Pilzerkrankungen (Dermatomykosis)
Der Pilz selbst ist nicht mit bloßem Auge zu sehen. Das Vorhandensein kann der Tierarzt mittels mikroskopischer Untersuchung der befallenen Haare, mit einer Kultur oder mittels einer Untersuchung mit der sogenannten Woodschen Lampe feststellen.
Das Bild einer durch Pilze verursachten Hautinfektion ist etwas uneinheitlich. Meist finden sich in einem sonst gesunden Haarkleid einige kahle Stellen, manchmal von ausgeprägt runder Form, manchmal etwas schilferig und krustig. Man findet sie am Kopf, auf den Zehen in der Nähe der Nagelbändchen, aber auch an anderen Körperstellen. Meist liegt kein Juckreiz vor, und wenn, dann nur in geringem Maße. Die Flecken heilen nicht spontan ab und breiten sich allmählich aus.
Bei Pilzbefall ist neben einer äußeren Behandlung mit regulären Pilzmitteln eine begleitende homöopathische Behandlung wünschenswert und manchmal auch unerläßlich.
Bei einer hartnäckigen Pilzinfektion, die mehrere reguläre Behandlungen überdauert hat, ist der Patient vielfach durch eine homöopathische Behandlung doch noch zu heilen.

GRUPPE II
Hautbeschwerden mit hormoneller Ursache

Im allgemeinen gilt, daß hormonelle Hautbeschwerden symmetrisch und ohne Juckreiz verlaufen. Daneben gibt es aber auch Hautbeschwerden mit Juckreiz, an denen eine hormonelle Störung beteiligt ist (u. a. spricht Graphites auf derartige Störungen an).

Cushing-Krankheit
Infolge von Haarausfall sieht man nach und nach, beginnend im Kreuz- und Rückenbereich, die Haut durch das Fell hindurchschimmern. Die Haut wird schwarz und dünn, vor allem an Kreuz und Rücken. Kein Juckreiz.
Daneben leidet der Hund an Fettsucht (vor allem dicker Bauch), mit der Folge von Gelenkproblemen, Unruhe und Kurzatmigkeit. Der Appetit ist krankhaft gesteigert, der Hund kann sogar Essen stehlen. Gleichzeitig starker Durst.
Die Ursache für die Symptome ist eine gesteigerte Tätigkeit der Nebennierenrinde, wodurch im Körper zu viel Nebennierenrindenhormone vorhanden sind. Die Krankheit kann auch durch lange Anwendung eines der vielen Juckreizmittel aus der regulären Tierheilkunde verursacht werden, die fast immer zur Gruppe der Nebennierenrindenhormone bzw. Kortikosteroide gehören.
Die Kosten, die mit Diagnose und Behandlung der Cushing-Krankheit bei einem Hund verbunden sind, sind hoch, die Behandlungsergebnisse häufig dürftig. Unbehandelt wird die Krankheit in einigen Fällen jedoch zu einem Leidensweg. Vorbeugen ist besser als heilen; daher cortisonhaltige Präparate als Juckreizmittel sparsam einsetzen!

Hodentumor
Bei älteren Rüden kann gelegentlich eine Kahlheit auftreten, die sich allmählich vom Rücken nach unten und von hinten nach vorne mit Schwarzverfärbung und geringfügiger Verdickung der Haut ausbreitet. Kein Juckreiz.
Die Ursache für die Symptome ist ein Hodentumor, der den Hormonhaushalt durcheinanderbringt.
Vor allem Hoden, die nicht abgestiegen sind, scheinen für eine Tumorbildung anfällig zu sein. Ein Tumor in einem Bauchhoden oder ein sehr kleiner Tumor sind für Sie nicht feststellbar. Kastration ist bisher die einzige Behandlungsmöglichkeit.
Wenn bei Schritt 5 keine Korrekturen erforderlich sind oder diese nur unbefriedigende Resultate liefern, fahren wir mit Schritt 6 fort.

Schritt 6: Homöopathie
In der Einleitung wurde bereits betont, daß eine individuelle Vorgehensweise immer die beste ist. Bei Hautproblemen ist vielfach eine ebenso umfassende Vorgehensweise erforderlich wie bei Verhaltensproblemen. Ein homöopathisch arbeitender Tierarzt wird in einer solchen Weise verfahren. Dieser sechste Schritt bietet ebenfalls viel Raum für eine Selbstmedikation. Es gibt eine Reihe vorzüglicher lokaler Mittel, die viele Hunde von ihrem Juckreiz befreien können.
Damit die Übersichtlichkeit gewahrt bleibt, folgt die Besprechung der homöopathischen Arzneimittel, die zur Behandlung von Hauterkrankungen eingesetzt werden können, im Anschluß an die Besprechung dieses Schemas.
Wenn bei Schritt 6 keine Korrekturen erforderlich sind oder die Korrekturen keine oder nur ungenügende Ergebnisse bringen, gehen wir zu Schritt 7 über.

Schritt 7: Isopathie[1] und Nosoden

Wenn auch die Homöopathie einen Hund nicht von seinen Hautbeschwerden befreien kann, gibt es für manche Hautpatienten noch Möglichkeiten im Rahmen der Isopathie und insbesondere der Nosodentherapie. Die Nosodentherapie arbeitet mit potenzierten Krankheitsprodukten (Schweiß, Eiter, Blut, Speichel usw.) vom Kranken selbst oder von Material, das von anderen Patienten stammt.

Für die Wahl einer solchen Behandlung ist ein Antibiotikumtest (siehe Schritt 8) oder ein Allergietest erforderlich. Bei einem Allergietest werden sehr kleine Mengen von Stoffen gespritzt, die möglicherweise allergieauslösend sind (Allergene). Wenn diese Stoffe von innen kommen (aus dem Körper selbst), dann nennt man sie endogene Allergene (zum Beispiel ein Bakterium wie Staphylokokkus); kommen sie von außen (von außerhalb des Körpers), dann nennt man sie exogene Allergene (zum Beispiel Hausstaub, Hausmilben, Wolle, menschliche Hautabschilferungen usw.).

Wenn bei Schritt 7 keine Korrekturen erforderlich sind oder die Korrekturen keine oder nur ungenügende Ergebnisse liefern, gehen wir zu Schritt 8 über.

Schritt 8: Antibiotika

Es gibt eine Reihe von Hunden mit Hauterkrankungen, die sehr gut auf Antibiotika ansprechen. Die Nebenwirkungen von Antibiotika sind im allgemeinen weit weniger schwerwiegend als diejenigen von Kortikosteroiden. Leider ist die Heilwirkung von Antibiotika meist nur vorübergehender Art; wenn die Behandlung beendet wird, kehren die Hautbeschwerden bald wieder.

1 Isopathie = Behandlung mit *Gleichem* (im Vergleich zur Homöopathie = Behandlung mit *Ähnlichem*). In der Isopathie werden Krankheitsprodukte bzw. Stoffe, die eine Krankheit auslösen, potenziert. Das potenzierte Präparat bezeichnet man als Nosode.

Wenn ein Hund nur auf Antibiotika allein (das heißt nicht in Kombination mit Kortikosteroiden oder anderen Hautmitteln) gut anspricht, ist es bei einem Wiederauftreten der Beschwerden zu empfehlen, vom Tierarzt eine isopathische Behandlung durchführen zu lassen (Autonosode C15 aus Blut und Urin; einmalig eine Injektion subkutan, erforderlichenfalls Wiederholung). Die Antibiotika dienen als Test, ob ein Bakterium Ursache der Hauterkrankung ist.
Wenn bei Schritt 8 keine Korrekturen erforderlich sind oder die Korrekturen keine oder nur unbefriedigende Ergebnisse liefern, gehen wir zu Schritt 9 über.

Schritt 9: Desensibilisierung
Wenn bei einem Allergietest Überempfindlichkeit zum Beispiel für Hausstaub festgestellt wird, kann man diese durch eine Kur mit Hausstaub herabsetzen.
Die Kur hat eine Erfolgsquote von 50 bis 60 Prozent, ist zeitraubend und teuer. Die Isopathie bietet eine weniger teure Alternative, die in einer Reihe von Fällen sehr schnell und nachhaltig wirkt. Trotzdem muß man immer versuchen, die Hintergründe der Allergie und nicht die Allergie selbst zu behandeln.
Wenn bei Schritt 9 keine Korrekturen erforderlich sind oder die Korrekturen keine oder nur unbefriedigende Ergebnisse liefern, gehen wir zu Schritt 10 über.

Schritt 10: Kortikosteroide
Es gibt Patienten, bei denen überhaupt nicht hilft. Ein Tier, bei dem dies der Fall ist, hat manchmal so starken Juckreiz und ein so ekliges Fell, daß man es seinem Besitzer nicht verdenken kann, wenn er es von seinem Leiden erlösen und einschläfern lassen möchte. Die Wahl zwischen Einschläferung und Kortikosteroiden fällt in einem solchen Fall nicht schwer: natürlich Kortikosteroide.

Die Resultate können manchmal erstaunlich gut sein, vielfach schon bei sehr geringen Dosierungen. Wichtiger Grundsatz ist, die Dosierung je Anwendung möglichst niedrig zu halten. Vor allem darf nicht zu häufig verabreicht werden; am besten täglich oder noch seltener. Morgendliche Anwendung verspricht den besten Erfolg. Man versuche, nach einigen Wochen oder Monaten die Dosis allmählich zu reduzieren. Niemals die Behandlung abrupt abbrechen! Man bedenke immer, daß Kortikosteroide Vor- und Nachteile haben.

Vor- und Nachteile der Juckreizbehandlung mit Kortikosteroiden

Vorteile:

1. Juckreizstillend. Lebensrettend für hoffnungslose Fälle.
2. Der Hund fühlt sich viel besser. Nur in seltenen Fällen tritt Unruhe oder Mattigkeit auf.

Nachteile:

1. Starke Zunahme des Appetits (manchmal Stehlen von Futter). Auch bei einer Reduzierung der Futtermenge tritt mit der Zeit Fettsucht auf, die schwierig zu korrigieren ist.
2. Durst. Mehr Trinken bedeutet mehr Harn in der Blase. Bei älteren Hunden und sterilisierten Hündinnen besteht insbesondere dann, wenn ohnehin eine Blasenschwäche vorliegt, die Möglichkeit, daß sie nicht mehr sauber sind.
3. Bei längerer Anwendung entsteht die Cushing-Krankheit, die nicht oder kaum erfolgreich zu behandeln ist. Diagnose und Behandlung können sehr teuer sein.
4. Geheilt wird nichts, die Wirkung ist nur vorübergehend (oder solange die Arznei gegeben wird).
5. Gelenkprobleme durch das Übergewicht.
6. Lange Nachwirkung.
7. Höchstwahrscheinlich hemmen die Kortikosteroide die Wir-

kung homöopathischer Heilmittel, auch noch lange nach Absetzung des Medikaments (vermutlich bis zu drei Monate lang).

Gemeinsam mit dem Tierarzt die Vor- und Nachteile sorgfältig abwägen und immer wieder nach anderen Möglichkeiten innerhalb des 10-Stufen-Plans suchen.

Homöopathie

Hauptsymptome sind meist »niedrigwertige« Symptome, nur aufgrund der Hautsymptome ist es recht schwierig, eine Arzneimitteldiagnose zu stellen. Viele Arzneimittelbilder sind bezüglich ihrer Hautsymptome schwer voneinander zu unterscheiden. Meist braucht man zusätzlich andere Symptome, um das richtige Arzneimittel auswählen zu können.

Nur zur Erinnerung weise ich nochmals darauf hin, daß mit einer Arzneimitteldiagnose, die aufgrund anderer, hochwertiger Symptome erstellt wird, auch die vorhandenen Hautbeschwerden geheilt werden können. Es ist daher ohne weiteres möglich, daß homöopathische Arzneimittel, die im folgenden (S. 119–152) nicht verzeichnet sind, sich aber im Kapitel *Homöopathische Typen und Verhalten* finden, einen Patienten trotzdem von seinen Hautbeschwerden befreien können. Bei einer Reihe von Arzneimittelbildern sind auch relativ typische Hautsymptome vorhanden.

Zwei Erkrankungen, die eng mit Hautproblemen verwandt sind, aber doch nicht in dieses Kapitel gehören, sind Ohrentzündung und Analbeutelentzündung.

Eine Entzündung des äußeren Gehörgangs ist nicht selten Bestandteil allgemeiner Hautbeschwerden; wenn man diese behandelt, verschwinden gleichzeitig auch die Ohrenbeschwerden. Eine Entzündung der Analbeutel löst folgende Symptome aus: häufiges Lecken am Anus, Beißen und Lecken im Bereich des Schwanzes, »Schlitten fahren« und übler Geruch. Die homöopathischen Behandlungsmöglichkeiten bei einer Analbeutelentzündung findet man im Kapitel *Entzündungen allgemein* und über das Register. In manchen Fällen kann es notwendig sein, die Analbeutel operativ zu entfernen. Der Hund kommt auch ohne sie aus und die Operation hat, sofern sie von einem guten Chirurgen durchgeführt wird, eine gute Prognose. Trotzdem sollte man

nicht voreilig den Schluß ziehen, daß Hautbeschwerden durch eine Analbeutelentzündung ausgelöst werden.
Nachfolgend die Beschreibungen einiger homöopathischer Arzneimittel, die bei bestimmten Hautproblemen eingesetzt werden können. Sie sind in alphabetischer Reihenfolge angegeben.

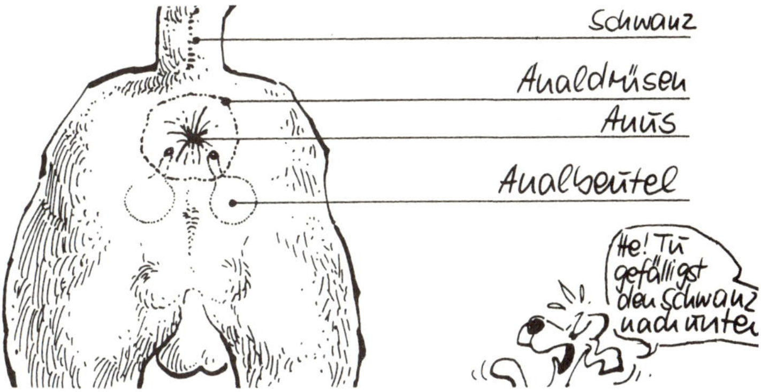

Acidum nitricum
Charakteristisch für Acidum nitricum sind häufig blutende, schrundige Hauterkrankungen und leicht blutende Warzen. Die schrundigen Hauterkrankungen finden sich meist am Übergang zwischen Haut und Schleimhaut wie zum Beispiel am Maul, am Anus und der Nase (siehe auch Petroleum; dort besteht eine deutlich geringere Blutungsneigung). Auch die leicht blutenden Geschwüre im Anusbereich beim älteren Rüden (Analdrüsenadenome) können mit Acidum nitricum behandelt werden (siehe auch Thuja). Dabei und bei der Behandlung von Warzen läßt sich Acidum nitricum gut mit Thuja und Causticum kombinieren.
Acidum nitricum D4, 3 x täglich eine Dosis, 3–6 Wochen lang.

Agaricus

Sehr heftiger Juckreiz. Schon bei der geringsten Berührung wird ein rasendes Kratzen ausgelöst. Man braucht gewissermaßen nur auf das Tier zu deuten, und schon juckt seine Haut und es versucht zu kratzen, zu lecken oder zu beißen. Auffällig ist, daß Haut und Fell keine Abweichungen zeigen; man kann sich nicht vorstellen, warum der Hund einen solchen Juckreiz hat. Dieses Hauptproblem findet man vielfach bei Boxern. Der empfindlichste Bereich liegt in der Linie vom Schwanz bis zum Hinterkopf. Nicht selten ergibt der Allergietest, daß der Hund zum Beispiel gegen Hausmilben überempfindlich ist.
Gelegentlich findet man auch noch typische Agaricus-Symptome: träge Entwicklung (späte Geschlechtsreife, spät sauber); lange ungezogen, Zerstörung des Körbchens, von Möbeln usw.; Stehlen von Futter (bei normalem Appetit); große Neugier und übermäßige Aktivität.
Agaricus ist auch angezeigt bci Parästhesien (Kribbeln oder Juckreiz) nach Verbrennungen oder Erfrierungen.
Agaricus D30, 1 x täglich 1 Dosis, 6–8 Wochen lang. Die Kur ganz zu Ende führen. Eventuell in Absprache mit dem Tierarzt eine höhere Potenz; gute Erfahrungen habe ich mit Agaricus D60 gemacht, 1 x wöchentlich 1 Dosis.
Bei Parästhesien nach Verbrennungen oder Erfrierungen Agaricus D6, 3 x täglich 1 Dosis, 3 Wochen lang.

Antimonium crudum

Die Hautbeschwerden, die zum Arzneimittelbild von Antimonium crudum passen, zeichnen sich insbesondere durch eine lokale Schwielenbildung der Haut aus: schwielige Verdickungen der Sohlen, Kniegelenke und Fersen. Auf dem ganzen kahlenden Körper befinden sich eine Vielzahl kleiner, heftig juckender Krusten. Bekannt ist bei Antimonium crudum eine Verschlimmerung der Beschwerden durch extreme Temperaturen, das heißt

Frost und Sonnenwärme. Für die Wahl dieses Mittels müssen vor allem die hochwertigen Symptome (Typdiagnose, Krankheitsursache usw.) den Ausschlag geben.
Antimonium crudum D6, 3 x täglich 1 Dosis, 3–6 Wochen lang, bei der lokalen Behandlung von Schwielen. Eventuell zur Unterstützung eine äußere Behandlung mit Graphitessalbe D4, ebenfalls 3 x täglich, 3–6 Wochen lang.
Antimonium crudum D30, 1 x täglich 1 Dosis, 6–8 Wochen lang, bei Antimonium-Typen. Die Kur ganz zu Ende führen. Eventuell in Absprache mit dem Tierarzt eine höhere Potenz.

Apis
Apis ist die Honigbiene. Charakteristisch für dieses Mittel sind akut auftretende Schwellungen der Haut als allergische Reaktion, zum Beispiel nach einem Bienen- oder Wespenstich (Nesselsucht, siehe Lachesis). Beim Hund findet man häufig eine akut auftretende Schwellung insbesondere der Glieder, der Schnauze und der Ohrmuscheln infolge eines Wespenstichs. Die Schwellungen verursachen Juckreiz und möglicherweise auch Schmerzen, denn der Hund empfindet es meist als unangenehm, wenn die befallenen Stellen berührt werden. Kühlung bringt Besserung, Wärme wird schlecht vertragen. Auch am übrigen Körper kann Nesselsucht entstehen (siehe auch Lachesis).
Apis gilt als rechtsseitiges Arzneimittel, wenn auch die Rechtsseitigkeit weniger deutlich ausgeprägt ist als die Linksseitigkeit bei Lachesis. Apis kann auch das richtige Arzneimittel bei einer chronischen Erkrankung mit Kahlheit und Schwarzverfärbung der Haut am Rücken und im Kreuzbereich sein, wobei kein Juckreiz und keine Ödeme auftreten.
Apis D6, in sehr akuten Fällen zunächst 3 x täglich 1 Dosis im Abstand von 10 Minuten, anschließend 3 x täglich 1 Dosis über 7 Tage.

Arnica

Blaurote Abszesse mit blutigem Eiter an Stellen, an denen die Haut beschädigt ist oder war (Narbengewebe); dies können auch Stellen sein, an denen sich der Hund durch Beißen selbst verletzt hat. Man denke zum Beispiel an die Abszesse zwischen den Zehen, z. B. beim Bullterrier. Arnica kann hier beim Heilungsprozeß unterstützend wirken, neben Hepar sulfuris und Selenium. Außerdem kräftigt Arnica die Verfassung eines Hundes, der durch Hautinfektionen und unaufhörliches Kratzen mehr oder weniger erschöpft ist.

Arnica D6, 3 x täglich 1 Dosis, 3 Wochen lang.

Arsenicum album

Die Hautbeschwerden bei Arsenicum album sind eher unspezifisch. Es ist eine Typdiagnose notwendig, um die Hautbeschwerden mit einiger Aussicht auf Erfolg behandeln zu können.

Meist sind Haut und Behaarung, die zu Arsenicum album passen, brandig, trocken und schilferig. Durch heftiges Kratzen, Beißen und Lecken können jedoch unangenehme nässende Hautentzündungen entstehen. Der Arsenicum-album-Patient verlangt nach Wärme, die aber die Hautbeschwerden gerade verschlimmert, während gelegentlich auch Besserung eintritt. Die Arzneimitteldiagnose Arsenicum album ergibt sich relativ einfach, wenn man feststellt, daß der Juckreiz nach Mitternacht schlimmer wird und daß der Hund anfallartig kratzt.

Arsenicum album D12, 2 x täglich 1 Dosis, 3 Wochen lang. Wenn die Typdiagnose ebenfalls Arsenicum album lautet, gibt man D30, 1 x täglich 1 Dosis, 6–8 Wochen lang. Die Kur ganz zu Ende führen. Eventuell in Absprache mit dem Tierarzt eine höhere Potenz.

Berberis

Die Anhäufung von Schlackenstoffen im Körper belastet die Haut, wodurch Hauterkrankungen entstehen. Berberis nennt man im Zusammenhang mit Hauterkrankungen ein »Entwässerungsmittel«: da das Mittel die Funktion von Leber und Nieren stimuliert, wird die Ausscheidung von Schlackenstoffen aus dem Körper angeregt. Wirkt blutreinigend.
Wenn mehrere Symptome zum Arzneimittelbild von Berberis passen, besteht eine gute Chance, daß auch die Hautbeschwerden verschwinden (siehe auch das Kapitel *Harnableitende Wege*).
Ein weiteres wichtiges Entwässerungsmittel ist Solidago virga aurea.
Berberis D6, 3 x täglich 1 Dosis, 3 Wochen lang.

Calcium carbonicum

Auch hier ist meist eine Typdiagnose erforderlich, um die Hautbeschwerden zielsicher behandeln zu können; die Hautbeschwerden an sich unterscheiden sich nicht deutlich genug von denjenigen anderer Arzneimittelbilder. Die Hautbeschwerden haben vielfach eine schlechte Heilungstendenz. Häufig treten Atherome (Talgansammlungen in verstopften Talgdrüsen) auf. Manchmal ist eine operative Entfernung eines Atheroms notwendig. Damit verhindert man natürlich nicht, daß an anderen Stellen wieder Atherome entstehen können; deshalb ist eine mehr ursächliche Vorgehensweise notwendig.
Neben Calcium carbonicum können auch Silicea, Sulfur, Thuja oder Graphites als Typmittel bei Atheromen angezeigt sein; als lokale homöopathische Arzneimittel ist an Calcium jodatum, Kalium jodatum, Sulfur jodatum und Staphisagria zu denken.
Calcium carbonicum D12, 2 x täglich 1 Dosis, 3–6 Wochen lang. Eventuell eine höhere Potenz.

Carbo animalis

Die Carbo-animalis-Haut ist chronisch entzündet und neigt zu Seborrhoe (feuchte fettige Haut durch übermäßige Talgproduktion) und Elefantenhaut. Beides verursacht Juckreiz und Schmerzen. Es können (bläuliche) Geschwüre auftreten. Besserung durch Wärme, Verschlechterung durch Kälte (im Gegensatz zu Carbo vegetabilis).

Carbo animalis D12, 2 x täglich 1 Dosis, 3–6 Wochen lang. Eventuell eine höhere Potenz.

Carbo vegetabilis

Symptome wie bei Carbo animalis. Im Gegensatz zu Carbo animalis tritt bei Carbo vegetabilis eine Besserung der Beschwerden durch Kälte und eine Verschlechterung durch Wärme ein.

Carbo vegetabilis D12, 2 x täglich 1 Dosis, 3–6 Wochen lang.

Cardiospermum

Die Wirksamkeit dieser Pflanze gegen Allergien wurde erst vor kurzem entdeckt. Dies gilt nicht nur für Haut-, sondern auch für Schleimhautallergien (wie zum Beispiel Heuschnupfen beim Menschen). Cardiospermum kann innerlich und äußerlich (mit Cardiospermum Salbe DHU) angewandt werden.

Cardiospermum D3, 3 x täglich 1 Dosis, 3 Wochen lang.

Causticum

Die Hauterkrankungen, die zu Causticum passen, sind überwiegend trockener Art. Typisch ist die vor allem bei trockener Kälte auftretende Verschlechterung und die Besserung der Beschwerden bei nassem Wetter. Der Causticum-Patient friert leicht. Eine eventuelle Arthrose hat dieselbe Modalität.

Häufig leidet der Patient an unwillkürlichem Harnabgang, manchmal sogar unwillkürlichem Kotabgang. Es kann eine Anfälligkeit für schmerzlose Schleimbeutelschwellungen an Knie

und Ferse bestehen. Neben Thuja und Acidum nitricum ist Causticum ein wichtiges homöopathisches Mittel gegen Warzen.
Es kann Juckreiz am Anus mit chronisch entzündeten Analbeuteln bestehen, die mit zähem Inhalt gefüllt sind.
Causticum D12, 2 x täglich 1 Dosis, 3 Wochen lang. Eventuell eine höhere Potenz.

Croton tiglium
Croton tiglium ist angezeigt bei nässenden Hautentzündungen im Bereich der Geschlechtsöffnungen (Vulva und Vorhaut), die durch einen eitrigen Ausfluß ausgelöst werden. Auch Hodensackekzem paßt zum Arzneimittelbild (siehe auch Rhus toxicondendron).
Croton tiglium D6, 3 x täglich 1 Dosis, 3 Wochen lang.

Dolichos pruriens
Juckreiz mit oder ohne Ausschlag. Juckreiz am Anus. Kratzen lindert den Juckreiz nicht, so daß der Hund die betreffende Stelle blutig beißt und kratzt. Die Beschwerden verschlimmern sich durch nächtliche Wärme. Dies ist einer der Gründe, warum ein sauberes Plätzchen für den Hund so wichtig ist.
Ein typisches Symptom für Dolichos pruriens kann sein, daß der Juckreiz vorhanden ist oder schlimmer wird, wenn auch Hartleibigkeit vorliegt. Wenn der Stuhlgang wieder normal ist oder ein Abführmittel verabreicht wird, klingt der Juckreiz spontan ab.
Dolichos pruriens D3, 3 x täglich 1 Dosis, 3 Wochen lang.

Fagopyrum
Eigentlich ist Fagopyrum das Mittel für das Hautjucken unter Lichteinwirkung. Der Hautausschlag ähnelt demjenigen von Flohbissen. Es tritt auch Juckreiz an den dünnbehaarten Körperteilen auf, wie zum Beispiel Füßen, äußerem Gehörgang, Geschlechtsöffnung, Anus, Mund und Lidern.

Wie der Ledum-Patient weist der Fagopyrum-Patient Verschlimmerung des Juckreizes durch Wärme und Kratzen auf (oder auch schon durch Berührung), während die Beschwerden durch Kälte oder lokal kühlende Mittel zurückgehen. Es ist zwar nicht oft festzustellen, doch paßt die Verschlimmerung des Juckreizes am Nachmittag zu Fagopyrum.
Fagopyrum D6, 3 x täglich, 3 Wochen lang.

Graphites
Ich habe sehr viele Fälle erlebt, in denen Wetterhounen mit einer für diese Rasse typischen Hauterkrankung mit homöopathischen Potenzen von Graphites wieder gesund wurden.
Höchstwahrscheinlich handelt es sich hier um eine hormonale Störung, obwohl vielfach auch Juckreiz und harte Abszesse hinzukommen. Vermutlich funktioniert die Schilddrüse zu träge, wiewohl dies im Blutbild meist nicht deutlich zum Ausdruck kommt. Die Geschlechtshormone sind wenig aktiv. Hündinnen werden kaum läufig. Rüden werden recht unsicher und haben manchmal vor den kleinsten Hunden Angst; sie kämpfen nicht mit dem eigenen Geschlecht und haben kein Interesse am anderen. Beim Wetterhoun habe ich regelmäßig festgestellt, daß der Hund auch mental wieder ins Lot kommt, wenn sich die Hautbeschwerden gebessert haben: ein Rüde hat keine Angst mehr vor kleinen Hunden und kämpft mit einem Geschlechtsgenossen, der ihm in die Quere kommt.
Die Haare fallen diffus aus, das heißt das Fell dünnt aus, und allmählich schimmert die Haut durch. Die Haut ist häufig etwas schwarz verfärbt, etwas verdickt und fühlt sich manchmal kühl an. Die restlichen Haare im kahlenden Gebiet haben schlechte Qualität und sitzen locker, das heißt, man kann sie ohne weiteres herausziehen.
Fell und Haut sind trocken. Die Kahlheit beginnt im hinteren Teil des Körpers und breitet sich symmetrisch nach vorne aus: Gesäß,

Schwanz (etwa 4 cm über dem Schwanzansatz), Flanken, hinter den Ohren, Hals. Bei einer Hündin findet man ein schlaffes Gesäuge, wie wenn sie soeben gesäugt hätte. Dies ist vielfach schon bei einer jungen Hündin der Fall, die keine Jungen hatte und nicht scheinträchtig war. Eine Graphites-Hündin ist in der Regel nicht scheinträchtig.

Der Graphites-Hund ist träge, nicht leicht in Bewegung zu bringen, manchmal sogar apathisch. Das Tier ist plump, in der Regel freundlich, kann aber auch etwas trübsinnig und mürrisch sein. Als Tierarzt erkennt man einen Graphites-Typ sehr schnell: Er tappt in das Sprechzimmer herein, läßt sich neben dem Stuhl seines Besitzers zu Boden fallen und versinkt in tiefen Schlaf. Der Graphites-Hund genießt es, beim homöopathisch arbeitenden Tierarzt zu sein, weil die homöopathische Anamnese so herrlich lange dauert.

Der Hund neigt etwas zum Frieren und leidet manchmal an Verstopfung. Die Haut ist trocken, schilfernd mit Schrunden, vor allem am Übergang zwischen Haut und Schleimhaut. Typisch ist eine schleimige Absonderung aus den Augen.

Der Appetit ist vielfach extrem gut, der Hund ist eher dick. Häufig findet man schmutzige Ohren, aus denen honigartiges Ohrschmalz kommen kann. Wie bei Calcium carbonicum ist die Heilungstendenz bei Graphites schlecht: die Flecken heilen nicht oder kaum, sondern breiten sich stetig aus. In anderen Fällen wechseln sich die Flecken ab: wenn der eine geheilt ist, entsteht anderswo der nächste.

Eine chronische, nässende, krustige, schrundige Erkrankung des Nasenspiegels kann ebenfalls zum Heilmittelbild von Graphites passen (siehe auch Natrium muriaticum). Häufig kommt es zu zusätzlichen Schädigungen durch Scheuern am Boden. Eine äußerliche Behandlung mit Graphitessalbe D4, 3 x täglich, ist in vielen Fällen ausreichend; innerhalb von 2 Wochen kann man mit einer erheblichen Besserung rechnen.

Bei trockenen, schrundigen Hauterkrankungen am Übergang zwischen Haut und Schleimhaut (Mund, Augen und Anus) ist auch an Acidum nitricum, Antimonium crudum, Petroleum und Thuja zu denken. Bei chronischen Hautentzündungen mit Verdickung der Haut, Schrundenbildung und übel riechenden Absonderungen passen außer Graphites auch Carbo animalis, Carbo vegetabilis und Tellurium.
Graphites D30, 1 x täglich 1 Dosis, 6–8 Wochen lang. Die Kur ganz zu Ende führen. Eventuell in Absprache mit dem Tierarzt eine höhere Potenz.
Wenn nachweislich eine Schilddrüsenunterfunktion vorliegt, kann unterstützend zu Graphites eventuell auch Jodum D3 gegeben werden, 3 x täglich 1 Dosis, 6–8 Wochen lang. Wenn die Schilddrüsenfunktion sehr träge ist oder überhaupt ruht, muß häufig Schilddrüsenhormon verabreicht werden.

Hepar sulfuris
Hepar sulfuris ist das Mittel der Wahl bei eitrigen Hautentzündungen. Beispiele: die durch Eiterbakterien komplizierte Form von Demodikose, wobei auch die Lymphdrüsen befallen sind; Eiterpusteln unter dem Kinn (Furunkulose), unter anderem bei Dobermann, Pinscher, Boxer und Deutscher Dogge. Auch die Eiterpusteln zwischen den Zehen können mit Hepar sulfuris behandelt werden. Diese Pusteln sind allerdings in vielen Fällen sekundär durch Lecken entstanden; wenn die psychische Ursache des Leckverhaltens nicht behandelt wird, ist mit Hepar sulfuris natürlich nur eine vorübergehende Wirkung zu erzielen. Vor allem die Pusteln zwischen den Zehen beim Bullterrier sind sehr hartnäckig.
Bei akneähnlichen Hauterkrankungen wie bei Furunkulose kommen auch Mittel wie Kalium bromatum und Sulfur jodatum in Betracht.
Verschlechterung der Beschwerden durch Kälte, Besserung

durch Wärme und Empfindlichkeit gegen Berührung sind die typischen Modalitäten von Hepar sulfuris, die aber nicht immer feststellbar sind.
Hepar sulfuris D12, 2 x täglich 1 Dosis, 3–6 Wochen lang.

Ignatia
Den Ignatia-Typ findet man regelmäßig bei den Golden Retrievern.
Es ist ein problemloser Hund, der seine kleinen Spannungen ganz im stillen verarbeitet. Bei Ignatia finden wir ein Schulbeispiel einer sekundären Hauterkrankung, das heißt einer Erkrankung, die dadurch entsteht, daß der Hund sich aus psychischen Gründen zu lecken und zu beißen beginnt. Dadurch können die häßlichsten Ekzeme entstehen. Aus Schrunden zwischen den Zehen können sich Pusteln entwickeln, die als sekundäre Störung zum Beispiel mit Ignatia besser heilen als mit Mitteln, die scheinbar mehr auf der Hand liegen wie zum Beispiel Hepar sulfuris. Durch das Knabbern an den Pfoten im Bereich der Vorderknie oder Fersen können Leckgranulome entstehen, die mit den regulären Behandlungsmethoden nicht heilen, weil sie nicht auf die Ursache zielen. Mit Ignatia verschwinden sie nicht selten wie Tau in der Morgensonne.
Das Knabbern, »Selbstverstümmelung«, ist eine introvertierte Reaktion auf Spannungen; um welche Spannungen es sich handelt, ist nicht immer genau zu klären. Man vergleiche dies mit dem Nägelbeißen beim Menschen. Im Grunde kann man es sich schon recht gut vorstellen, daß ein einfacher Hundeverstand ab und zu mit der gestreßten Menschenwelt nicht mehr zurechtkommt.
Ich habe einige Golden Retriever mit eitrigen Hautentzündungen einem Allergietest unterzogen. Die Symptome hatten sich in einigen Fällen über den ganzen Körper ausgebreitet und gingen bis zu einer feuerroten Haut an der inneren Ohrmuschel, unter

den Achseln und an der Leiste. Die Testung ergab Überempfindlichkeit für viele oder sogar alle Testpunkte. Dies nennt man eine Atopie. Die dadurch ausgelösten Beschwerden können zum Beispiel mit Ignatia behandelt werden. Meist sind wir mit dem Wissen, daß ein Hund gegen irgend etwas allergisch ist, noch nicht bis zu den Wurzeln der Hauterkrankungen vorgedrungen. Damit soll nicht gesagt sein, daß ein Allergietest nutzlos ist; in einigen Fällen kann der Tierarzt hierdurch zu einem isopathischen Arzneimittel kommen, das hilft.
Man lese auch die Bemerkungen über den Ignatia-Typ im Kapitel *Homöopathische Typen und Verhalten.*
Ignatia D30, 1 x täglich 1 Dosis, 6–8 Wochen lang. Die Kur ganz zu Ende führen. Eventuell in Absprache mit dem Tierarzt eine höhere Potenz.

Aus der Praxis...

Fleur war siebeneinhalb Jahre alt. Sie war ein echter Golden Retriever, völlig unproblematisch im Umgang. Ruhig, folgsam, kinderlieb, knurrte oder biß nie, konnte auch gut allein sein. »Mit einem so problemlosen Hund kommt jeder zurecht«, erklärte die Besitzerin und drückte einen dicken Kuß auf den Kopf ihres Hundes. Ein mustergültiger Hund also? Gewiß, wenn es nicht diese lästigen Hautbeschwerden gegeben hätte. Innerhalb eines Zeitraumes von etwa 10 Monaten wurde das Tier deswegen mit 9 (!!) verschiedenen regulären Mitteln behandelt, unter anderem Kortikosteroiden, Antibiotika, Flohbekämpfungsmitteln und dazu noch mit zwei homöopathischen Mitteln, alle praktisch ohne Erfolg. Zum Glück hatte die Besitzerin mindestens soviel Geduld wie ihr Hund und gab auch mir eine Chance mit homöopathischen Mitteln.

Auf dem ganzen Hundeleib fand ich überall eine eklige, säuerlich stinkende, nasse Hautentzündung mit wäßrig-eitrigen und teilweise auch blutigen Absonderungen, in denen Haare verklebt waren. An einigen Stellen, insbesondere am Hals, war die Haut etwas verdickt und tendierte in Richtung der sogenannten Elefantenhaut.

Die bakteriologische Untersuchung der erkrankten Stellen ergab das Vorhandensein von Staphylokokken, einer Bakterienart, die gegen praktisch alle gängigen Antibiotika empfindlich ist. Ein Allergietest zeigte, daß Fleur für praktisch jegliche Staubart überempfindlich war. Atopie nennt dies der Fachmann, angeborene Überempfindlichkeit, und damit ist er schon am Ende seiner Weisheit.

Die gescheiterten Antibiotikum-Behandlungen machen zumindest deutlich, daß die Staphylokokken mehr Folge als Ursache waren. Was aber war die Ursache? Um Fleur von ihrem furcht-

baren Juckreiz zu befreien, mußten wir etwas weiter blicken als auf die dünne Haut.
Fleur selbst erzählte uns durch ihre Beschwerden, durch ihre Symptome, was vorlag. Ich hatte Fleur schon früher wegen eines Leckgranuloms behandelt. Das Seltsame war, daß das Leckgranulom immer etwa zwei Monate nach der Läufigkeit entstand. Sie war niemals wirklich scheinträchtig; es gab immer nur etwas wäßrige Absonderungen aus dem nicht geschwollenen Gesäuge. Allerdings war sie in dieser Zeit auffallend still. Mit Ignatia D30, 1 x täglich 5 Kügelchen, waren diese Probleme schnell gelöst, während sie andernfalls wochenlang trübsinnig war. »Seither gab ich Fleur hin und wieder einige Kügelchen, um sie etwas aufzumuntern«, sagte die Besitzerin.
Im Alter von 5 Jahren hatte Fleur Junge gehabt. Etwa zwei Tage nach der Geburt verließ die Mutter plötzlich ihren Wurf und verbarg sich unter einem Strauch im Garten. Sie wollte nichts mehr von ihren Welpen wissen! Ein solches seltsames, unerwartetes, paradoxes Verhalten findet man auch bei Menschen mit einem Krankheitsbild, das zum Arzneimittelbild von Ignatia paßt. Ignatia D30 beendete diesem schlimmen Zustand innerhalb einer Viertelstunde: Fleur lag wieder im Körbchen und versorgte die Jungen, wie man es von einer Hundemutter erwarten kann.
Und jetzt? Nur 5 Kügelchen Ignatia D1000 brachten die Hautbeschwerden schnell zum Verschwinden. Gibt es noch jemanden, der an der schnellen und zielsicheren Wirkung homöopathischer Mittel zweifeln mag? Fleurs Frauchen jedenfalls nicht, und Fleur selbst fühlt sich viel besser. Und ich selber bin noch ein bißchen neugieriger geworden, was die Homöopathie Tieren noch alles zu bieten hat.

Kalium arsenicosum
Kalium arsenicosum ist das Mittel für ein trockenes und stark schilferndes Haarkleid (Schuppen). Der möglicherweise auftretende Juckreiz kann nachts und bei Wärme schlimmer werden. Eine Untersuchung auf Schuppenmilben ist erforderlich, auf alle Fälle dann, wenn der Besitzer oder andere Hausgenossen ebenfalls Juckbeschwerden haben.
Kalium arsenicosum D6, 3 x täglich 1 Dosis, 6 Wochen lang.

Kalium bromatum
Die wichtigste Indikation für Kalium bromatum ist Furunkulose. Das Mittel ist bei dieser Erkrankung gut mit Hepar sulfuris und/oder Sulfur jodatum zu kombinieren.
Kalium bromatum D6, 3 x täglich 1 Dosis, 3–6 Wochen lang.

Kreosotum
Bei chronischen, übelriechenden Hautentzündungen (Elefantenhaut) mit einer Verschlimmerung des Juckreizes durch Kratzen und Wärme. Bei älteren Hunden und Hunden mit Zucker. Geschwürbildung ist möglich. Hierbei auch an Mittel wie Carbo vegetabilis, Carbo animalis und Tellurium denken.
Kreosotum D12, 2 x täglich 1 Dosis, 3–6 Wochen lang.

Lachesis
Wie bei den meisten Hautbeschwerden sind die anderen Symptome des Patienten wichtig für die Mittelauswahl. Indem der ganze Patient behandelt wird, heilen die Hautbeschwerden von selbst (siehe hierzu auch die Anmerkungen zum Lachesis-Typ im Kapitel *Homöopathische Typen und Verhalten*). Vor allem Hautbeschwerden mit allgemeinen Infektionen und bläulichen Entzündungen können zu Lachesis passen.
Bei einigen Hunden, insbesondere Boxern, habe ich eine seltsame Art von Allergie festgestellt, die eindeutig zum Arzneimittelbild

von Lachesis paßt: Urticaria oder Nesselsucht. Dies ist eine allergische Hautreaktion mit plötzlich auftretenden Quaddeln, die praktisch immer an der linken Körperseite (Kopf, Hals, Rumpf) auftritt oder jedenfalls eindeutig links beginnt. Es sieht aus, als ob der Hund in Brennesseln gelegen wäre. Er hat überall Eruptionen, von denen die Haare senkrecht abstehen. Sie tritt abends auf, bleibt über Nacht bestehen (Wärme, Ruhe und Schlaf führen eindeutig zur Verschlimmerung), und der Hund wacht morgens damit auf. Sobald er morgens ins Freie kommt und sich an frischer Luft bewegt, schwinden die Symptome so schnell, wie sic gekommen sind (Besserung also durch Bewegung an der frischen Luft).
Eine dritte Hauterkrankung, die zum Lachesis-Hund paßt, besteht in symmetrischen Flecken (von beinahe Kinderhandgröße) zu beiden Seiten der Lendenwirbel. Es sind scharf umrissene, kahle, schwarz pigmentierte Flecken, die sich manchmal etwas kalt anfühlen; sie jucken nicht, und das übrige Haarkleid sieht tadellos aus (siehe aus Apis).
Lachesis D12, 2 x täglich 1 Dosis, 7–10 Tage lang, bei Infektionen und Nesselsucht.
Lachesis D30 und Pulsatilla D30, jeweils 1 x täglich 1 Dosis, 3–6 Wochen lang, bei nicht juckenden, meist symmetrischen und pigmentierten kahlen Stellen. Man kann zum Beispiel Lachesis am Morgen und Pulsatilla am Abend geben.

Ledum

Das Mittel der Wahl bei Floßbißreaktionen. Heftiger Juckreiz, der in der Wärme schlimmer wird. Hinzu kommt, daß Flöhe sich in einem wärmeren Raum schneller fortpflanzen und eine größere Bißaktivität zeigen. Ein sauberes Lager (vor allem im Sommer, aber auch im Winter, weil die Zimmer häufig zu warm geheizt sind) ist unbedingt notwendig. Kein Körbchen mit Decken und Kissen, da dies nur Brutplätze für Flöhe sind. Abkühlung, auch

lokal (zum Beispiel mit einer kühlenden Hautlotion) verschafft Erleichterung. Kratzen verschlimmert den Juckreiz, so daß der Hund eine befallene Stelle im Nu zu einer nässenden Hautentzündung aufkratzen oder beißen kann.
Zum Arzneimittelbild von Ledum passen weiterhin Sekundärinfektionen nach Stichwunden, das heißt auch infizierte Flohbisse und Juckreiz an den Füßen.
Ledum D6, 3 x täglich 1 Dosis, 3–6 Wochen lang. Ledum kann auch äußerlich zum Beispiel als Hautlotion (Prodier) angewandt werden.

Aus der Praxis...

Joris war ein etwa fünfjähriger Airdale Terrier-Rüde, als er zum dritten Mal zu mir in die Sprechstunde kam. Ein Prachtexemplar, wie Kenner von Rassehunden fanden. Joris reiste im In- und Ausland von einer Tierschau zur anderen. Er genoß das besondere Privileg, den schönsten Hündinnen seiner Rasse zu Nachkommenschaft verhelfen zu dürfen. Sein Glück währte allerdings nicht lange. Im Alter von drei Jahren entwickelte sich bei Joris einc seltsame Hauterkrankung, die den Besitzer veranlaßte, den Hund zumindest vorläufig nicht mehr als Deckrüden einzusetzen. Es war ja nicht ausgeschlossen, daß die hartnäckigen Hautprobleme ansteckend waren. Armer preisgekrönter Joris: zurück in die Anonymität?

Im Lendenbereich waren zu beiden Seiten des Rückens zwei scharf umgrenzte, völlig kahle Stellen entstanden; die Haut war an diesen Stellen schwarz pigmentiert und fühlte sich manchmal kalt an; Juckreiz hatte Joris nicht. Damals wurde Joris mit Lachesis D30 und Pulsatilla D30 behandelt, wobei er von ersterem Mittel morgens 5 Kügelchen und von letzterem abends ebenfalls 5 Kügelchen bekam.

Innerhalb weniger Wochen waren die Flecken verschwunden. Ich hatte in diesem Zusammenhang eine Wette mit einem Kollegen abgeschlossen, der das Leiden für unheilbar hielt. Diese Wette hatte ich also gewonnen.

Auf seinem Weg zurück zur Spitze erlitt Joris allerdings einen Rückschlag. Nach etwa eineinhalb Jahren trat dieselbe Hautkrankheit wieder auf, und zwar in noch viel schlimmerem Maße: praktisch der ganze hintere Abschnitt des Rückens war kahl und schwarz pigmentiert. Wie die damaligen Flecken fühlte sich die kahle Haut kalt an; Juckreiz bestand nicht. Über eine Blutuntersuchung kontrollierte ich die Schilddrüse von Joris, die jedoch einwandfrei funktionierte. Die Wiederholung der früheren Behandlung brachte keinen Erfolg mehr. War Joris' Zukunft noch zu retten?

Das Studium des Repertoriums von Kent brachte mich auf eine andere Fährte: Die Schwarzverfärbung der Haut, eine vor drei Jahren durchgemachte Prostataentzündung und eine unlängst anderswo behandelte Nierenentzündung waren drei Symptome, denen Kent insgesamt das Mittel Apis zuweist. Apis kannte ich eigentlich nur als Mittel zur Behandlung von Nymphomanie bei der Hündin, von Entzündungen mit Ödemen oder von allergischen Reaktionen mit Ödemen und starkem Juckreiz, aber noch nicht als Mittel für eine nicht juckende Hauterkrankung bei einem Rüden. Und doch wurde Joris mit Apis D6 wieder gesund. Er wurde wieder ganz der Alte. Schwanzwedelnd vor Vergnügen bereitete er sich auf ein Comeback in der Welt der Hundeschauen vor. Viel Erfolg weiterhin, Joris!

Lycopodium

Der Lycopodium-Typ hat Juckreiz, jedoch ist die Haut meist nicht beschädigt, und es tritt keine Kahlheit auf. Einigermaßen typisch ist dafür der Haarbruch (Trichorrhexis) – eine Folge des Kratzens. Lycopodium-Typen findet man unter anderem bei den Rottweilern und den Chow-Chows. Der Haarbruch ist meist am Widerrist lokalisiert; an dieser Stelle tritt gelegentlich auch eine nässende, eitrige Hautentzündung auf. Das Fell ist stumpf und trocken. Übermäßiger Haarausfall. Man lese die Beschreibung des Lycopodium-Typs im Kapitel *Homöopathische Typen und Verhalten* nach. Dies kann die Treffsicherheit des gewählten Mittels verbessern. Da Lycopodium die Leber- und Nierenfunktion anregt, kann es auch als Entwässerungsmittel gelten (vergleiche mit Berberis und Solidago virga aurea). Lycopodium kann in den passenden Fällen eine gestörte Dickdarmfunktion regulieren. Eine gestörte Dickdarmfunktion wirkt sich auch auf den Zustand der Haut nachteilig aus, weil die Synthese und Aufnahme von Vitaminen herabgesetzt sind.

Lycopodium D30, 1 x täglich eine Dosis, 6–8 Wochen lang. Die Kur ganz zu Ende führen. Eventuell in Absprache mit dem Tierarzt eine höhere Potenz. Lycopodium nicht mit Sulfur kombinieren.

Origanum

Ich hatte einmal einen Zwergpudel wegen eines hartnäckigen Hautjuckens ohne Auffälligkeiten an Haut und Behaarung in Behandlung. Als nichts wirken wollte, tauchte die Vermutung auf, daß das Tier aus Nervosität infolge eines gesteigerten Geschlechtstriebs kratzte. Origanum D30, das Mittel bei übermäßigem Geschlechtstrieb, brachte den Juckreiz rasch zum Verschwinden. Andere Erfahrungen haben inzwischen diese mögliche Ursache des Hautjuckens bestätigt.

Origanum D30, 1 x täglich 1 Dosis, 3 Wochen lang.

Aus der Praxis...

Das Herrchen von Nero war ein außerordentlich selbstbewußter Mensch, der sich gerne wichtig machte. Wenn es irgendwie ging, kam er in die Sprechstunde, bevor er an der Reihe war, und natürlich konnte er nur zu den unmöglichsten Zeiten kommen. Der sympathische Nero, ein kräftiger Bouvier-Rüde von etwa drei Jahren, machte durch seinen ausgeglichenen Charakter wieder viel gut. Der Besitzer kam schließlich wegen Nero und nicht wegen sich selbst.

Aber auch Menschen sind manchmal lernfähig: Neros Besitzer war mächtig stolz auf seinen Hund, pflegte ihn ausgezeichnet und fuhr über 75 km weit, um Nero eine homöopathische Behandlung angedeihen zu lassen. Weil für ihn wie für mich das Wohlbefinden Neros im Vordergrund stand, verständigten wir uns doch bald, und Neros Besitzer akzeptierte die Hausordnung unserer Praxis bald so, als ob er sie selbst festgelegt hätte.

Der arme Nero litt unter Hautjucken und biß nicht selten üble kahle Stellen in sein Fell. Diese Stellen entzündeten sich außerdem und überzogen sich mit säuerlich stinkendem Eiter, Krusten und verklebten Haaren. Sie waren höchst schmerzhaft geworden; man brauchte nur darauf zu zeigen, und Nero winselte, obwohl er im Grunde keineswegs empfindlich war.
Zunächst dachte ich an Flöhe. Der Besitzer versicherte jedoch glaubhaft, daß er Flöhe intensiv bekämpfte und täglich nachprüfte, ob noch irgendwelches Ungeziefer die »chemische Keule« überlebt hätte. Tatsächlich konnte ich keine Flöhe finden.
Wir einigten uns auf einen Allergietest. Nero zeigte eine Überempfindlichkeit für Flöhe, Hausstaub und menschliche Hautabschilferungen. Leider sämtlich Allergene, die man kaum beseitigen kann. Nero bekam ein homöopathisches Komplexmittel, das unter anderem Cardiospermum enthielt, ein Allergiemittel. Etwa zehn Tage später war Nero vollkommen juckreizfrei, und die entzündeten Stellen trockneten einwandfrei ein. Freude beim Hund, Zufriedenheit beim Besitzer und Triumph beim Arzt!
Nach einiger Zeit kamen jedoch das Hautjucken und damit die ekelhaften Bißstellen in aller Schwere wieder. Die Behandlung mit dem Komplexmittel hatte sich in diesem Fall als nicht ausreichend erwiesen.
Ich verordnete Sulfur – Sulfur D30, 1 x täglich 5 Tropfen –, denn dieses ist allgemein als ein bewährtes Mittel bei verschiedenen Hautproblemen bekannt. Aber was geschah? Nero bekam Durchfall!
Aufgrund dieses Durchfalls bei Sulfur entschied ich mich für das Mittel Mercurius vivus D12, 2 x täglich 1 Tablette. Der Stuhlgang war wieder normal, die Hautbeschwerden verschwanden. Etwa ein Jahr später kehrten die Hautbeschwerden wieder, jedoch half auch dann Mercurius vivus D12.
Die Heilung ging also nicht ohne Schwierigkeiten vor sich. Dies ist freilich des öfteren der Fall. Ich hatte mich vielleicht zu schnell

für Sulfur entschieden, weil dieses so häufig bei Hautbeschwerden geholfen hatte. Als sich aber zeigte, wie Nero auf Sulfur reagierte, konnte ich das richtige Mittel feststellen. Es zeigte sich wieder einmal, daß eine Arzneimitteldiagnose immer individuell ist und niemals vorschnell gestellt werden darf – so wenig man Menschen, wie zum Beispiel Neros Besitzer, bei der ersten Begegnung nach ihrem Verhalten beurteilen darf …

Mercurius vivus

Die Hautbeschwerden, die zum Arzneimittelbild von Mercurius vivus passen, lassen sich als solche nicht von denjenigen vieler anderer Arzneimittelbilder unterscheiden. Meist handelt es sich um nässende, eitrige und übelriechende Hautentzündungen; meist ist der Verlauf chronisch. Man braucht zusätzliche Symptome, um die Arzneimitteldiagnose Mercurius vivus stellen zu können.

Verschlechterung durch Wärme wie auch nasse Kälte und eine Enddarmentzündung können zusätzliche Hinweise auf Mercurius vivus sein. Wenn nach der Unterdrückung der Hautbeschwerden zum Beispiel mittels Sulfur Durchfall auftritt, kann dies ebenfalls ein Hinweis auf Mercurius vivus sein. Die Arzneimittelbilder von Mercurius vivus und Mercurius solubilis sind identisch.

Mercurius vivus D6, 3 x täglich 1 Dosis, 3–6 Wochen lang. Eventuell eine höhere Potenz.

Mezereum

Mezereum zeigt dieselbe Wechselwirkung zwischen Hautbeschwerden und inneren Beschwerden wie unter anderem Graphites, Sulfur und Tellurium (die Hautbeschwerden verschwinden, sobald innere Beschwerden, wie zum Beispiel Rückenschmerzen, Husten oder Durchfall, verschwinden und umgekehrt). Ein solches Mittel macht deutlich, daß die Hauterkrankungen nur ein Teil des Gesamtleidens sind.

Die Hautbeschwerden treten periodisch auf, vor allem im Sommer.

Wie bei Ledum findet man bei Mezereum eine Verschlimmerung des Juckreizes durch Wärme, Kratzen und Berührung (der Juckreiz verändert seinen Sitz); Besserung durch Kälte und lokale Abkühlung (eine kühlende Hautlotion).

Mezereum ist das Mittel der Wahl bei der sogenannten »Jugend-

akne« bei jungen Hunden: kleinen Eiterpickeln, insbesondere auf der Bauchhaut (Calcium carbonicum D12 bei Welpen, die noch gesäugt werden).
Mezereum D6, 2 x täglich 1 Dosis, 3–6 Wochen lang.

Natrium muriaticum
Allmählicher Haarausfall im Kreuzbereich; wenn man hinter dem Hund steht, sieht man die Haut durch die Haare hindurchschimmern (siehe auch Pulsatilla). Es besteht eine weniger ausgeprägte symmetrische Kahlheit und keine Hautveränderung (Verdikkung, Schwarzverfärbung), wie dies beim Arzneimittelbild von Graphites der Fall ist. Viele kleine Pickelchen und Krusten – Miliaria (siehe auch Urtica) – insbesondere im Kreuzbereich, die sich auf dem ganzen Rücken ausbreiten. Das Bild ähnelt genau den Hautbeschwerden, die durch Flöhe hervorgerufen werden. Typisch für Natrium muriaticum ist die Trockenheit von Haut und Haarkleid. Der homöopathische Hundetyp ist auch hier wiederum für die Arzneimitteldiagnose ausschlaggebend (siehe das Kapitel *Homöopathische Typen und Verhalten*). Bei Durchfall zum Beispiel vergleichen mit Pulsatilla und Sulfur im Kapitel *Verdauungsapparat.*
Natrium muriaticum D30, 1 x täglich 1 Dosis, 6–8 Wochen lang. Die Kur ganz zu Ende führen. Eventuell in Absprache mit dem Tierarzt eine höhere Potenz.

Nux vomica
Nicht unbedingt ein Mittel, bei dem man sofort an Hautbeschwerden denkt. Trotzdem habe ich Patienten erlebt, die allein mit Nux vomica von Hautbeschwerden befreit wurden. Die eventuellen Beschädigungen des Haarkleids sind sekundär, die Haut ist meist völlig intakt. Die Hautbeschwerden ähneln den Hautbeschwerden des Pulsatilla-Hundes. Auf der Grundlage der Typbeschreibung für Nux vomica muß man annehmen, daß auch das Nux-vo-

mica-Jucken ein nervöser Juckreiz ist (siehe das Kapitel *Homöopathische Typen und Verhalten*).
Nux vomica D30, 1 x täglich 1 Dosis, 6–8 Wochen lang. Die Kur ganz zu Ende führen. Eventuell in Absprache mit dem Tierarzt eine höhere Potenz.

Petroleum
Das zu Petroleum passende Bild ist meist eine kahle, trockene (gelegentlich auch nässende) und schrundige Haut um Körperöffnungen wie Augen, Maul und Anus. Durch das Jucken am Anus kann der Hund beginnen, »Schlitten zu fahren«; infolge davon kommt es zu einer Ausstülpung und Beschädigung der Anusschleimhaut, wodurch das Entleeren des Kots sehr schmerzhaft sein kann. Auch im Bereich der Zehen kann es zu einer trockenen, schrundigen Hauterkrankung kommen. Die befallenen Hautstellen fallen in einem ansonsten tadellosen Haarkleid auf. Verschlimmerung der Beschwerden tritt auf durch Kälte, Schreck und Kummer. Petroleum ist eines der wichtigsten homöopathischen Heilmittel gegen Reisekrankheit.
Petroleum D6, 3 x täglich 1 Dosis, 3–6 Wochen lang. Eventuell eine höhere Potenz.

Aus der Praxis...

Castor, ein junger Schäferhund-Rüde, hatte Glück! Kaum war er im Tierheim gelandet, wurde er von einem neuen Frauchen wieder herausgeholt. Ich kannte diese Frau schon seit Jahren und wußte daher, daß es der Hund nicht besser hätte treffen können. Als Castor erstmals zu mir in die Sprechstunde kam, litt er an Juckreiz. Reguläre Arzneimittel brachten keine zufriedenstellenden Ergebnisse. Der Allergietest ergab, daß Castor gegen Hausmilben allergisch war. Ob ich damals zuerst die Hausstaubmilben-Nosode versucht habe, weiß ich nicht mehr sicher, aber ich glaube, daß ich sofort Natrium muriaticum verordnete, weil Castor genügend zusätzliche Symptome aufwies, die für eine gute Arzneimitteldiagnose ausreichten.

Castor war zwar wegen Hautproblemen in die Sprechstunde gekommen, doch wurde die Arzneimitteldiagnose Natrium muriaticum aufgrund der Allgemeinsymptome gestellt. Castor war ein etwas nervöser Typ; dies zeigte sich zum Beispiel daran, daß er anfänglich auf Fremde aufgeregt reagierte. Sein Haarkleid war zwar tadellos, doch war er etwas mager und, typisch für Natrium muriaticum, seine Nase war trocken. Auffällig war, daß der Hund nur morgens Durchfall hatte; am Nachmittag war der Stuhlgang völlig normal. Sein Kot kam nicht am Stück, sondern in kleinen Kugeln. Wenn er dringend urinieren mußte, konnte er den Harn häufig nicht halten und verlor schon im Haus einige Tropfen. Möglicherweise hatten letztere Probleme etwas mit einer Hinterhandschwäche zu tun. Ich verordnete Castor aufgrund der obigen Symptome das Mittel Natrium muriaticum D30, 1 x täglich 5 Kügelchen. Innerhalb weniger Tage kam es zu einer enormen Verschlechterung der Hautbeschwerden: die sogenannte homöopathische Anfangsverschlechterung, wobei der Körper unter kurzzeitiger Verstärkung der Symptome zu stark auf das passende Mittel reagiert. Wir setzten die Kügelchen sofort ab. Danach ging es mit Castor schnell besser: Nach einer heftigen Reaktion sorgte der natürliche Abwehrmechanismus dafür, daß das Hautjucken und die anderen Beschwerden verschwanden. Auch Castors feindselige Haltung gegen Fremde verringerte sich, und er reagierte weniger nervös. Bei letzterem spielte – Ehre, wem Ehre gebührt – sicher auch die liebevolle Behandlung durch die Besitzerin eine Rolle. Als nach einiger Zeit der Juckreiz wiederzukehren begann, genügte eine Dosis Natrium muriaticum D200 vollständig, um die Beschwerden wieder völlig zu beseitigen.

Hautprobleme sind selten isoliert zu betrachten, sondern sind ein Element eines komplexen Bildes, wie auch der Bericht über Castor wieder belegt. Wir müssen das Gesamtbild wahrnehmen, um dem Tier grundlegend helfen zu können.

Natrium muriaticum D30, 1 x täglich 1 Dosis, 6–8 Wochen lang.

Psorinum

Kein Mittel für die Selbstmedikation. Psorinum kann vom Tierarzt bei einer chronischen Hauterkrankung eingesetzt werden, bei der der Patient keine Heilungstendenz mehr zeigt, geschwächt und erschöpft ist. Wesentliches Merkmal für Psorinum ist das starke Frösteln. Der Hund stinkt. Wärme bessert, jedoch wird Sonnenwärme nicht vertragen.

Psorinum, entsprechend der Reaktion dosieren. Ausschließlich in Absprache mit Ihrem homöopathisch arbeitenden Tierarzt einsetzen.

Pulsatilla

Die Hautbeschwerden, die zum Arzneimittelbild von Pulsatilla passen, können manchmal weitgehend denjenigen von Graphites ähneln. Hier müssen uns wiederum weitere Symptome, der ganze Patient, zu Hilfe kommen, um zwischen diesen beiden Mitteln differenzieren zu können (siehe hierzu das Kapitel *Homöopathische Typen und Verhalten*).

Wenn Pulsatilla nicht oder nur vorübergehend wirkt, während das Bild doch zu passen scheint, dann ist Graphites zu empfehlen. Es gibt Hinweise darauf, daß auch das umgekehrte gilt. Trockenes Haarkleid, Hautjucken und Haarausfall. Insbesondere findet man eine Ausdünnung des Haarkleids und ein Durchschimmern der Haut durch die Haare im Bereich der Hinter- und Innenseite der Gesäßbacken, unter dem Schwanz im Bereich des Anus, im Kreuzbereich und auf den Flanken in Richtung nach vorne.

Die Haut fühlt sich etwas schlaff an und ist durch Pigment schwarz verfärbt. Die Hautbeschwerden sind am schlimmsten vor, während und nach der Hitze, insbesondere aber während der Scheinträchtigkeit. In der Ruhepause des Zyklus tritt eine Verbesserung ein. Derartige Hautbeschwerden scheinen bei dunkelhaarigen, rauh-, lang- und lockenhaarigen Rassen häufiger aufzutreten.

Pulsatilla D30, 1 x täglich 1 Dosis, 6–8 Wochen lang. Die Kur ganz zu Ende führen. Eventuell in Absprache mit dem Tierarzt eine höhere Potenz.

Rhus toxicodendron

Rhus toxicodendron ist insbesondere dann angezeigt, wenn eine Allergie für Stoffe aus der Umgebung vorliegt (exogene Allergene; Kontaktallergie). Verschlechterung durch nasse Kälte und Vorhandensein von für Rhus toxicodendron typischen Gelenkbeschwerden (siehe auch das Kapitel *Bewegungsapparat*). Am Kopf, an den Pfoten, am Bauch und Skrotum (siehe hier auch Croton tiglium) findet sich Rötung der Haut, die heftig und akut auftritt.

Rhus toxicodendron D6, 3 x täglich 1 Dosis, 3 Wochen lang.

Silicea

Neben den bereits beschriebenen Störungen (siehe das Kapitel *Homöopathische Typen und Verhalten*) sind in bezug auf die Haut noch zwei weitere bewährte Indikationen für Silicea zu nennen: harte Narben (Keloid) und ständig wiederkehrende eiternde Hautstellen. Die Stellen entstehen nicht selten durch Lecken und Beißen (Selbstverstümmelung). Vollständige Heilung ist natürlich nur beim Silicea-Typ zu erwarten; bei anderen Tieren muß die Silicea-Behandlung durch ein »Verhaltensmittel« ergänzt werden, um das Knabbern zu beenden.

Silicea ist ebenfalls das Mittel für chronische Analdrüsenentzündungen mit dünnem Inhalt. Auch die Fisteln, die infolge eines durchgebrochenen Analdrüsenabszesses entstehen, können mit Silicea heilen. Die Behandlung der Fisteln rings um den Anus, wie sie bei bestimmten Deutschen Schäferhunden vorkommen, mit Silicea ist vielfach enttäuschend.

Silicea D12, 2 x täglich 1 Dosis, 3–6 Wochen lang. Eventuell eine höhere Potenz.

Selenium

Selenium paßt zu der chronischen Hautentzündung, bei der die Haut feucht und fettig werden kann (Seborrhoe). Vor allem bei chronischem Zwischenzehenekzem (für eine umfassende Behandlung den möglichen psychischen Faktor nicht außer acht lassen).

Selenium D12, 2 x täglich 1 Dosis, 6 Wochen lang. Eventuell eine höhere Potenz.

Sepia

Mehr oder weniger typisch für Sepia ist eine Pigmentstörung, zum Beispiel Pigmentabbau am Nasenspiegel. Pigmentierung tritt vielfach auf, wenn mit der Haut etwas nicht in Ordnung ist. In weitaus den meisten Fällen ist Sepia dann allerdings nicht das richtige Mittel. Es kann eine große Vielzahl von Mitteln in Frage kommen, so daß auch für die Wahl von Sepia mehr Symptome erforderlich sind (siehe das Kapitel *Homöopathische Typen und Verhalten*).

Die Beschwerden treten auf oder verschlechtern sich vor der Hitze.

Sepia D6, 3 x täglich 1 Dosis, 3–6 Wochen lang. Eventuell eine höhere Potenz.

Solidago virga aurea

Weil Solidago virga aurea die Nieren- und Leberfunktion stimuliert, wird das Mittel in der homöopathischen Dermatologie vielfach als Entwässerungsmittel angewandt.

Solidago virga aurea Ø, 3 x täglich 1 Dosis, 3–6 Wochen lang.

Sulfur

Wenn nur übermäßiges Haaren und Schuppenbildung vorliegt, insbesondere im Lenden- und Kreuzbereich, gibt man Sulfur D6, 3 x täglich 1 Dosis, 6 Wochen lang. Sulfur läßt sich mit Kalium

arsenicosum kombinieren. Je nachdem, wie gut das Tier zum Arzneimittelbild von Sulfur paßt, führt das Mittel in D6 möglicherweise zu einer Verschlimmerung der Hautbeschwerden und kann sogar neue Symptome auslösen.
In diesem Fall ist das weitere Vorgehen mit einem homöopathisch arbeitenden Tierarzt zu besprechen. Das Sulfur-Bild beim Hund ist: Hautjucken, extrem trockenes Haarkleid, Haarausfall, aber nicht so stark, daß die Haut durchscheint (wie bei Pulsatilla, Graphites und Natrium muriaticum). Eine feuerrote Haut praktisch am ganzen Körper; möglicherweise auch feuerrote Körperöffnungen (zum Beispiel Juckreiz an Kopf oder Anus). Wärme verschlechtert, Kälte bessert. Haut und Fell stinken. Bei Unterdrückung der Hautbeschwerden entstehen häufig andere, innere Beschwerden. Beispiele: starker Durchfall mit plötzlichem Drang am frühen Morgen, so daß der Hund sein Geschäft im Haus verrichtet, oder Erkrankungen der Atemwege, die von einer einfachen Erkältung bis zur Lungenentzündung reichen können.
Bei Patienten, zu denen das Arzneimittelbild von Sulfur paßt, habe ich mehrmals eine frühzeitig auftretende Linsentrübung festgestellt (Linsenkatarakt – prüfen lassen, bevor ihr Hund durch Ihre falsche Diagnose sein Augenlicht einbüßt!).
Schwimmen, Baden und anderer Kontakt mit Wasser verschlimmert die Hautbeschwerden, ebenso Kontakt mit Wolle.
Sulfur stimuliert die Entgiftungstätigkeit der Leber. Gerade wegen dieser Eigenschaft können die nachteiligen Folgen regulärer Medikamente durch Sulfur zum Teil aufgehoben werden (vergleiche mit Nux vomica; siehe auch das Kapitel *Homöopathische Typen und Verhalten*).
Sulfur D30, alle 3 Tage eine Dosis. Anschließend je nach Reaktion die Potenz in Absprache mit dem Tierarzt erhöhen. Häufig sind einmalige Gaben sehr hoher Potenzen nötig, um die volle Wirkung von Sulfur zur Entfaltung zu bringen.

Tellurium

Tellurium paßt zu einer chronischen, nassen, stinkenden Hautentzündung, insbesondere an Kinn, Ohren und im Bereich des Anus.
Tellurium D12, 2 x täglich 1 Dosis, 3–6 Wochen lang.

Thallium aceticum

Auffällig ist, daß Hunde gerade während der Haarwechselzeiten deutlich mehr unter Flöhen und anderen Hautbeschwerden leiden. Ein guter Zustand des Haarkleids gibt also bereits einigen Schutz gegen Hautbeschwerden. Hartnäckiger Haarausfall ohne weitere Beschwerden und ohne erkennbare Ursache läßt sich gut mit Thallium aceticum behandeln.
Thallium aceticum D6, 3 x täglich 1 Dosis, 6 Wochen lang.

Thuja

Thuja ist vor allem als Warzenmittel bekannt. Daneben kann bei Thuja eine leichte Form von Seborrhoe (übermäßige Absonderung von Hauttalg) auftreten, insbesondere in der Anusgegend. Eine schrundige, pigmentierte Haut mit Juckreiz im Bereich des Anus und bei einer Hündin auch rings um die Vulva kann ebenfalls zu Thuja passen. Bei Analdrüsenadenomen (kleinen Geschwüren am Anus) läßt sich Thuja gut mit Acidum nitricum kombinieren. Auch nachteilige Folgen von Impfungen passen gut zu Thuja.
Thuja D3 (bei Warzen), Thuja D6 (Folgen einer Impfung), 3 x täglich 1 Dosis, 3–6 Wochen lang.

Urtica

Urtica urens ist die Brennessel; die Hautsymptome aus ihrem Arzneimittelbild sind jedem bekannt. Eine ähnliche Blasenbildung findet man unter anderem auch bei Verbrennungen. Daneben gibt es bei Hunden gelegentlich etwas kleinere Reaktionen, kleine Eruptionen mit Krusten (Miliaria, siehe auch Natrium

muriaticum), die zum Arzneimittelbild der Brennessel passen können. Es können Hautbeschwerden im Wechsel mit rheumatischen Beschwerden wie bei Graphites, Mezereum, Sulfur und Tellurium auftreten. Weitere Symptome: Scheinträchtigkeit und Nierenprobleme. Wärme und Anstrengung führen zu einer Verschlechterung der Beschwerden.
Urtica D6, 3 x täglich 1 Dosis, 3 Wochen lang. Eventuell eine höhere Potenz.

Viola tricolor
Viola tricolor ist ein pflanzliches Heilmittel, das insbesondere bei Furunkulose und Infektionen des äußeren Gehörgangs wirkt.
Viola tricolor Ø, 3 x täglich 5 Tropfen, 3–6 Wochen lang.

Bewegungsapparat

Repertorium Bewegungsprobleme

Dies ist eine globale Übersicht. Genauere Anweisungen findet man bei den Beschreibungen der einzelnen homöopathischen Heilmittel.

Beschwerden	*Indikationen*	*Arzneimittel*
Arthrose	allgemein	Bryonia, Causticum, Dulcamara, Harpagophytum, Hekla lava
	in den Zehen	Ledum, Rhododendron
Bandscheibenvorfall (Hals)		Bryonia, Calcium carbonicum, Lachnanthes tinctoria, Silicea
Bandscheibenvorfall (Rücken)	Grundbehandlung	Calcium carbonicum, Silicea
	der nur schmerzhaft ist	Arnica, Bryonia, Calcium carbonicum, Hypericum, Rhus toxicodendron, Silicea
	mit Nervenausfall	Arnica, Causticum, Hypericum, Nux vomica, Petroselinum, Plumbum metallicum, Strychninum nitricum
Bewegungsprobleme bessern sich	bei Kälte	Ledum

Beschwerden	*Indikationen*	*Arzneimittel*
Bewegungs-probleme bessern sich	bei Wärme und durch Bewegung	Rhus toxicodendron, Ruta, Rhododendron
Bewegungs-	bei trockener Kälte	Bryonia, Causticum
probleme ver-schlechtern sich	bei nasser Kälte	Acidum formicicum, Arnica, Dulcamara, Pulsatilla, Rhododendron, Rhus toxicodendron, Ruta
	bei fortgesetzter Bewegung	Bellis perennis, Rhus toxi-codendron, Ruta
	bei Wärme und durch Bewegung	Ledum, Pulsatilla, Rhodo-dendron, Arnica, Bryonia, Ledum
Bluterguß		Arnica, Bellis perennis
Grundbehandlung bei Bewegungs-problemen		Calcium carbonicum, Calcium fluoratum, Calcium phosphoricum, Silicea
Hinterhandschwäche		Causticum, Conium, Ginkgo biloba, Natrium muriaticum
Hüftdysplasie	mit Knochenwucherungen	Calcium fluoratum, Harpagophytum, Hekla lava, Ruta, Symphytum
	ohne Knochenwucherungen	Calcium carbonicum, Calcium fluoratum, Calcium phosphoricum, Rhus toxicodendron, Silicea

Beschwerden	*Indikationen*	*Arzneimittel*
Knochenbruch		Hekla lava, Symphytum
Knochenentkalkung		Calcium carbonicum, Calcium fluoratum Calcium phosphoricum, Hekla lava
Knochenwucherungen		Calcium fluoratum, Causticum, Harpagophytum, Hekla lava, Ruta, Symphytum
Schock		Arnica
Spondylose	mit Problemen beim beim Urinieren und beim Stuhlgang	Nux vomica, Opium, Petroselinum, Plumbum metallicum, Strychninum nitricum
	mit Hinterhandschwäche	Harpagophytum, Plumbum metallicum, Strychninum nitricum
	ohne Hinterhandschwäche	Harpagophytum, Hekla lava, Rhus toxicodendron, Symphytum
Verrenkung		Bellis perennis, Bryonia, Calcium carbonicum, Calcium fluoratum, Calcium phosphoricum, Ledum, Rhododendron, Rhus toxicodendron, Ruta, Silicea, Symphytum

Bewegungsstörungen allgemein

Ein Hund kann sich bewegen dank der Zusammenwirkung von Knochen, Gelenken, Sehnen, Bändern und Muskeln, die durch Blutgefäße ernährt und von Nerven gesteuert werden. Wenn in einem dieser Gewebe eine Fehlfunktion auftritt, kommt es zu Bewegungsstörungen. Die homöopathischen Mittel, die für die Behandlung von Bewegungsstörungen in Frage kommen, greifen meist an mehr als einem der genannten Gewebe an. Deshalb habe ich mich hier für eine Einteilung nicht nach Gewebe (Knochen, Muskeln usw.), sondern nach homöopathischem Heilmittel entschlossen.
Es gibt natürlich Bewegungsstörungen, die sich nicht ohne weiteres für die Selbstmedikation eignen. In den folgenden Fällen einen Tierarzt aufsuchen:

1. Beim Auftreten von Lähmungen. Schnelle Hilfe durch den Fachmann ist unbedingt erforderlich.
2. Eine schwere und sehr schmerzhafte Bewegungsstörung.
3. Eine weniger schwere Bewegungsstörung, die sich nicht innerhalb von 3 Tagen deutlich bessert.
4. Junge Hunde, die ohne erkennbaren Grund hinken und/oder zu einer (meist großen) Rasse gehören, die zur Entwicklung von Knochen- und Gelenkproblemen wie Arthrose und Osterochondrose neigen (siehe hierzu den Absatz *Chronische Bewegungsstörungen*). Guter und rechtzeitiger ärztlicher Rat ist hier für ihren Hund lebenswichtig. Über die sich möglicherweise entwickelnden »Rasseprobleme« kann man sich zum Beispiel schon bei der Mehrfachimpfung im Alter von 12 bis 14 Wochen mit dem Tierarzt unterhalten.

Bezüglich der Schmerzmittel aus der regulären Tierheilkunde möchte ich betonen, daß sie natürlich die Schmerzen lindern, was sehr willkommen ist, aber möglicherweise auch zu einer Ver-

schlimmerung führen können. Außerdem haben manche schmerzstillenden Mittel unangenehme Nebenwirkungen.
Bei Entzündungen, die zu Bewegungsstörungen führen, sollte man auch im Kapitel *Entzündungen* nachschlagen.

Homöopathie

Nachfolgend die Beschreibungen einiger homöopathischer Mittel, die bei verschiedenen allgemeinen Bewegungsstörungen eingesetzt werden können.
Die Mittel sind in alphabetischer Reihenfolge angegeben.

Acidum formicicum (Formica rufa)
Acidum formicicum wird bei akuten und chronischen (rheumatischen) Gelenkerkrankungen angewandt. Typisch ist der plötzlich auftretende heftige Schmerz. Kälte, vor allem nasse Kälte, verschlimmert die Beschwerden. Bewegung verschlimmert (im Gegensatz zu Rhus toxicodendron), obwohl Bewegungsdrang besteht. Wärme bessert. Die Schmerzen können wandern.
Acidum formicicum (Formica rufa) D6, 3 x täglich 1 Dosis, 1–3 Wochen lang.

Arnica
Arnica ist bei etwas größeren Blutergüssen angezeigt, die nach Traumen entstehen wie einem Schlag, Sturz, Stoß, Prellung, Verrenkung, Verstauchung oder Verdrehung. Da Arnica die Blutergüsse beseitigt, geht die Schwellung zurück und damit auch der Schmerz.
Menschen mit Arnica-Beschwerden berichten, daß Ruhe zu einer Besserung der Schmerzen führt, daß sie aber sehr unruhig sind und starken Bewegungsdrang haben, während Bewegung die Schmerzen gerade verschlimmert. Dasselbe findet man bei Hun-

den, die nach einem Autounfall aufgenommen werden – auch sie haben den Drang, sich immer wieder woanders niederzulassen. Bei Bellis perennis und Rhus toxicodendron verschlechtert sich der Schmerz bei beginnender Bewegung, bessert sich aber bei fortgesetzter Bewegung; der Arnica-Patient lahmt bei fortgesetzter Bewegung. Der Hund mit Arnica-Schmerzen kann Massage der schmerzhaften Stelle nicht ertragen und hat Angst vor Berührung (kriecht weg und beißt). Kaltes und feuchtes Wetter verschlimmert die Arnica-Schmerzen.
Andere Blutungen nach einem Trauma wie zum Beispiel Nasen- oder Blasenblutungen sowie auch der manchmal lebensbedrohliche Schock nach einem Unfall passen ebenfalls zum Arzneimittelbild von Arnica. Während eines solchen Schockzustandes fühlt sich der Hund kalt an: der Atem geht rasselnd und der Hund ist apathisch, jedoch treten auch Zeiten der Erregung auf. In einem solchen Fall sofort zum Tierarzt gehen.
Selbst dann, wenn die Folgen eines Traumas erst viel später behandelt werden und das beschädigte Gewebe kaum noch regenerationsfähig ist (Nerven- und Herzmuskelgewebe regeneriert sich praktisch nicht oder kaum), kann man mit Arnica noch gute Ergebnisse erzielen. Weiterhin beeinflußt Arnica die psychischen Folgen körperlicher Verletzungen (siehe auch Ignatia, Nux vomica, Opium und Staphisagria im Kapitel *Homöopathische Typen und Verhalten*). So konnte ich einmal einen Hund erfolgreich mit Arnica D30 behandeln, der lange Zeit nach einem Unfall seine Zehen aufzufressen begann (Selbstverstümmelung).
Arnica hat auch einen tiefen Effekt: Es heilt die Folgen übermäßiger körperlicher Anstrengung wie Schwäche, Erschöpfung, Muskelschmerzen und Herzschwäche.
Arnica D6, beginnend mit 3 x 1 Dosis in Abständen von 30 Minuten; anschließend 3 x täglich 1 Dosis 7–14 Tage lang. Bei schwerem Schockzustand und chronischen Folgen eines lange zurückliegenden Traumas: Arnica D30, 1 x täglich 1 Dosis, 3–6

Wochen lang (bei Schock anfänglich 3 x 1 Dosis im Abstand von 15 Minuten). Arnica ist auch in einer äußerlich anwendbaren Form erhältlich, womit man die orale Behandlung unterstützen kann.

Bellis perennis

Bellis perennis ist ebenfalls ein Mittel, das zu den Folgen eines Traumas paßt, bei kleineren Blutergüssen und insbesondere bei Verletzungen mit Gewebeverlust. Es besteht ebenfalls Bewegungsdrang, jedoch bessern sich im Gegensatz zu Arnica die Beschwerden – nach kurzdauernder Anfangsverschlechterung – bei fortgesetzter Bewegung. Der Bellis-perennis-Patient erträgt eine Massage der schmerzenden Stelle (wie der Rhus-toxicodendron-Patient, aber im Gegensatz zum Arnica-Patienten).
Vor allem nach schweren Geburten und Beckenoperationen ist Bellis perennis ein wichtiges Mittel zur Heilung des gequetschten Gewebes und zur Schmerzlinderung.
Bellis perennis D6, 3 x täglich 1 Dosis, 7–14 Tage lang.
Bellis perennis ist auch in einer äußerlich anwendbaren Form erhältlich, womit man die Oralbehandlung unterstützen kann.

Bryonia

Bryonia ist mehr das Mittel für die akute Gelenkentzündung oder das Aufflammen einer chronischen Gelenkentzündung.
Die Gelenke sind schmerzhaft, heiß und geschwollen, hart gespannt, manchmal deutlich gerötet. Berührung verschlimmert den Schmerz, während fester Druck auf die schmerzende Stelle (Druckverband, oder das Tier legt sich auf diese Stelle) Linderung bringt. Dies liegt vermutlich daran, daß auch die geringste Bewegung Schmerzen verursacht: Das Tier bleibt unbeweglich liegen, wagt nicht, sich zu bewegen.
Eine zusätzliche Indikation für Bryonia kann sein, daß der Hund unter Durst leidet und trockene Schleimhäute hat. Das Tier trinkt

große Mengen Wasser auf einmal. Die Beschwerden können sich durch trockene Kälte verschlechtern. Teilweise liegt eine Rechtsseitigkeit der Beschwerden vor.
Bryonia D6, 3 x täglich 1 Dosis, 7–14 Tage lang.

Harpagophytum

Harpagophytum ist ein sehr wichtiges Mittel für den älteren Hund mit Arthrose großer Gelenke wie Hüft- und Kniegelenk. Es ist vor allem bei alten Fällen von Hüftdysplasie angezeigt. Außerdem besitzt Harpagophytum eine günstige Wirkung auf eine Spondylose in Brust- und Lendenwirbeln (siehe den Abschnitt *Spondylose* in diesem Kapitel). Harpagophytum kann zwar Hüftdysplasie und Spondylose nicht heilen, doch konnte ich mehreren uralten Hunden damit soweit helfen, daß sie noch einige Zeit »Gassi gehen« konnten.
Harpagophytum D6, 3 x täglich 1 Dosis, 4–6 Monate lang. Meist ist Dauermedikation 1–2 x täglich erforderlich.

Hekla lava

Hekla lava ist angezeigt bei Knochenwucherungen, die durch Trauma oder bei Arthrose entstehen können. Es wird meist in Verbindung mit Symphytum gegeben. Es gibt Hinweise, daß Hekla lava in höherer Potenz bei Osteoporose wirksam ist. Hekla lava und Symphytum unterstützen zusammen die Heilung eines Knochenbruchs ganz wesentlich, nachdem der Bruch durch Schiene, Gips, Nagelung oder Knochenplatte fixiert ist.
Hekla lava D3, 3 x täglich 1 Dosis, 4–6 Monate lang bei Knochenwucherungen; Hekla lava D8, 2 x täglich 1 Dosis, 4–6 Monate lang bei Osteoporose.

Ledum

Ledum ist ein wichtiges Mittel für die Zehengelenke. Selbst dann, wenn auf einem Röntgenfoto bereits Knochenwucherungen im

Bereich der Zehengelenke sichtbar sind, kann Ledum häufig noch hilfreich sein. Ganz allgemein gilt, daß Ledum gut bei Erkrankungen der Gelenkkapseln und -bänder angewandt werden kann. Auffällig im Arzneimittelbild von Ledum ist, daß bei Wärme (warme Umschläge, Rotlicht usw.) eine Verschlimmerung der Beschwerden auftritt; der Ledum-Schmerz bessert sich seltsamerweise durch Kälte. Die Ledum-Lahmheit wird durch fortgesetzte Bewegung nicht besser. Entzündungen, die zum Arzneimittelbild von Ledum passen, breiten sich von unten nach oben aus (im Gegensatz zu den Rhododendron-Beschwerden, die sich von oben nach unten ausbreiten). Ein weiteres typisches Ledum-Symptom kann sein, daß eine Lahmheit diagonal auftritt, zum Beispiel links vorne und rechts hinten.
Wenn die Ursache der Beschwerden eine Schnitt- oder Stichwunde ist, ist unbedingt an Ledum zu denken (siehe auch Staphisagria). Zusammen mit Hypericum D6 ist Ledum D6 auch eine vorzügliche Behandlungsmöglichkeit für verletzte Zehen, zum Beispiel durch einen Autounfall.
Ledum D6, 3 x täglich eine Dosis, 3–6 Wochen lang. In der dritten Woche muß unbedingt eine deutliche Besserung eingetreten sein. Ledum ist auch als äußerliches Mittel erhältlich, womit wir die orale Behandlung unterstützen können.

Pulsatilla
Die zu Pulsatilla passende Lahmheit weist meist keine deutliche dramatische Vorgeschichte auf. Die Beschwerden treten an wechselnden Stellen und in wechselnder Intensität auf und sind häufig rechtsseitig. Meist ist das rechte Knie beteiligt.
Der Pulsatilla-Patient hat »Startprobleme«, jedoch weniger ausgeprägt als bei Rhus toxicodendron: Verschlimmerung der Schmerzen bei beginnender Bewegung und meist völlige Besserung, wenn die Bewegung fortgeführt wird, jedoch kehren die Beschwerden wieder, wenn die Bewegung zu lange anhält.

Typisch für Pulsatilla ist eine Verschlechterung der Beschwerden am Abend. Pulsatilla-Beschwerden verschlechtern sich nicht nur durch Kälte, sondern auch durch Wärme. Dennoch können kalte Umschläge manchmal Besserung bringen. Im Haus verschlechtern sich die Beschwerden; im Freien und an der frischen Luft werden sie besser. Man lese hierzu auch die entsprechende Typenbeschreibung nach (siehe Kapitel *Homöopathische Typen und Verhalten*).
Pulsatilla D30, 1 x täglich 1 Dosis, 6–8 Wochen lang. Die Kur ganz zu Ende führen. Eventuell in Absprache mit dem Tierarzt eine höhere Potenz.

Aus der Praxis ...

Ringo war ein zehn Jahre alter Collie-Rüde. Er hatte Probleme mit seiner linken Vorderpfote. Vor einigen Monaten hatte ich diese Lahmheit mit Ledum D6 behandelt, jedoch war keine Besserung eingetreten. Das Zehengelenk schmerzte. Immer wieder hatte ich in solchen Fällen mit Ledum Erfolg gehabt, jedoch schlug bei Ringo dieses Mittel offenbar nicht an.
Er hatte auch wieder Probleme mit einem entzündeten Auge. Dies war schon des öfteren aufgetreten, eigentlich schon seit er ein Welpe war. Es begann stets am linken Auge, und wenn die Besitzerin nicht sofort mit irgendeiner Salbe oder Tropfen zur Hand war, blieb es nicht bei einer einfachen Bindehautentzündung, sondern es wurde auch die Hornhaut angegriffen. Manchmal wurde auch noch das rechte Auge in Mitleidenschaft gezogen.

Eigentlich reagierte Ringo immer recht gut auf die örtliche Augenbehandlung. Die Entzündung war im Nu verschwunden. Sie kam aber unabänderlich über kurz oder lang wieder. Eine Kultur des Eiters aus dem Auge ergab das Vorhandensein eines relativ harmlosen Streptokokkus, der für die üblichen Antibiotika empfindlich war. Wenn aber dieses Bakterium der Hauptschuldige sein sollte, dann hätte der Hund schon längst gesund sein müssen. Die Entzündung wurde offenbar durch etwas anderes verursacht, und das hinzutretende Bakterium machte lediglich alles schlimmer.

Ein lahmer linker Fuß also und ein entzündetes linkes Auge. Die Besitzerin hatte inzwischen selbst schon Ruta D6 versucht, und auch dies half nicht. Daraufhin verordnete ich dem Hund 5 Kügelchen Lachesis D200, einfach aufgrund der Linksseitigkeit der Beschwerden. Linksseitigkeit ist ein unbedingtes Symptom für Lachesis. Von den Verhaltensproblemen, die zu Lachesis passen, insbesondere Eifersucht, die zu Aggression führt, war bei Ringo nichts zu finden.

Etwa zehn Tage nach dieser einen Dosis Lachesis D200 rief mich die Besitzerin von Ringo an. Die Lahmheit links vorne war innerhalb weniger Tage vollkommen verschwunden. Nachdem die Pfote geheilt war, besserte sich allmählich auch die Augenentzündung.

Vier Monate später berichtete mir die Besitzerin, daß sie noch einmal eine einzige Dosis Lachesis gegeben hatte, weil Ringo wieder eine Reizung des linken Auges hatte. Danach war alles endgültig vorbei. Die Linksseitigkeit gab also den Ausschlag für die Indikation. Ob der eine Hoden, der bei Ringo nicht abgestiegen war, auch der linke war, weiß ich nicht mehr – im Hinblick auf den Behandlungserfolg mit Lachesis muß es wohl so gewesen sein.

Rhododendron

Rhododendron zielt auf die Gelenkkapseln, wie Ledum insbesondere auf diejenigen der Zehengelenke. Kaltes und nasses Wetter führten zu einer Verschlimmerung der Beschwerden, und manchmal findet man auch dieselben Startprobleme wie beim Rhus-toxicodendron-Patienten, wenn auch weniger ausgeprägt. Am auffälligsten ist die Verschlimmerung der Beschwerden vor Sturm, Regen oder Gewitter; man nennt Rhododendron daher auch das Mittel für Wetterfühligkeit.

Wenn sich die Schmerzen verlagern, dann geschieht dies bei Rhododendron von oben nach unten (bei dem verwandten Mittel Ledum erfolgt die Verlagerung in entgegengesetzter Richtung).

Rhododendron D3, 3 x täglich 1 Dosis, 3 Wochen lang.

Rhus toxicodendron

Rhus toxicodendron ist unter anderem das Mittel für Verrenkungen und Zerrungen. Es regt die Durchblutung von Sehnen- und Muskelgewebe an. Dadurch wird die Versorgung mit Nährstoffen und der Abtransport von Schlackenstoffen verbessert. Dies erklärt auch, warum Rhus toxicodendron das Mittel für Muskelkater ist. Typisch sind Schmerzen bei liegender Ruhestellung (jedenfalls bei Menschen mit Rhus-toxicodendron-Beschwerden), Verschlimmerung der Schmerzen bei beginnender Bewegung (große Steifigkeit) und meist Besserung der Schmerzen bei fortgesetzter Bewegung; wenn diese fortgesetzte Bewegung zu lange dauert, verschlimmern sich die Schmerzen allerdings wieder. Der Rhus-toxicodendron-Patient hat einen Drang zur Bewegung. Unter allen homöopathischen Mitteln zur Behandlung von Lahmheit sind diese »Startprobleme« bei Rhus toxicodendron am ausgeprägtesten (ähnlich vielleicht noch bei Calcium carbonicum und Pulsatilla). Sowohl Wärme als auch Massage der schmerzenden Stelle bewirken eine Besserung der Beschwerden.

Rechtsseitigkeit der Beschwerden kann eine Indikation sein.

Rhus toxicodendron paßt zu akuten Fällen, aber auch zu chronischen. Eine sehr wichtige Ursache für Rhus-toxicodendron-Beschwerden ist körperliche Anspannung und Erhitzung, auf die plötzliche Abkühlung durch nasse Kälte folgt; nach Ruhe treten dann die für Rhus toxicodendron typischen Startprobleme auf.
Rhus toxicodendron D6, 3 x täglich 1 Dosis, 3–6 Wochen lang, bei akuten Erkrankungen. Bei Patellarluxation (»schwimmende Kniescheibe«), vor allem bei kleinen Hunderassen: Rhus toxicodendron D6 und Calcium fluoratum D12, 3 x bzw. 2 x täglich 1 Dosis, 6 Wochen lang. Anschließend mit Calcium fluoratum D12 noch mindestens 6 Wochen fortfahren (eventuell noch in Kombination mit Ruta).
Rhus toxicodendron D30, 1 x täglich 1 Dosis, 3–6 Wochen lang bei chronischen Erkrankungen wie chronischer Gelenkentzündung und Hüftdysplasie.

Ruta

Wenn durch Trauma eine Beschädigung von Sehnengewebe und/oder Knochenhaut auftritt, muß man zuerst an Ruta denken. Ruta läßt sich gut kombinieren: zum Beispiel mit Arnica D6 bei einer Verrenkung mit großen Blutergüssen; mit Bellis perennis D6 bei einer Verrenkung mit Gewebeverlust; mit Symphytum D2 bei Knochenhautbeschädigung.
Wenn ein junger Hund mit schwachen Gelenken sich etwas überrenkt hat, kann Ruta ein wertvolles Mittel sein. In einem solchen Fall darf nicht vergessen werden, die Gelenke mit einem mehr ursächlich wirkenden Mittel zu kräftigen wie zum Beispiel Calcium carbonicum, Calcium fluoratum, Calcium phosphoricum oder Silicea.
Ruta D6, 3 x täglich 1 Dosis, 3 Wochen lang. Die Wirkung muß spätestens in der 3. Woche eindeutig feststellbar sein.

Symphytum

Symphytum ist ein pflanzliches Mittel, das insbesondere bei traumatisch bedingten Knochenwucherungen angewandt werden kann. Es wird kombiniert mit Hekla lava.

Symphytum D2, 3 x täglich 1 Dosis, 4–6 Monate lang. Symphytum ist auch als äußerliches Mittel erhältlich, womit man die orale Behandlung unterstützen kann.

Viscum album

Viscum album ist das Mittel der Wahl beim alten Hund mit steifen und schmerzenden Gelenken und Muskeln (siehe auch Causticum).

Viscum album D4, 3 x täglich 1 Dosis, 1–3 Wochen lang.

Chronische Bewegungsstörungen

Die verschiedenen chronischen Bewegungsstörungen kommen praktisch nie für die Selbstmedikation in Frage. »Schwierige« Krankheitsnamen gehören in der Kynologie (Hundekunde) leider fast schon zum Alltag: Arthrose (chronische Gelenkentzündung, wobei sich mit der Zeit Knochenwucherungen im und um das Gelenk entwickeln), Osteochondrose dissecans (Herauslösung eines Knochenstücks aus der Gelenkfläche; die losen Stücke behindern die Gelenkbeweglichkeit), Osteoporose (Poröswerden des Knochens; zum Beispiel am Schultergelenk) usw. Es sind sämtlich Erkrankungen, die eine ausführliche Diagnostik verlangen und eine sorgfältige Abwägung der Behandlungsmöglichkeiten. Dies ist nur in gründlicher Absprache mit dem Tierarzt möglich.

In einer Reihe von Fällen können Schulmedizin und Homöopathie nicht aufeinander verzichten: Wenn sich ein Knochensplitter in einem Gelenk befindet, wobei gleichzeitig eine umfassende Arthrose vorliegt, ist operative Entfernung des Splitters unumgänglich. Damit ist aber letztlich die Arthrose selbst noch nicht behandelt. In einer Reihe von Fällen hat die Homöopathie Mittel zur Verfügung, mit denen nach der Operation die Beschwerden gelindert und ein Fortschreiten der Arthrose gehemmt werden kann.

Für eine gute Entwicklung insbesondere der Knochen und Gelenke sind vorbeugende Behandlungen mit Calcium carbonicum, Calcium fluoratum, Calcium phosphoricum oder Silicea zu empfehlen, insbesondere bei Rassen, bei denen eine entsprechende Anfälligkeit bekannt ist. Sprechen Sie schon während der Beratung für die Mehrfachimpfung hierüber mit Ihrem Tierarzt. Ich wiederhole mich hier, aber ein guter Start ist im Hundeleben unendlich viel wert. In dem Abschnitt Hüftdysplasie in diesem Kapitel werden vier Mittel beschrieben; suchen Sie das zu Ihrem

Hund passende Mittel heraus. Wählen Sie daneben eventuell eines der Mittel, die unter *Bewegungsstörungen* zu finden sind.

Zwei wichtige Arthrose-Mittel sind:

Causticum

Causticum paßt zur Arthrose des alten Hundes. Das Tier leidet an Steifigkeit, und das Röntgenfoto zeigt Knochenwucherungen. Meist sind die Hunde eher mager und weisen eine gewisse Muskelschwäche auf. Die Beschwerden verschlimmern sich vor allem durch trockene Kälte (Verschlimmerung durch nasse Kälte finden wir bei Arthrose-Patienten, die zu Dulcamara oder Rhus toxicodendron passen). Häufig bestehen Lähmungserscheinungen: Hinterhandschwäche, unwillkürlicher Harnabgang, Kotabgang zum Beispiel bei Husten. Es ist auch an Causticum zu denken, wenn bei einem älteren Hund Spasmen und Lähmungen nebeneinander auftreten. Der Patient macht beim Stehen einen Buckel. Es kann eine Heiserkeit vorliegen, die durch Husten besser wird. Bewegung bringt Besserung, jedoch nicht so spektakulär wie bei dem Patienten, der zu Rhus toxicodendron paßt.
Causticum D12, 2 x täglich 1 Dosis, 3–6 Wochen lang.

Dulcamara

Dulcamara paßt zu Lahmheit, die durch längere Einwirkung von feuchter Kälte entstanden ist oder durch feuchte Kälte schlimmer wird. Insofern ist Dulcamara nicht immer leicht von Rhus toxicodendron zu unterscheiden. Das Behandlungsergebnis wird die Richtigkeit der Auswahl zeigen.
Dulcamara D6, 3 x täglich 1 Dosis, 3–6 Wochen lang.

Damit das richtige Mittel für den Arthrose-Patienten gefunden werden kann, sollte auch der folgende Abschnitt durchgelesen werden.

Hüftdysplasie

Unter der Bezeichnung Hüftdysplasie versteht man eine abnormale Entwicklung und Mißbildung eines oder beider Hüftgelenke.
Die Veranlagung zur Hüftdysplasie ist erblich. Ob bei einem entsprechend disponierten Hund die Erkrankung auftritt und wie schlimm, hängt unter anderem von der Ernährung und vom Auslauf ab, insbesondere während der Wachstumszeit (Ernährungsempfehlungen siehe in der Einleitung zum Kapitel *Haut*).
Das Hüftgelenk besteht aus Gelenkkopf und Gelenkpfanne. Normalerweise paßt der kugelrunde Kopf genau in die hohle Pfanne und liegt fest an. Bei einer Hüftdysplasie ist diese Verbindung unzureichend; der Kopf ist vielfach abgeplattet und die Pfanne zu flach. Das Hüftgelenk hat daher Spiel, wodurch es leicht zu Verrenkungen kommen kann. Wegen der Schmerzen im Hüftgelenk schont der Hund die Hinterhand (Trippeln, Hoppeln wie ein Kaninchen, Hüftwiegen), wodurch es zu einer Unterentwicklung der Hinterhandmuskeln kommt und das Spiel im Hüftgelenk noch größer wird. Der Gelenkkopf stößt nun regelmäßig gegen den Rand der Gelenkpfanne. Infolge davon entstehen allmählich Knochenwucherungen am Rand der Gelenkpfanne und am »Hals« des Gelenkkopfs, die wiederum Schmerzen verursachen.
Um die Zahl der Hüftdysplasie-Patienten zu senken, werden Rassehunde vielfach auf Hüftdysplasie geprüft, bevor sie für die Zucht eingesetzt werden. Leider bietet eine solche Kontrolle keine absolute Garantie dafür, daß die Nachkommenschaft nicht doch an Hüftdysplasie leidet. Es gab sogar Fälle, in denen nach zwei oder drei hüftdysplasiefreien Generationen plötzlich wieder Hunde mit dieser Erkrankung geboren wurden.
Nicht selten gibt es Fälle, in denen ein Hund aufgrund des Röntgenbefundes eindeutig an Hüftdysplasie leidet, aber trotzdem einen einwandfreien Gang hat. In diesem Fall besteht die

Gefahr, daß der Hund Probleme bekommt, wenn er seine Hüften intensiv belastet (zum Beispiel ein Polizeihund) und wenn der Hund älter wird. Andererseits findet man auch Hunde mit ausgeprägten Gangstörungen, wobei röntgenologisch kaum eine Hüftdysplasie vorliegt.

Jedenfalls ist es nicht möglich, durch Selektion der Eltern eine Hüftdysplasie völlig auszuschließen.

Größte Aufmerksamkeit muß der Ernährung und Bewegung geschenkt werden. *Man vermeide Überfütterung, Mangel an Bewegung (Muskelschwäche) oder Fettsucht, insbesondere während des Wachstums.* Das Futter muß von guter Qualität sein. Sprechen Sie hierüber mit dem Fachmann. Im allgemeinen habe ich den Eindruck, daß aus Angst vor einer Mangelernährung, wie sie früher in der Tat häufig war, heute vielfach zu viel des Guten getan wird.

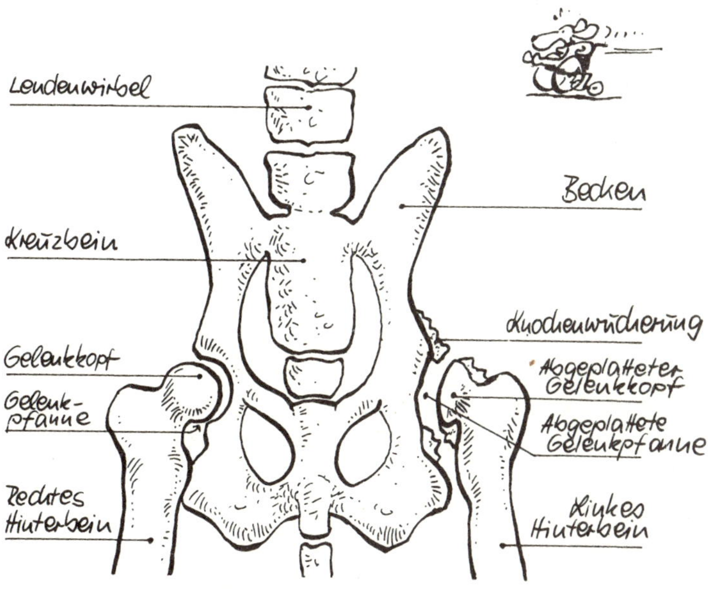

Trainieren Sie die Muskeln des Hundes schon von Jugend an innerhalb der Grenzen seiner Möglichkeiten. Den Hund nicht unter- und nicht überfordern. Der Hund mit einer kräftigen Hinterhand verträgt etwas mehr als derjenige mit einer Hinterhandschwäche; letzterer braucht etwas länger, um die erforderliche »Kondition« zu bekommen. Lieber viermal täglich 30 bis 60 Minuten trainieren (allmählich steigern) als zweimal wöchentlich 2 Stunden. Am allerbesten ist Geradeauslaufen (zum Beispiel neben dem Fahrrad, etwa ab dem 6.–7. Monat). Auch Schwimmen ist hervorragend. Wilde Spiele mit anderen Hunden oder mit einem Ball auf einem glatten Parkettboden mit einem Hund, der viel zu schnell gewachsen ist und eine schwache Hinterhand hat, heißt natürlich Unheil provozieren.
Es gibt keinen Zweifel, daß die Hüftgelenke nur dann gesund sein können, wenn sie mit Verstand belastet werden.
Wenn dennoch Beschwerden auftreten, muß auf alle Fälle der Tierarzt zu Rate gezogen werden. Eine körperliche Untersuchung, eine Beurteilung des Gangs und Röntgenaufnahmen werden notwendig sein. Die Röntgenuntersuchung muß sehr sorgfältig erfolgen. Das kann bedeuten, daß manche Hunde, die sich nicht gerne untersuchen lassen, einen »Rausch« oder sogar eine Narkose brauchen. Man sollte sich dadurch nicht abschrecken lassen. Eine gute Röntgendiagnose ist so enorm wichtig, daß die möglichen kleinen Nachteile einer Narkose ein vertretbares Risiko bilden.
Eine gute Beurteilung der Hüftgelenke ist erst im Alter von 1 Jahr möglich (bei großen Rassen eher erst nach 1 1/2 bis 2 Jahren), doch kann eine Röntgenaufnahme vor dieser Zeit in begrenztem Umfang bereits wertvolle Erkenntnisse liefern. Die rechtzeitige Erkennung eines zu großen Spiels im Hüftgelenk beim Welpen und die rechtzeitige Einleitung von Maßnahmen können viel Leid verhindern.
Die homöopathische Behandlung einer Hüftdysplasie hat eine

gute Prognose; eine bereits bestehende Hüftdysplasie kann zwar auch nicht mit Homöopathie geheilt werden, jedoch waren viele Patienten dank der Homöopathie jahrelang (teilweise auch lebenslang) beschwerdefrei. Röntgenkontrollen (teilweise nach 4 Jahren) ergaben, daß die Mißbildungen nicht verschwunden, aber auch nicht schlimmer geworden sind!
Ein Blick auf die regulären Behandlungen zeigt, daß sie verschiedene Nebenwirkungen haben oder daß sie sehr belastend sind und eine im Verhältnis dazu zu geringe und zu kurzfristige Wirkung bringen, oder daß die Kosten eines operativen Eingriffs viel zu hoch sind. Angesichts dessen ist die homöopathische Behandlung für einen Hüftdysplasie-Patienten die Therapie der Wahl. Lassen Sie sich diesbezüglich von Ihrem Tierarzt beraten, der abschätzen kann, welche Behandlungsmöglichkeit sinnvoll ist.

Kurze Übersicht über die regulären Behandlungsmöglichkeiten bei Hüftdysplasie

1. Schmerzstillende Mittel

Eine vorübergehende Verabreichung von schmerzstillenden Mitteln kann notwendig und unbedenklich sein. Schmerzstillende Mittel können die Entwicklung einer Hüftdysplasie fördern, weil der Schmerz ausgeschaltet ist und der Hund sich dadurch überlastet.

2. Kortikosteroide (cortisonhaltige Präparate)

Entzündungshemmende Mittel, die bei strenger Indikation kurzzeitig (1–2 Wochen) gegeben werden können. Die Nebenwirkungen bei kurzzeitiger Anwendung sind vorübergehender Art; die Nebenwirkungen bei langfristiger Therapie können schwerwiegend sein (siehe hierzu den Abschnitt Vor- und Nachteile von Kortikosteroiden in der Einführung zum Kapitel *Haut*).

3. Physiotherapie
Möglich als Ergänzung zur homöopathischen Behandlung.

4. Chirurgie
Möglichkeiten sind: ein Muskelschnitt, keine schwere Operation, meist aber nur von zeitlich begrenzter Wirkung. Außerdem Beckenkorrektur oder Implantation eines künstlichen Hüftgelenks: beides sehr belastende (und teure) Operationen mit einer Erfolgsquote von immerhin 70 Prozent.

Homöopathie

Nachfolgend die Beschreibungen einiger homöopathischer Mittel, die bei Hüftdysplasie-Beschwerden eingesetzt werden können. Man lese auch die Abschnitte Bewegungsstörungen allgemein und Chronische Bewegungsstörungen in diesem Kapitel.

Bryonia
Manchmal hat ein Hund im Hüftgelenk so starke Schmerzen, daß er sich überhaupt nicht mehr zu bewegen wagt. Vor allem dann, wenn trockene Kälte die Ursache dieser Schmerzempfindlichkeit ist, ist an Bryonia zu denken.
Bryonia D6, 3 x täglich 1 Dosis, 3 Wochen lang.

Calcium carbonicum
Die Grundtherapie für den schlaffen, ungeschlachten jungen Hund (häufig von einer großen Rasse) mit losem Fell, noch wenig entwickelten Muskeln, einem dicken Kopf und dickem Bauch (siehe zu diesem Arzneimitteltyp auch das Kapitel *Homöopathische Typen und Verhalten*). Calcium carbonicum paßt häufiger zu dem Welpen unter fünf Monaten. Bei den größeren Rassen bleibt Calcium carbonicum längere Zeit das passende Mittel,

während bei anderen Rassen der junge Hund häufig in einen Körperbau übergeht, der mehr zu Calcium phosphoricum paßt. Zum Arzneimittelbild von Calcium carbonicum gehören auch die Startprobleme, die bei Rhus toxicodendron zu sehen sind.
Calcium carbonicum D12, 1 x täglich 1 Dosis, ab 4 Monaten bis zum Alter von 1 Jahr. Calcium carbonicum läßt sich gut mit Rhus toxicodendron D30 kombinieren, 1 x täglich 1 Dosis, 3–6 Wochen lang. Anschließend nach Erfordernis.[1]

Calcium fluoratum

Calcium fluoratum ist angezeigt bei einem Spiel in den (Hüft-) Gelenken durch eine Erschlaffung des elastischen Bindegewebes in den Gelenkbändern. Weiterhin hat das Mittel günstige Wirkung auf eventuelle Knochenwucherungen (siehe auch Hekla lava, Ruta und Symphytum). Weil Calcium fluoratum wie Silicea nicht nur auf die Hüftgelenke wirkt, eignen sich beide auch zur Behandlung einer Schwäche zum Beispiel des Schulter- oder Kniegelenks; die beiden Mittel können gut miteinander, eventuell zusätzlich mit Rhus toxicodendron D30 kombiniert werden.
Calcium fluoratum ist auch bei Osteochondrose dissecans angezeigt, eventuell in Kombination mit Hekla lava D8.
Calcium fluoratum D12, 1 x täglich 1 Dosis, ab 4 Monaten bis zum Alter von 1 Jahr.

1 Für alle Behandlungen von Hüftdysplasie gilt, daß nach 3 bis spätestens 6 Wochen eine deutliche Besserung eintreten muß. Wenn nicht, stimmt entweder das Mittel oder die Diagnose nicht. Wenn die Beschwerden verschwunden sind, kann man das Mittel absetzen. Weil man eine Hüftdysplasie nicht wirklich heilen kann, ist es klar, daß der Patient von Zeit zu Zeit eine homöopathische Behandlung braucht. Die erforderliche Dosis kann schwanken zwischen ständig, jeden Tag und einer gelegentlichen Kur von einigen Wochen (zum Beispiel bei schlechtem Wetter). Bei schwerwiegenden Knochenwucherungen muß die erste Kur mindestens 3–4 Monate durchgehalten werden.

Calcium phosphoricum

Grundtherapie für den schlaffen, schlanken, viel zu schnell wachsenden jungen Hund, der schnell hoch auf den Beinen steht (man lese hierzu auch den Arzneimitteltyp im Kapitel *Homöopathische Typen und Verhalten*). Calcium phosphoricum paßt häufiger zum jungen Hund über 4 Monate (siehe auch Calcium carbonicum).

Calcium phosphoricum D12, 1 x täglich eine Dosis, ab 4 Monaten bis zum Alter von 1 Jahr. Calcium phosphoricum ist gut zu kombinieren mit Rhus toxicodendron D30, 1 x täglich 1 Dosis, 3–6 Wochen lang. Anschließend nach Erfordernis.

Colocynthis

Der Colocynthis-Patient hat heftige Schmerzen, im Gegensatz etwa zum Rhus-toxicodendron-Patienten, bei dem eher eine Steifheit vorliegt. Der Colocynthis-Schmerz ist nicht konstant, sondern tritt anfallsartig auf, gepaart mit oder vielleicht auch verursacht durch ein reizbares Verhalten. Das Tier ist körperlich unruhig. Die Beschwerden werden möglicherweise durch Kälte verursacht. Einige Male habe ich Gelenkbeschwerden (in Ellbogen-, Schulter- und Hüftgelenk) in Verbindung mit explosionsartigem Erbrechen gesehen: plötzlich und ohne Anstrengung, zum Beispiel beim Stehenbleiben, schießt der Mageninhalt heraus.

Colocynthis D30, 1 x täglich 1 Dosis, 3–6 Wochen lang. Anschließend nach Erfordernis.

Harpagophytum

Harpagophytum ist angezeigt, wenn eine sehr schwere Hüftdysplasie mit reichlich Knochenwucherungen (schwere Mißbildung des Hüftgelenks) vorliegt bei gleichzeitiger Spondylose von Brust- und Lendenwirbeln und Kniegelenkarthrose. Dieses Bild findet man häufig beim alten Hund (siehe auch den Abschnitt *Spondylose* in diesem Kapitel).

Harpagophytum D6, 2–3 x täglich 1 Dosis, 3–4 Monate lang. Anschließend nach Erfordernis.

Anmerkung: Nicht selten reagiert ein älterer Hund unzureichend auf eine homöopathische Hüftdysplasie-Behandlung. Dies kann zum Beispiel der Fall sein, wenn eine Hinterhandschwäche aufgrund einer Spondylose vorliegt. In diesem Fall ist eine Untersuchung auf Atrophie der Hinterhandmuskeln, verzögerte Hinterhandreflexe und insbesondere auch eine Röntgenuntersuchung der letzten Brust- und Lendenwirbel notwendig. Wenn sich zeigt, daß der Hund auch an einer Spondylose mit Hinterhandschwäche leidet, dann ist eine Kombination von Harpagophytum D6, Plumbum D12 und Strychninum nitricum D12 angezeigt.

Hekla lava

Im Falle von Knochenwucherungen kommt das »Duo« Hekla lava D3 und Symphytum D2 zum Zuge.

Hekla lava D3 und Symphytum D2, 3 x täglich 1 Dosis von beidem, 3–4 Monate lang. Danach nach Erfordernis.

Lac caninum

Lac caninum springt ins Auge: der Schmerz wechselt ständig von einem zum anderen Hüftgelenk. Dies ist ein anderer »Ortswechsel« als derjenige, den man bei jungen schlaffen Hunden findet, die mal auf der einen, mal auf der anderen Pfote lahmen. Letzterer braucht eines der vier Grundmittel (Calcium carbonicum, Calcium fluoratum, Calcium phosphoricum und/oder Silicea).

Lac caninum D30, 1 x täglich 1 Dosis, 3–6 Wochen lang. Anschließend nach Erfordernis.

Ledum

Das Arzneimittelbild von Ledum ist deutlich erkennbar. Der Schmerz bessert sich durch Kälte und Ruhe, verschlimmert sich

durch Wärme und Bewegung. Ebenfalls typisch für Ledum kann sein, daß die Beschwerden diagonal auftreten, zum Beispiel im rechten Hüft- und linken Schultergelenk.
Ledum D6, 3 x täglich 1 Dosis, 3–6 Wochen lang. Anschließend nach Erfordernis.

Rhododendron
Rhododendron ist das Mittel der »Barometerschmerzen«: Die Schmerzen treten auf oder verschlimmern sich, wenn Gewitter oder Sturm aufziehen, wenn die Luft elektrisch geladen ist. Im übrigen weist das Arzncimittelbild große Ähnlichkeit mit Rhus toxicodendron und Ruta auf. Der Rhododendron-Patient bessert sich bei Bewegung, kennt aber keine Anfangsverschlechterung. Weiterhin kommt es zu einer Besserung durch trockene Wärme und eine Verschlechterung durch nasse Kälte. Bei Rhododendron liegt (siehe Rhus toxicodendron) mehr Schmerzhaftigkeit als Steifigkeit vor.
Rhododendron D30, 1 x täglich 1 Dosis, 3–6 Wochen lang. Anschließend nach Erfordernis.

Rhus toxicodendron
Unter den Hüftdysplasie-Patienten ist der Rhus-toxicodendron-Patient weitaus am häufigsten. Er leidet insbesondere an einer Steifigkeit der Hüftgelenke, vor allem bei beginnender Bewegung. Ausgeprägte Startprobleme. Diese sind am schlimmsten, wenn der Hund nach der Nachtruhe morgens aus dem Körbchen kommt, insbesondere dann, wenn er sich am Tag zuvor mehr als gewöhnlich angestrengt hat. Die Beschwerden sind auch bei Nässe und Kälte schlimmer, insbesondere, wenn der Hund selbst naß und kalt geworden ist (der erhitzte Jagdhund, der in herbstlich kühles Wasser gesprungen ist). Die Beschwerden bessern sich bei trockener Wärme und Massage. Auffällig ist, daß der Hund nach den Startproblemen meist bei fortgesetzter Bewegung überhaupt

keine Beschwerden mehr hat (»er läuft sich ein«, »er muß sich immer erst warm laufen«). Nach längerer Bewegung kommen die Schmerzen jedoch wieder. Vom Menschen weiß man, daß der Schmerz bei Ruhe schlimmer ist. Manchmal sieht man auch bei Hunden, daß sie nicht stilliegen können.
Rhus toxicodendron D30, 1 x täglich 1 Dosis, mindestens 3–6 Wochen lang. Danach nach Erfordernis. Rhus toxicodendron wird meist in Kombination mit anderen Mitteln gegeben.

Ruta
Zum Arzneimittelbild von Ruta passen eine Zerrung der Gelenkbänder und eine Irritation der Knochenhaut, wodurch Knochenwucherungen infolge des Aneinanderreibens von Gelenkkopf und Gelenkpfannenrand entstehen (siehe auch Calcium fluoratum, Hekla lava und Symphytum).
Ruta ist eng mit Rhus toxicodendron verwandt: auch hier eine Verschlechterung durch nasse Kälte und Bewegung, wenn auch vielfach keine totale Besserung, wie es bei Rhus toxicodendron-Patienten der Fall ist. Der Ruta-Patient kann manchmal auch nicht stilliegen, jedoch gibt es bei Ruta keine Verschlechterung bei beginnender Bewegung, und die Steifigkeit ist deutlich weniger. Es besteht der Eindruck, daß Rhus toxicodendron mehr Steifheit und Ruta mehr Schmerzen aufweist, doch ist bei Hunden ein solcher Unterschied schwer festzustellen.
Ruta D6, 3 x täglich 1 Dosis, 3–6 Wochen lang. Anschließend nach Erfordernis.

Aus der Praxis ...

Wie der Herr, so der Hund, heißt es. In diesem Fall war der Vergleich wirklich zutreffend. Der Herr, ein baumlanger Mensch und übergewichtig – auf der anderen Seite sein Ebenbild, ein mächtiger Rottweiler-Rüde – im Alter von acht Monaten schon größer als für seine Rasse normal und mehr als vollschlank. So kamen sie zu mir in die Sprechstunde. Der Herr freundlich, solange man ihm nicht zu nahe kam. Das galt auch für den Hund. Sie waren früher schon einmal in der Sprechstunde gewesen. Damals lahmte Goliath – so hieß der Hund – an seiner linken Hinterpfote. Die Untersuchung ergab eine schmerzhafte linke Hüfte. Der Hund hatte etwas Probleme beim Aufstehen; wenn er aber einmal lief, ging es besser.
»Das ist bestimmt Hüftdysplasie«, hieß es, »den sollte man besser einschläfern.« Die Menschen können in ihren kaum begründeten Ratschlägen so brutal sein.
Der Besitzer von Goliath beließ es glücklicherweise nicht dabei. Rhus toxicodendron D30, 1 x täglich 5 Kügelchen, brachte die Hüftbeschwerden größtenteils zum Verschwinden. Ganz vorbei war die Lahmheit noch nicht, als nun Goliath wiederum zu mir kam, diesmal mit Hautbeschwerden.
Der Hund hatte Tag und Nacht einen heftigen Juckreiz am ganzen Körper. Das Haarkleid war trocken und stumpf. Weiterhin lag ein ausgedehnter Haarausfall vor. Er hatte großen Appetit, was auf Parasiten hinzuweisen schien, aber Goliath wurde regelmäßig entwurmt. Der Stuhl war vielfach erst normal, dann dünn bis wäßrig; hinzu kamen übermäßige Blähungen. Der verbleibende Schmerz im linken Hüftgelenk verschwand, wenn der Hund sich »einlief«. Vor allem bei naßkaltem Wetter trat eine Verschlechterung der Lahmheit auf.
Daß Goliath sich so gut behandeln ließ, kam dadurch, daß sein

Herrchen ihn gut unter Kontrolle hatte. Der Besitzer erzählte mir, daß Goliath immer versuchte, selbst den Herrn zu spielen. Er mußte dann deutlich zurechtgewiesen werden. Dann wurde er zwar aggressiv – wie immer, wenn er auf Widerstand stieß –, aber sein Herr war nicht der Typ, um sich davon beeindrucken zu lassen.

Die obigen Symptome, die Goliath zeigte, wiesen in Richtung des Mittels Lycopodium. Er bekam Lycopodium D30, 1 x täglich 5 Kügelchen, und nach etwa 2–3 Wochen waren die Beschwerden abgeklungen. Das Hautjucken war beseitigt, der Zustand des Haarkleids wies Besserung auf, und auch der Restschmerz im linken Hüftgelenk war jetzt völlig verschwunden. Der Stuhl war wieder normal. Sogar das Verhalten hatte sich stark gebessert. Letzteres war wohl auch darauf zurückzuführen, daß Goliath in diesem Alter lernte, die Rangordnung in der Familie seines Besitzers einzuhalten. Ein Rottweiler bleibt aber doch ein Rottweiler, ein Lycopodium-Typ ein Lycopodium-Typ, mit ganz eigenem Charakter und Willen. Bei solchen Hunden muß das Herrchen darauf gefaßt sein, daß es der Hund hin und wieder auf eine Machtprobe ankommen läßt. Dies ist nun einmal die Art des Tiers. Dies können natürlich auch einige Kügelchen nicht völlig ändern.

Silicea

Wenn die Gelenkköpfe sehr deutlich fühlbar sind und manchmal sogar hörbar aus den Gelenkpfannen herausgleiten, wenn also das Spiel im Hüftgelenk sehr groß ist, dann paßt Silicea. Das Röntgenbild bestätigt, was man schon fühlt und hört: die Gelenkköpfe liegen fast völlig außerhalb der Gelenkpfannen. Häufig sind die Gelenkköpfe stark abgeplattet, die Gelenkpfannen zu flach. Es versteht sich fast von selbst, daß sich bei solchen Gelenken mit der Zeit ausgeprägte Knochenwucherungen entwickeln. Auffällig ist, daß in einer Reihe solcher Fälle die Beschwerden nicht sonderlich ausgeprägt sind. In anderen Fällen findet man einen gelegentlichen Schmerz bei einer falschen Bewegung; der Hund geht vom Gehen (häufig Paßgang) direkt in Galopp über (hoppelt wie ein Kaninchen) und überschlägt den Trab. Allein schon das enorme Spiel im Hüftgelenk scheint in vielen Fällen für die Wahl von Silicea ausreichend zu sein; der Patient braucht also nicht in jeder Hinsicht zum Silicea-Typ zu gehören (siehe das Kapitel *Homöopathische Typen und Verhalten*). Silicea läßt sich gut mit Calcium fluoratum kombinieren.

Silicea D12 und Calcium fluoratum D12, täglich 1 Dosis ab 4 Monaten bis zum Alter von 1 Jahr. Silicea läßt sich gut mit Rhus toxicodendron D30 kombinieren, 1 x täglich 1 Dosis, 3–6 Wochen lang.

Symphytum

Wenn die Röntgenuntersuchung Knochenwucherungen zeigt, während sich die Lahmheit durch Bewegung kaum bessert, dann ist das »Duo« Hekla lava D3 und Symphytum D2 angezeigt. Wenn diese Mittelkombination keinen Erfolg bringt, sollte man eine höhere Potenz von Symphytum (D6) versuchen; wenn auch dies nicht hilft, wählte man Harpagophytum.

Symphytum D2 und Hekla lava D3, 3 x täglich 1 Dosis, 4–6 Monate lang. Anschließend nach Erfordernis.

Bandscheibenvorfall

Zwischen je zwei Rückenwirbeln befindet sich eine feste Knorpelscheibe, die elastisch genug ist, um die Wirbelsäule, die von dem empfindlichen Rückenmark durchzogen wird, zu puffern und ihr Flexibilität zu verleihen. In der Mitte der Bandscheibe befindet sich ein mit Flüssigkeit gefüllter Kern, der gewissermaßen als Stoßdämpfer wirkt. Gelegentlich kommt es zu einem Elastizitätsverlust des Bindegewebes einer oder mehrerer Zwischenwirbelscheiben. Dieses kann so spröde werden, daß der weiche Kern nach außen quillt. Die Aussackung drückt auf das Nervengewebe, vor allem im Bereich der Rückenwirbel, wodurch es zu Schmerzen und Nervenausfallerscheinungen kommt. Im Gebiet des neunten Brustwirbels bis zum ersten Kreuzbeinwirbel, daß heißt im hinteren Teil des Rückens, kann eine solche Aussackung (die gelegentlich auch noch eintrocknet) schwere Folgen haben. Insbesondere dann, wenn eine Bandscheibe plötzlich »knackt« und das feine Nervengewebe einen Schlag bekommt, kann es zu Blutergüssen im Rückenmark kommen, die sich wie ein Ölfleck ausbreiten. Die Nervenausfallerscheinungen beginnen dann zwar im hinteren Teil des Rückens, können sich dann aber bis zu den Vorderpfoten ausdehnen. Zum Glück sind sehr schwere und leider meist auch hoffnungslose Fälle selten. Die Symptome reichen von bloßen Schmerzen, eventuell mit einer leichten Hinterhandschwäche, über spastische Bewegungen der Hinterpfoten bis zu einer totalen schmerzlosen Lähmung und der Unfähigkeit, Harn und Stuhl zu entleeren. Bei letzterem ist die Prognose sehr ungünstig. Bei einem nur schmerzhaften Bandscheibenvorfall liegen die folgenden Symptome vor: Der Hund bleibt still im Körbchen liegen, will manchmal auch nicht mehr essen und kann nicht springen; häufig steht er mit gekrümmtem Rücken und hat einen etwas gespannten Bauch. Diese Abweichung findet man häufig beim Teckel, weshalb man diese

Störung auch »Teckellähme« nennt. Auch der Pekinese hat hier seine schwache Stelle. Gelegentlich findet man diese Erkrankung auch bei anderen Rassen und Bastarden; ich habe nicht wenige Cocker-Spaniels mit einer Hinterhandlähmung infolge eines Bandscheibenvorfalls behandelt. Im übrigen sind es nicht immer alte Hunde, die an einem Bandscheibenvorfall leiden; vielfach liegt ihr Alter zwischen drei und fünf Jahren.

Insbesondere bei einem jungen Hund oder auch bei einem Hund einer Rasse, die zu Bandscheibenproblemen neigt, wendet man sich am besten unverzüglich an einen Tierarzt, auch dann, wenn nur Rückenschmerzen vorliegen.

Ein zweiter Bereich, in dem Wirbelprobleme auftreten können, ist der Halsbereich vom Schädel bis zum ersten Brustwirbel. Da in den Halswirbeln mehr Platz ist, führt ein Bandscheibenvorfall hier nicht sofort zu Lähmungserscheinungen. Meist bestehen nur Schmerzen: Der Hund jault beim Anfassen des Kopfs und bei bestimmten Kopfbewegungen, er hat einen »steifen Hals« und hält seine Nackenmuskeln gespannt; er gelangt nicht zum Futternapf (den man meist höher stellen muß), und wenn er nach oben blickt, bewegt er nur die Augen. Die Erscheinungen ähneln denjenigen einer Gehirnhautentzündung: Vom Tierarzt Diagnose stellen lassen! Sehr typisch für einen Bandscheibenvorfall im Halsbereich ist, daß der Hund immer wieder mit einer Vorderpfote stolpert – ein Zeichen für leichte Lähmungserscheinungen.

Für Bandscheibenprobleme, insbesondere im Bereich des Rükkens, gelten zwei wichtige Regeln für die Selbstmedikation:

1. Niemals selbständig Schmerzmittel geben. Durch Ausschaltung der Schmerzen besteht die Gefahr einer Überlastung, das heißt eines akuten Bandscheibenvorfalls, der schwere Folgen haben kann.
2. Auf keinen Fall selbst einen (vermuteten) Bandscheibenvorfall behandeln, wenn nur die geringsten Nervenausfallerscheinungen vorliegen.

Bei einem akuten Bandscheibenvorfall des Rückens mit Ausfallerscheinungen hat der Tierarzt die Wahl: entweder operieren oder Injektion von Kortikosteroiden, die die Entzündung hemmen und die Flüssigkeit beseitigen (das Entfernen von Blut und Feuchtigkeit bedeutet eine Abnahme der Schwellung und damit auch eine Abnahme der Schmerzen und des Drucks auf das Nervengewebe des Rückenmarks), oder Homöopathie. In der Praxis bedeutet dies, daß in den ersten 48 Stunden die Homöopathie als Behandlungsmöglichkeit (zumindest als alleinige Behandlung) nicht in Frage kommt. Die Entscheidung muß zwischen Operation oder Behandlung mit cortisonhaltigen Präparaten fallen. Die Kortikosteroidbehandlung ist in einer großen Zahl von Fällen hilfreich, während die Ergebnisse einer Operation häufig zu wünschen übrig lassen. Es gibt allerdings einige spezialisierte Chirurgen, die aufgrund ihrer Erfahrung bessere Ergebnisse erzielen. Die vorübergehenden Nebenwirkungen einer kurzfristigen Anwendung von Kortikosteroiden (siehe die Einleitung zum Kapitel *Haut*) können vor dem Hintergrund eines kritischen Bandscheibenvorfalls mit Ausfallerscheinungen nicht als Nachteile gelten.

Homöopathie

Nachfolgend die Beschreibungen einer Reihe homöopathischer Arzneimittel, die bei Bandscheibenproblemen eingesetzt werden können. Die Mittel sind in alphabetischer Reihenfolge angegeben.

Arnica

Arnica kann Blutergüsse, die bei einem Bandscheibenvorfall auftreten, beseitigen. Dadurch gehen Schwellungen und Schmerzen zurück, während der Druck auf das Nervengewebe abnimmt

und die Nervenausfallerscheinungen beseitigt werden. Es ist wichtig, in einem frühen Stadium zu beginnen, eventuell im Anschluß an die Kortikosteroidbehandlung. Teils spastische, teils schlaffe Lähmungen sind auch im Arzneimittelbild von Arnica zu finden. Man sollte Arnica sofort mit Hypericum kombinieren, um so schnell wie möglich eine Regenerierung des Nervengewebes herbeizuführen.
Arnica D6, anfänglich 3 x 1 Dosis im Abstand von 2 Stunden, anschließend 3 x täglich 1 Dosis, 3 Wochen lang.

Bryonia
Wenn der Hund absolut ruhig liegen bleibt, kein Glied bewegt und schon bei der geringsten Bewegung vor Schmerzen aufjault, ist sofort an Bryonia zu denken.
Bryonia D12, 2 x täglich 1 Dosis, 3 Wochen lang.

Calcium carbonicum
Calcium carbonicum wirkt bei den etwas schwereren Hunden (im Gegensatz zu Silicea). Bei einem Bandscheibenproblem muß dies nicht unbedingt ein sehr schwerer Hund wie der Berner Sennenhund sein; selbst ein etwas schwererer Pudel mit einem Bandscheibenproblem im Nackenbereich kann schon gut auf Calcium carbonicum ansprechen. In den meisten Fällen kann der Schmerz innerhalb von sieben Tagen verschwinden. Wenn Calcium carbonicum zu einer Verschlimmerung der Schmerzen führt, kann Silicea das richtige Mittel sein; dies gilt auch umgekehrt. Calcium carbonicum wird bei einem Bandscheibenvorfall im Rückenwirbelbereich als Basistherapie gegeben; bei einem Vorfall im Halsbereich ist es oft als einziges Therapiemittel ausreichend.
Calcium carbonicum D12, 2 x täglich 1 Dosis, 6–8 Wochen lang. Danach kann der Tierarzt Calcium carbonicum D200, 1 x monatlich 1 Dosis, über 6 Monate verordnen. Wenn zum Beispiel

nach einem Jahr die Beschwerden erneut auftreten, genügt nicht selten Calcium carbonicum D200, 1 x monatlich 1 Dosis, 6 Monate lang.

Causticum

Infolge eines Bandscheibenvorfalls kann es auch zu einer Störung der Blasenfunktion kommen. Durch eine (teilweise) Lähmung der Blasenwand besteht die Möglichkeit einer ständigen Überfüllung der Blase, was zu einer Überdehnung führt. Auch wenn die Lähmungserscheinungen an den Pfoten nach der Behandlung nicht oder kaum mehr feststellbar sind, kann die Blasenfunktion gestört bleiben. Wenn die Blase anhaltend (monate- oder jahrelang) überdehnt wird, kann dies (manchmal plötzlich) eine Blasenlähmung nach sich ziehen. Dann ist Causticum das richtige Mittel. Bei Lähmung der Blasenwand kann Causticum mit Petroselinum D2 kombiniert werden.

Bei Blasenüberfüllung in Verbindung mit ungenügender Kontraktion der Blasenwand kann der Hund relativ lange den Harn halten, jedoch wird in akuten Fällen die Blase so sehr überfüllt, daß der Hund den Harn abgehen läßt (»Überlaufblase«). Manchmal wird die Blase durch die verringerte Elastizität der Blasenwand nicht vollständig entleert; dadurch bleibt ein Teil des Harns zu lange in der Blase, wodurch Blasenentzündungen entstehen können. Auch unwillkürlicher Harnabgang wegen einer Blasenhalsschwäche kann zu Causticum passen. Ein wichtiges Merkmal der Causticum-Blasenentzündung ist die Verschlechterung durch trockene Kälte (siehe auch Dulcamara und Rhus toxicodendron).

Causticum D12, 1 x täglich 1 Dosis, 3–6 Wochen lang. Bei alten Hunden mit einer irreversiblen Blasenfunktionsstörung muß Causticum nicht selten als Dauermedikation gegeben werden.

Ginkgo biloba

Für eine schnelle Heilung im Lendenbereich der Wirbelsäule ist eine gute Durchblutung erforderlich. Hier kann die anregende Wirkung hilfreich sein, die Ginkgo biloba auf die Durchblutung besonders dieses Bereichs hat.

Ginkgo biloba D2, 3 x täglich 1 Dosis, 3 Wochen lang.

Hyoscyamus

Hyoscyamus ist angezeigt bei Restsymptomen eines überstandenen Bandscheibenvorfalls im Rückenbereich wie zum Beispiel Harnabgang bei Angst oder Freude (vermutlich liegt hier eine verminderte Funktion des Blasenhalses vor). Hierzu gehört auch unwillkürlicher Harnabgang im Schlaf oder durch Aufregung (s. a. Causticum). Man lese auch die Beschreibung des Hyoscyamus-Typs im Kapitel *Homöopathische Typen und Verhalten.*

Hyoscyamus D30, 1 x täglich 1 Dosis, 6–8 Wochen lang. Die Kur ganz zu Ende führen. Eventuell in Absprache mit dem Tierarzt eine höhere Potenz.

Hypericum

Hypericum ist das angezeigte Mittel in allen Fällen akuter Schäden des Nervengewebes oder von nervenreichem Gewebe. Am besten ist es, wenn Hypericum im Anfangsstadium des Bandscheibenvorfalls zusammen mit Arnica gegeben wird.

Hypericum D6, zunächst 3 x 1 Dosis in Abständen von 2 Stunden, anschließend 3 x täglich 1 Dosis, mindestens 3 Wochen lang.

Lachnanthes tinctoria

Lachnanthes tinctoria ist das Mittel bei starken Nackenschmerzen. Der Hund hält den Hals steif, jault bei der geringsten Bewegung und gelangt nicht zu seinem Futternapf, wenn dieser auf dem Boden steht.

Lachnanthes tinctoria D4, 3 x täglich 1 Dosis, 7–14 Tage lang.

Nux vomica

Nux vomica ist insbesondere angezeigt bei einer »wechselnden« Lähmung: die Hinterpfoten sind dann abwechselnd steif und schlaff. Es können Schwierigkeiten bei der Entleerung von Harn oder Stuhl bestehen. Nux vomica beeinflußt die Reizleitung im letzten Teil des Rückenmarks und damit indirekt auch die Blasen- und Darmfunktion (im Gegensatz zu Petroselinum, das direkt das Zusammenziehen der glatten Blasenwandmuskulatur stimuliert). *Nux vomica D6, anfänglich 3 x 1 Dosis in Abständen von 2 Stunden, anschließend 3 x täglich 1 Dosis mindestens 3 Wochen lang (bei einer spastischen Lähmung). Nux vomica D3, 3 x täglich 1 Dosis, 3 Wochen lang, bei schlaffer Lähmung.*

Petroselinum

Petroselinum kann in D2 die Wandmuskulatur der Blase zusammenziehen. Dies ist erforderlich, wenn die Blasenwand zu schlaff ist, um die Blase zu entleeren. Bei einem Hund mit einem Bandscheibenvorfall muß man immer darauf achten, ob das Tier ausreichend Harn und Stuhl entleert! Wenn dies nicht der Fall ist, den Tierarzt einschalten. Petroselinum D2 ist bei akuten und chronischen Fällen einer Blasenwandlähmung angezeigt.

Durch eine (teilweise) Blasenwandlähmung kann es zu einer Blasenüberfüllung mit unwillkürlichem Harnabgang kommen, wenn die Blase zu voll ist (»Überlaufblase«). Durch das Zurückbleiben von altem Urin bei unvollständiger Entleerung der Blase (auch eine Folge von Spondylose; siehe den Abschnitt *Spondylose* in diesem Kapitel) besteht die Möglichkeit einer Blasenentzündung. Bei alten Hunden können sich in dieser Weise sehr hartnäckige Blasenentzündungen einstellen. In chronischen Fällen ist Petroselinum D2 mit Causticum zu kombinieren.

Ein anderes Bild, das ebenfalls zu Petroselinum paßt, dann aber mit einer D6 behandelt werden muß, ist folgendes: Wenn eine Blasenwand regelmäßig durch Überfüllung überdehnt wird, zum

Beispiel auch dadurch, daß der Hund den Harn zu lange zurückhalten muß, kann auf die Dauer ein Blasenwandkrampf entstehen. Der Hund bekommt einen plötzlichen Harndrang, bringt dies auch zum Ausdruck, kann den Harn aber nicht mehr halten und beginnt bereits zu träufeln. Dies ist also ein anderes Bild als zum Beispiel dasjenige des Urinierens aus Freude; hier liegt mehr ein unvollständiges Schließen des Blasenhalses vor.
Petroselinum D2 (D6) 3 x täglich 1 Dosis, 3 Wochen lang.
Bei alten Hunden mit einer irreversiblen Blasenfunktionsstörung muß Petroselinum nicht selten als Dauermedikation gegeben werden.

Plumbum metallicum
Schlüsselsymptom für Plumbum metallicum ist eine Atrophie oder ein Schwund der Muskulatur infolge einer Störung der Nervenversorgung.
Chronische Hinterhandschwäche mit einer ausgeprägten Atrophie der Hinterhandmuskeln nach einem Bandscheibenvorfall oder Spondylose passen gut zu Plumbum metallicum.
Plumbum metallicum D12, 2 x täglich 1 Dosis, 3–6 Wochen lang.
In praktisch allen Fällen muß Plumbum metallicum als Dauermedikation gegeben werden. Eventuell eine höhere Potenz.

Rhus toxicodendron
Rhus toxicodendron ist das richtige Mittel, wenn nur Rückenschmerzen vorliegen (gekrümmter Rücken, der Hund kann nicht springen), das heißt ohne Nervenausfallerscheinungen. Der Schmerz tritt bei beginnender Bewegung auf (»Startprobleme«) und bessert sich fast vollständig bei fortgesetzter Bewegung. Kaltes und nasses Wetter führen zu einer Verschlechterung der Beschwerden.
Rhus toxicodendron D30, 1 x täglich 1 Dosis, mindestens 3 Wochen lang.

Silicea

Silicea wirkt insbesondere bei einem Bandscheibenvorfall im Halsbereich, vor allem bei Zwergpudel und Teckel (kleineren, zarteren Hunden; siehe auch Calcium carbonicum). In den meisten Fällen kann der Schmerz nach sieben Tagen vorüber sein. Wenn Silicea zu einer Verschlimmerung der Beschwerden führt, kann das richtige Mittel Calcium carbonicum sein.

Silicea D12, 2 x täglich 1 Dosis, 6–8 Wochen lang. Danach kann der Tierarzt Silicea D200, 1 x monatlich 1 Dosis über 6 Monate verordnen. Wenn die Beschwerden zum Beispiel nach einem Jahr erneut auftreten, genügt es meist, 6 Monate lang erneut Silicea D200 1 x monatlich 1 Dosis zu geben.

Strychninum nitricum

Wenn die Hinterhand nach einer erfolgreichen Bandscheibenbehandlung noch etwas schlaff bleibt, gibt man Strychninum nitricum. Das Mittel senkt möglicherweise die Reizschwelle, so daß die Nervenimpulse im Rückenmark besser weitergeleitet werden. Strychninum nitricum wird meist in Kombination mit Plumbum metallicum angewandt.

Strychninum nitricum D12, 2 x täglich 1 Dosis, mindestens 3–6 Wochen lang. Muß manchmal als Dauermedikation gegeben werden.

Spondylose

Spondylose ist eine langsame Versteifung eines oder mehrerer Zwischenwirbelgelenke. Auf einer seitlichen Röntgenaufnahme sieht man, daß keilförmige, knöcherne Brücken die Wirbel so zu verbinden beginnen, daß Bewegung schmerzhaft oder unmöglich wird. Vielfach tritt auch eine Hinterhandschwäche auf, da die Leitfähigkeit der Rückenmarknerven behindert ist. Hierdurch können eine eventuell vorhandene, aber bisher noch nicht festgestellte Hüftdysplasie oder Kniegelenkerkrankung in ihrem Fortschreiten beschleunigt werden.
Diese Abweichung findet man meist bei älteren Hunden. Manche Rassen sind hierfür anfälliger, unter anderem der Boxer, der manchmal schon im 6. Lebensjahr eine vollentwickelte Spondylose zeigen kann.
Die meisten Spondylose-Patienten weisen nur einen Teil der Krankheitssymptome auf.

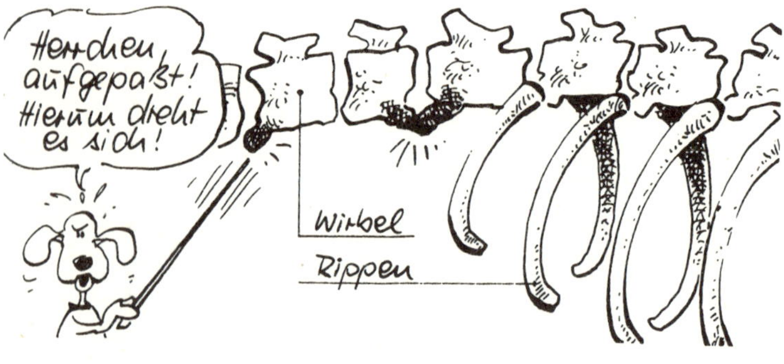

Der Hund hat Rückenschmerzen. Er kann nicht springen oder sich aufrichten. Er bleibt am liebsten auf seinem Lager liegen, aber er findet nicht leicht die richtige Position. Manchmal ist der Rücken nach oben gewölbt. Die Gesäßmuskeln schwinden (Atrophie). Die Hinterhand ist schlaff: er knickt hinten ein, steht eigentümlich auf der Hinterpfote und/oder schleppt die Hinterpfote nach, wodurch die Nägel auf dem Boden schleifen. Manchmal bestehen Beschwerden im Zusammenhang mit dem Entleeren von Harn und/oder Stuhl, unter anderem chronische Blasenentzündung durch Blasenwandschwäche, unwillkürlicher Harnabgang, erschwerter Stuhlgang.
Die Diagnose muß erst vom Tierarzt gesichert oder bestätigt werden. Spondylose ist eine Erkrankung, die nicht heilbar ist, und auch die Beschwerden sind nicht in allen Fällen gänzlich zu beseitigen. Mit einer homöopathischen Behandlung tritt allerdings in den meisten Fällen eine erhebliche Besserung ein, die dem Hund weitgehende Beschwerdefreiheit bringt.

Homöopathie

Alle Mittel, die bei Spondylose angewandt werden, sind in den obigen Absätzen bereits erwähnt. Ich gebe sie hier nochmals in alphabetischer Reihenfolge an:

Causticum
Siehe die Beschreibung von Causticum unter *Bandscheibenvorfall.*

Harpagophytum
Harpagophytum hat eine günstige Wirkung auf Spondylose und Arthrose von Hüft- und Kniegelenk. Eventuell mit dem »Duo« Hekla lava und Symphytum zu kombinieren. Mit Plumbum me-

tallicum und Strychninum nitricum ist Harpagophytum ein bewährtes Spondylose-Mittel.
Harpagophytum D6, 3 x täglich 1 Dosis, 3–6 Wochen lang. Muß meist als Dauermedikation gegeben werden.

Hekla lava
Die Knochenwucherungen bei Spondylose erfordern Hekla lava in Kombination mit Symphytum, eventuell zusätzlich Rhus toxicodendron.
Hekla lava D3, 3 x täglich 1 Dosis, 4–6 Monate lang.

Petroselinum
Siehe die Beschreibung für Petroselinum unter *Bandscheibenvorfall.*

Plumbum metallicum
Plumbum metallicum paßt zur Hinterhandschwäche infolge einer Nervenleitungsstörung im Rückenmark, auch bei Spondylose. Das Mittel wird unterstützt durch Strychninum nitricum. Charakteristisch für Plumbum metallicum ist die ausgeprägte Atrophie der Hinterhandmuskeln (siehe auch Causticum). Zusammen mit Harpagophytum und Strychninum nitricum bildet Plumbum metallicum ein bewährtes Mittel bei Spondylose, das jedoch nicht für die Selbstmedikation geeignet ist.
Plumbum metallicum D12, 2 x täglich 1 Dosis, 3–6 Wochen lang. Meist muß Plumbum metallicum als Dauermedikation gegeben werden. Eventuell eine höhere Potenz.

Rhus toxicodendron
Rhus toxicodendron paßt zu Steifigkeit und Schmerzhaftigkeit des Rückens, Symptome, die insbesondere beim Aufstehen deutlich ausgeprägt sind, die aber bei fortgesetzter Bewegung fast völlig verschwinden. Nasse Kälte verschlimmert die Beschwer-

den. Rhus toxicodendron kann bei Spondylose mit Hekla lava und Symphytum kombiniert werden; diese drei Mittel bilden zusammen die Behandlung der Wahl bei Spondylose mit Rückenschmerzen, aber ohne Hinterhandschwäche.
Rhus toxicodendron D30, 1 x täglich 1 Dosis, 3 Wochen lang.

Symphytum
Zusammen mit Hekla lava wird Symphytum bei Knochenwucherungen infolge von Spondylose gegeben. Eventuell mit Rhus toxicodendron zu kombinieren.
Symphytum D2, 3 x täglich 1 Dosis, 4–6 Monate lang.

Strychninum nitricum
Strychninum nitricum führt zu einer Verbesserung der Reizleitung im hinteren Teil des Rückenmarks. Zusammen mit Harpagophytum und Plumbum metallicum erzielt man mit Strychninum nitricum gute Erfolge bei Spondylose. Nicht geeignet für die Selbstmedikation.
Strychninum nitricum D12, 2 x täglich 1 Dosis, 3–6 Wochen lang. Meist muß Strychninum nitricum in Dauermedikation gegeben werden.

Hinterhandschwäche

Ergänzend zu den unter *Bandscheibenvorfall* und *Spondylose* beschriebenen Mitteln nenne ich kurz noch die anderen Mittel bei Hinterhandschwäche.

Conium

Conium ist angezeigt als das Mittel für die Hinterhandschwäche des Deutschen Schäferhundes infolge einer Degeneration des Rückenmarks (degenerative Myelopathie). Die Erfolgsaussichten sind unsicher. Es liegt eine langsam fortschreitende Lähmung der Hinterhand mit anfänglich nur geringer Muskelatrophie vor. Eventuell mit Natrium muriaticum kombinieren.
Conium D12, 2 x täglich 1 Dosis, 3–6 Wochen lang.

Natrium muriaticum

Natrium muriaticum ist bei Hinterhandschwäche angezeigt, insbesondere beim Deutschen Schäferhund, wenn auf dem Röntgenbild keine Abweichungen zu sehen sind, das heißt kein Bandscheibenvorfall und keine Spondylose (man lese auch den Arzneimitteltyp im Kapitel *Homöopathische Typen und Verhalten*).
Natrium muriaticum D12, 2 x täglich 1 Dosis, 3–6 Wochen lang.

Aus der Praxis ...

Kazan, ein fast sechs Jahre alter Deutscher Schäferhund-Rüde, war Fremden gegenüber sehr aggressiv. Er stand immer wie ein schnaubender Löwe auf dem Behandlungstisch. Selbst sein Begleiter, der durch die Arbeit auf dem Bau ansehnliche Muskelpakete entwickelt hatte, konnte ihn dann kaum bändigen. Er stand ganz nahe bei Kazans Fang und wurde daher während der Untersuchung immer wieder einmal gebissen, obwohl Kazan es eigentlich mehr auf mich abgesehen hatte. Kazan gehörte eigentlich einem Onkel, aber sein Begleiter gab sich am meisten mit ihm ab: wandern, spielen und zusammen zum Tierarzt.
Kazan kränkelte schon fast zwei Jahre. Seine Hinterpfoten wollten nicht mehr. Allmählich wurde die Hinterhand von Kazan schlaffer. Anfänglich knickte er gelegentlich ein, später trug es ihn immer wieder aus der Kurve. Zuerst stand er beim Wasserlassen etwas wackelig auf einem Bein, später urinierte er der Sicherheit halber wie eine Hündin. Andernfalls wäre er einfach umgefallen.
Am Anfang hörte man die Nägel der Hinterpfoten gelegentlich über den Boden scheuern. Jetzt knickten die Pfoten immer wieder um, wodurch er sich die Oberseite seiner Zehen blutig aufscheuerte. Der arme Kerl versuchte es immer wieder, aber es ging nicht mehr. Auf den Röntgenaufnahmen von Hüften, Knien und Wirbelsäule waren keine Abweichungen zu finden. Inzwischen waren die Muskeln der Hinterpfoten völlig atrophiert. Ein üppiges Haarkleid verbarg Kazans knochiges Gesäß. Zusätzlich stellten sich Gelenkschmerzen ein. Durch die Schwachheit knickte er immer wieder ein.
Muskelkräftigende Mittel, normale und homöopathische Arzneimittel – Kazan hatte in einem Zeitraum von zwei Jahren alles brav geschluckt. Aber nichts half.

»Wir müssen einmal miteinander reden«, sagte ich mannhaft zu Kazans Begleiter, »das geht doch so nicht weiter.« Kazan saß auf dem Boden, sein Kamerad in der Hocke daneben. Verzweiflung überfiel uns plötzlich alle drei. Kazan winselte unruhig, sein robuster Freund konnte kaum seine Bewegung beherrschen. »Es muß eine andere Lösung geben, ich kann den Hund doch nicht einschläfern lassen«, ging es mir durch den Kopf. Wir sprachen also ausführlich Kazans Charakter und Eigenarten durch.
Das Verhalten und die Beschwerden von Kazan ließen mich plötzlich an Natrium muriaticum denken. Ich erinnerte mich auf einmal an Patienten mit vergleichbaren, wenn auch viel weniger ausgeprägten Beschwerden, die ebenfalls auf Natrium muriaticum angesprochen hatten. »Probieren wir es einmal«, dachte ich. Ich verordnete also Kazan Natrium muriaticum D12, 2 x täglich 5 Tropfen. Sein Begleiter war gleich wieder fröhlich, aber ich warnte ihn, daß die Chance sehr gering war, daß es Kazan wieder besser gehen würde, und selbst dann könnte es höchstens eine ganz kleine Besserung sein.
Nach drei Wochen kam Kazan zur Kontrolle. Die Hinterhandreflexe hatten sich um mindestens 70 Prozent gebessert. Kazan lief fast wieder normal, die Beine knickten nicht mehr ein. Er hatte wieder Kraft in seiner Hinterhand. Er zog sogar seinen Begleiter mit. Welch eine Verbesserung!
Ich war zunächst noch gedämpft optimistisch, doch geht es nun nach einem halben Jahr Kazan immer noch prima. So rettete die Homöopathie dank eines intensiven Gesprächs einen Hund, der schon fast aufgegeben war.

Geschlechtsapparat

Repertorium Erkrankungen des Geschlechtsapparats

Dies ist eine globale Übersicht. Genauere Anweisungen findet man bei den Beschreibungen der einzelnen homöopathischen Heilmittel.

Beschwerden	*Indikationen*	*Arzneimittel*
Gebärmutter, Allgemeininfektion		Echinecea angustifolia, Lachesis, Pyrogenium
Gebärmutterblutungen		Cimicifuga, Hamamelis, Millefolium, Secale cornutum, Ustilago maydis
Gebärmutterentzündung		Caulophyllum, Echinacea angustifolia, Helonias dioica, Hepar sulfuris, Hydrastis, Kalium jodatum, Pulsatilla, Sabina, Secale cornutum, Sepia
Hodenhochstand		Cimicifuga, Pulsatilla
Impotenz		Acidum phosphoricum, Agnus castus, Arnica, Damiana, Ginseng, Yohimbinum
Läßt das Decken nicht zu	ist aggressiv	Sepia
	ist ängstlich und unsicher	Pulsatilla
Läufigkeit bleibt aus		Cimicifuga, Pulsatilla

Beschwerden	*Indikationen*	*Arzneimittel*
Milchmangel		Agnus castus, Alfalfa, Asa foetida, Chamomilla
Nachgeburt, zurückgebliebene		Caulophyllum, Sabina, Secale cornutum
Nymphomanie		Apis mellifica, Aurum metallicum, Cimicifuga, Murex purpureus, Platinum
Samenqualität	schlecht	Cimicifuga, Pulsatilla
Scheinschwangerschaft	aggressiv, keine Milch	Ignatia
	im Haus träge, viel Milch	Pulsatilla
	hysterisch	Asa foetida
	Stoppen der Milchproduktion	Phytolacca, Salvia officinalis, Urtica
	zur Vorbeugung gegen Knoten	Phytolacca
Schwache Eröffnung		Caulophyllum, Gelsemium
Übermäßiger Geschlechtstrieb beim Rüden		Origanum
Verwachsungen im Bauch		Graphites, Sepia, Silicea
Wehenschwäche		Caulophyllum, Sabina, Secale cornutum

HÜNDIN

Gebärmutterentzündung

Es gilt zwei wichtige Zeitpunkte zu unterscheiden, zu denen eine Hündin eine Gebärmutterentzündung bekommen kann:

1. Im Anschluß an die Geburt (oder einen Abgang). Es handelt sich um eine akute Entzündung. Symptome sind Fieber, Appetitlosigkeit, Trägheit, reichliches Trinken, stinkender Gebärmutterausfluß.
2. 4–8 Wochen nach der Läufigkeit. Hier liegt eine chronische Entzündung vor (Pyometra). Symptome: meist kein Fieber, in einem späteren Stadium sogar Untertemperatur (man lasse es nicht so weit kommen), verminderter oder fehlender Appetit, viel Durst; allmählich wird der Hund träger, manchmal auch Abmagerung, während der Bauch dicker wird, manchmal Bauchschmerzen (der Hund winselt, preßt), nur in wenigen Fällen Ausfluß, der schleimig eitrig ist oder rotbraun und stinkend.
   Gefährdet sind ältere Hündinnen, insbesondere dann, wenn die Hitze nicht mehr so groß ist, oder wenn der Hund eine Spritze bekommen hat, um das Decken zu verhindern.

Um eine akute Gebärmutterentzündung zu vermeiden, sollte man darauf achten, daß die Geburt rasch vonstatten geht. Wenn Probleme auftreten, die die Gefahr einer Gebärmutterentzündung erhöhen, muß der Hund vorbeugend behandelt werden. Auch das Gesäuge, die Milchabsonderung und das Gewicht der Welpen muß immer kontrolliert werden. Bei einer ansonsten gesunden Hündin ist ein Ausfluß von 8 bis 14 Tagen (je nach Größe des Wurfs) normal; der Ausfluß stinkt nicht und geht von grünrot allmählich in eine helle Farbe über.

Wenn man 4 bis 8 Wochen nach der Läufigkeit eine Gebärmutterentzündung feststellt, muß zunächst die Diagnose vom Tierarzt gestellt werden; die Behandlung ist ausschließlich in Absprache mit diesem durchzuführen.
In den meisten Fällen ist es das beste, die erkrankte Gebärmutter unverzüglich zu entfernen, um irreparable Nierenschäden zu vermeiden. In leichteren Fällen, insbesondere natürlich bei jungen Hündinnen, die man noch für die Zucht einsetzen will, oder bei älteren Hunden, für die Operation und Narkose ein zu großes Risiko bilden, ist eine homöopathische Behandlung am Platz. Eine Kombinationsbehandlung mit Antibiotika ist möglich und in den meisten Fällen sogar zu empfehlen.

In jedem Fall einen Tierarzt aufsuchen, wenn:
- eine chronische Gebärmutterentzündung vermutet wird (meist 4–8 Wochen nach der Läufigkeit);
- bei einer akuten Gebärmutterentzündung nicht innerhalb von 24 Stunden Besserung eingetreten ist;
- der Ausfluß zuviel frisches Blut enthält (mehr als bei einer starken Hitze);
- der Ausfluß nach 3 Wochen nicht aufhört.

Homöopathie

Nachfolgend die Beschreibungen einer Reihe homöopathischer Mittel, die bei Gebärmutterproblemen eingesetzt werden können. In den meisten Fällen eignen sich Gebärmutterprobleme beim Hund weniger gut für die Selbstmedikation, und die Anwendung der genannten Mittel ist nur in Absprache mit dem Tierarzt vertretbar.

Caulophyllum

Caulophyllum kann durch Anregung der Wehen und eine Erweichung des Gebärmuttermundes die Geburt beschleunigen. Die restliche(n) Nachgeburt(en) und das Fruchtwasser werden dadurch (eventuell in Kombination mit Sabina) schneller und vollständig ausgetrieben. Caulophyllum ist ein Mittel zur Vorbeugung und für die Anfangsphase einer akuten Gebärmutterentzündung sofort im Anschluß an die Geburt. Wenn der Geburtsvorgang zu lange dauert, kann bereits während der Geburt mit dem Mittel begonnen werden.

Caulophyllum D4, anfänglich 3 x 1 Dosis in Abständen von 1 Stunde (während oder unmittelbar nach der Geburt), anschließend 3 x täglich 1 Dosis 1–3 Wochen lang. Eine niedrigere Potenz während der Geburt ist auf keinen Fall zulässig. Bei einer chronischen Gebärmutterentzündung, bei der die Gebärmutter voller Eiter und manchmal auch Blut ist, kann zum Austreiben dieser Absonderungen eine D2 oder D3 eingesetzt werden, 3 x täglich 1 Dosis, 1–3 Wochen lang.

Echinacea angustifolia

Echinacea angustifolia kräftigt die körpereigene Abwehr. Wirkt vor allem in den ersten 7 Tagen nach einer akuten Gebärmutterentzündung.

Echinacea angustifolia Ø, 3 x täglich 1 Dosis, 7–14 Tage lang.

Helonias dioica

Auch das Arzneimittelbild von Helonias dioica enthält eine (chronische, eitrige) Gebärmutterentzündung. Einen Hinweis gibt eine mögliche Schwunglosigkeit, die sich deutlich bessert, wenn der Hund »beschäftigt« ist, zum Beispiel wenn man ihn von der Leine läßt (siehe auch Pulsatilla). Eventuell mit Pulsatilla zu kombinieren.

Helonias dioica D3, 3 x täglich 1 Dosis, 3 Wochen lang.

Hepar sulfuris

Hepar sulfuris ist das Eitermittel par excellence. Paßt zu einer chronischen Gebärmutterentzündung, wenn sehr viel mit Blut vermischter Eiter (Pyometra) gebildet und angesammelt wird. Der Hund hat unverkennbare Bauchschmerzen. In diesem Fall läßt sich das Mittel Hepar sulfuris gut mit Caulophyllum kombinieren.

Hepar sulfuris D6 und Caulophyllum D3, jeweils 3 x täglich 1 Dosis, 3 Wochen lang.

Hydrastis

Hydrastis ist angezeigt bei zähem, schleimigem Ausfluß einer chronischen Gebärmutterentzündung, die die Ursache von Unfruchtbarkeit sein kann. Eventuell ist Hydrastis mit Kalium bichromicum zu kombinieren.

Hydrastis D4, 3 x täglich 1 Dosis, 3 Wochen lang.

Kalium bichromicum

Kalium bichromicum wird unter anderem bei Schleimhautentzündungen mit sehr zähen, eitrigen Absonderungen angewandt. Das Mittel läßt den zähen Eiter abfließen, wodurch bei einer Gebärmutterentzündung der Gebärmutterinhalt leichter entleert wird.

Kalium bichronicum D6, 3 x täglich 1 Dosis, 3 Wochen lang.

Kalium jodatum

Kalium jodatum fördert die Heilung der leicht entzündeten Gebärmutterschleimhaut der älteren Hündin. Kalium jodatum kann gut mit Echinacea angustifolia kombiniert werden. Vor allem dann, wenn eine leichte Gebärmutterschleimhautentzündung die Ursache für Unfruchtbarkeit ist, sollte man diese Kombination in den ersten 14 Tagen der Hitze anwenden.

Kalium jodatum D3, 3 x täglich 1 Dosis, 10–14 Tage lang.

Lachesis

Lachesis ist in der Homöopathie das Mittel der Wahl, wenn aus absterbendem Gewebe und Bakterien Giftstoffe gebildet werden. Diese Toxine schädigen zusammen mit den Bakterien selbst den Körper, insbesondere die Nieren. Die Körpertemperatur ist leicht erhöht, manchmal besteht Fieber. Der Tierarzt kann eine Lachesis-Injektion geben; die Heilung wird insbesondere dadurch gefördert, daß ein kräftiger Ausfluß in Gang kommt. Lachesis kann auch oral verabreicht werden. Es läßt sich gut mit Pyrogenium kombinieren (siehe das Kapitel *Entzündungen allgemein*).

Lachesis D12, 2 x täglich 1 Dosis, 1–3 Wochen lang.

Pulsatilla

Pulsatilla regt die Durchblutung der Gebärmutter an und beschleunigt die Heilung der Gebärmutterschleimhaut. Das Pulsatilla-Bild liegt irgendwie in der Mitte zwischen akut und chronisch. Zu Pulsatilla paßt eine Gebärmutterentzündung mit gleichzeitiger Entzündung der Vagina bei einer jüngeren Hündin, vor allem mit schleimig-eitrigem Ausfluß. Die Läufigkeit tritt vielfach zu spät ein (ein Zyklus von 7–9 Monaten) und ist wenig ausgeprägt. Die erste Läufigkeit wird meist ausgelassen. Bereits im jugendlichen Alter noch vor der ersten Läufigkeit kann eitriger Ausfluß auftreten. Beim Decken ist die Hündin ängstlich und unsicher und will nicht stehen. Siehe auch die Beschreibung des Pulsatilla-Typs im Kapitel *Homöopathische Typen und Verhalten.*

Pulsatilla D6, 3 x täglich 1 Dosis, 3 Wochen lang. Eventuell bei einem Pulsatilla-Typ eine höhere Potenz. Bei einer gesunden Hündin (kein Pulsatilla-Typ) mit einem leicht eitrigen Ausfluß kann es notwendig sein, Pulsatilla in D3 zu geben, 3 x täglich 1 Dosis, 3 Wochen lang (es besteht die Möglichkeit, daß die Hündin dann läufig wird).

Sabina

Sabina stimuliert die Durchblutung der Gebärmutterwand, wodurch sich diese kräftiger zusammenzieht und der Gebärmutterinhalt (Welpen, Nachgeburten; Eiter und Blut bei einer chronischen Entzündung) schneller und gründlicher ausgetrieben wird. Siehe auch Caulophyllum.

Sabina D4, zunächst 3 x 1 Dosis in Abständen von 1 Stunde (während oder unmittelbar nach der Geburt), anschließend 3 x täglich 1 Dosis, 1–3 Wochen lang. Wenn der Patient bei einer chronischen Gebärmutterentzündung schwer krank ist, weil Giftstoffe aus dem Gebärmutterinhalt in das Blut gelangt sind, was unter anderem die Nieren stark belastet, kann eine D4 zu stark sein. Bei diesen Patienten nimmt der Tierarzt besser eine D8, 2 x täglich 1 Dosis, 1–3 Wochen lang. Nach Ansicht einiger Tierärzte ist eine D6 in allen Fällen sicher.

Secale cornutum

Secale cornutum fördert die Zusammenziehung der Gebärmutter und kann dadurch die Wirkung von Sabina verstärken. (Bei einer Kombination mit Secale cornutum darf Sabina nicht tiefer als in D6 gegeben werden). Secale hat außerdem blutstillende Wirkung und kann bei kleineren Gebärmutterblutungen eingesetzt werden.

Secale cornutum D3, 3 x täglich 1 Dosis, 3 Wochen lang.

Sepia

Sepia ist mehr das Mittel für eine chronische Gebärmutterentzündung bei einer älteren Hündin. Der Ausfluß ist rotbraun und stinkt. Die Vaginawand kann schlaff sein, was sich manchmal in einem Vorfall oder Prolaps äußert (dem Aussacken eines Teiles der Vaginawand, der als rosarote Kugel in der Scheidenöffnung sichtbar wird). Das Temperament des Sepia-Typs ist reizbar und aggressiv, manchmal sogar gegenüber der eigenen Familie; diesen unerfreulichen Zug hat der Sepia-Typ immer, auch wenn er gesund ist (siehe hierzu das Kapitel *Homöopathische Typen und Verhalten*).

Sepia D6, 3 x täglich 1 Dosis, 3 Wochen lang. Eventuell eine höhere Potenz.

Gebärmutterblutungen

Es versteht sich von selbst, daß bei einem zu starken Blutverlust – mehr als bei einer ausgeprägten Hitze – sofort der Tierarzt zu verständigen ist. Wenn der Hund über einen längeren Zeitraum kleine Mengen Blut verliert, ist damit zu rechnen, daß kleine, leicht blutende Geschwüre in der Vagina vorhanden sein können, die längst nicht immer bösartig sein müssen. Diese Geschwüre kann nur Ihr Tierarzt feststellen. Wenn also die homöopathische Behandlung einer Gebärmutterblutung nicht anschlägt, ist eine Klärung nötig.

Gebärmutterblutungen findet man am häufigsten nach der Geburt, manchmal noch einige Wochen danach, weil die »Plazenta-Stellen« nicht heilen wollen, und bei älteren Hündinnen, die zu lange läufig bleiben. Die Hündin ist ansonsten gesund; der Ausfluß besteht aus wäßrigem, dunklem Blut, das nicht auffällig riecht. In jedem Fall zum Tierarzt gehen, wenn:

- zuviel Blut aus der Vagina fließt;
- sich in frisch ausgeflossenem Blut Blutgerinnsel finden;
- nach einer Woche noch keine Besserung eingetreten ist.

Cimicifuga

Cimicifuga ist vor allem bei zu langer Läufigkeit angezeigt. Manche Hündinnen bluten länger als 2–3 Wochen aufgrund einer Störung in den Eierstöcken. Cimicifuga wirkt auf der hormonellen Ebene.

Cimicifuga D3, 3 x täglich 1 Dosis, 3 Wochen lang.

Hamamelis

Hamamelis ist zusammen mit Millefolium ein Allgemeinmittel bei Schleimhautblutungen.

Hamamelis D3 und Millefolium D6, jeweils 3 x täglich 1 Dosis, 3 Wochen lang.

Millefolium
Siehe Hamamelis

Secale cornutum
Secale cornutum ist wie Ustilago maydis bei kleineren Gebärmutterblutungen angezeigt. Durch eine Zusammenziehung der Gebärmutterwand werden diese Blutungen gestoppt.
Secale cornutum D3, 3 x täglich 1 Dosis, 3 Wochen lang.

Ustilago maydis
Ustilago maydis wirkt blutstillend bei kleineren Blutungen in einer schlecht zurückgebildeten Gebärmutter.
Ustilago maydis D3, 3 x täglich 1 Dosis, 3 Wochen lang.

Milchmangel bei der säugenden Hündin

Nach einem Kaiserschnitt, nach einer Frühgeburt, während und nach einer Milchdrüsenentzündung, gelegentlich auch nach einer normalen Geburt kann die Hundemutter zu wenig oder keine Milch haben, auch wenn das Gesäuge normal entwickelt ist. Die Welpen magern ab, haben dünne Bäuche, werden schlaffer und kälter und sind sehr unruhig.
Zunächst prüfen, ob bei der Hundemutter die Milchdrüsen ausreichend entwickelt sind. Kann sie überhaupt Milch produzieren? Als nächstes prüfen, ob der Hund ansonsten gesund ist (auf alle Fälle die Körpertemperatur messen). Liegt eine Gebärmutterentzündung vor? Eine Entzündung der Milchdrüsen? Die entsprechenden Abschnitte in diesem Kapitel lesen. Die Welpen zweimal täglich wiegen. Zu wenig Milch führt sofort zu unzureichendem Wachstum und ist daher leicht zu messen. Das Körpergewicht eines Welpen muß in der ersten Lebenswoche täglich um etwa 12 Prozent zunehmen. Bei Wachstumsstillstand muß sofort beigefüttert werden.

Hinweise für künstliche Ernährung von Welpen

Die künstliche Ernährung erfolgt mit einem Gummisauger oder einer Einmalspritze, doch ist die Ernährung per Sonde vorzuziehen, um die Möglichkeit eines Verschluckens auszuschließen, insbesondere bei neugeborenen Hunden. Lassen Sie sich vom Tierarzt anlernen. Man kann einen Muttermilchersatz geben oder selbst eine Nahrung in der folgenden Weise herstellen:

- 250 ml Vollmilch (auch Ziegenmilch)
- 1 rohes Ei
- 1 Teelöffel Zucker
- 2 Teelöffel Sahne
- 1 handelsübliches Mineral/Vitaminpräparat

Wenn die Fertigmilch zu dünn ist, diese etwas dicker machen, indem man ein rohes Ei hineinschlägt, um ein Verschlucken zu vermeiden (dies entfällt bei Sondenernährung). Ein Welpe braucht pro Tag etwa 100 ml Kunstmilch je 500 g Körpergewicht. Die Menge muß in mindestens 8 Portionen über den ganzen Tag verteilt werden. Sich genügend Zeit für das Füttern nehmen (1–2 Minuten je Welpe).

In jedem Fall zum Tierarzt gehen, wenn:
- die Milchdrüsen der Hundemutter unzureichend entwickelt sind;
- nach 3 Tagen bei der Hündin keine Besserung eingetreten ist;
- nach 1 Tag künstlicher Ernährung bei einem oder mehreren Welpen kein normales Wachstum eintritt.

Homöopathie

Nachfolgend die Beschreibungen einiger homöopathischer Mittel, die bei Milchmangel eingesetzt werden können.

Agnus castus

Agnus castus wirkt als Urtinktur anregend auf die Milchproduktion. Der Agnus-castus-Hund kann etwas schwermütig und apathisch sein.

Agnus castus D1 Ø, 4 x täglich 1 Dosis, 7 Tage lang.

Alfalfa

Auch Alfalfa wirkt stimulierend auf die Milchproduktion.

Alfalfa D1, 4 x täglich 1 Dosis, 7 Tage lang.

Asa foetida

Die junge Mutter ist nervös, unruhig, etwas hysterisch, weiß nicht recht, was sie mit den Welpen anfangen soll, und produziert keine oder zuwenig Milch: Dies ist das Bild von Asa foetida. Das Mittel reguliert die Milchproduktion – wenn zu wenig vorhanden ist, stimuliert es, wenn zu viel vorhanden ist, wie zum Beispiel bei Scheinschwangerschaft, hemmt es.

Asa foetida D6, 3 x täglich 1 Dosis, 7 Tage lang.

Chamomilla

Es hat fast den Anschein, als ob die etwas reizbare Hündin die Milch zurückzieht, sobald die Welpen saugen wollen: Solange sie nicht trinken wollen, fließt die Milch heraus – aber die Welpen bekommen nichts.

Chamomilla D6, 3 x täglich 1 Dosis, 7 Tage lang.

Phytolacca

Das Mittel soll die Entwicklung der Milchdrüsen anregen. Meist weiß man freilich nicht von vornherein, ob die Milchdrüsen um die Zeit der Niederkunft unzureichend entwickelt sind. Es empfiehlt sich, dieses Mittel nach dem Absetzen zu geben, wenn es zu Knotenbildung (chronisch entzündete Teile des Milchdrüsengewebes) kommt.

Phytolacca D3, 3 x täglich 1 Dosis, 7–14 Tage lang, vor der Geburt. Eventuell zur Sicherheit bei Hündinnen, die zum ersten Mal werfen. Eventuell nach dem Entwöhnen.

Urtica

Die Brennessel wirkt in der Urtinktur anregend auf die Milchproduktion. Es ist das Routinemittel, wenn zu wenig Symptome vorhanden sind, um eine gezieltere Mittelwahl treffen zu können. In einer D6 kann Urtica die Milchproduktion hemmen.

Urtica Ø, 4 x täglich 1 Dosis, 7 Tage lang.

Verzögerte Geburt

Zu einem guten Verlauf der Geburt gehört nicht nur, daß alle Welpen schnell und gesund zur Welt kommen, sondern auch, daß Mutterkuchen, die Reste der Eihäute und Fruchtwasser gut ausgetrieben werden. Damit befreit sich der Körper von einer wesentlichen Infektionsquelle. Eine gute Geburt bedeutet also, daß das Risiko einer Gebärmutterentzündung bereits deutlich geringer ist. Man achte darauf, daß alle Plazenten ausgetrieben werden. Zu jedem Welpen gehört eine eigene Plazenta. Nicht immer kommt die Plazenta unmittelbar nach dem zugehörigen Welpen.

Eine Geburt gilt als verzögert, wenn

- eine Hündin mehr als 10–15 Minuten erfolglos preßt. Dann liegt der Welpe verkehrt oder ist zu groß. Es ist sofort ein Tierarzt zu rufen.
- eine Hündin nicht oder kaum preßt, während das klare, etwas blutige, aber noch nicht grüne Fruchtwasser schon vor einer Stunde abgegangen ist. Dies kann auf eine Wehenschwäche und eine ungenügende Eröffnung des Gebärmuttermundes hinweisen. In diesem Fall ist es erlaubt, mit Caulophyllum (eventuell in Kombination mit Sabina) zu beginnen.
- eine Hündin 1 Stunde nach dem bis dahin letzten Welpen keinen Welpen mehr zur Welt gebracht hat und nicht preßt (nach dem Erstgeborenen ist ein grüner Ausfluß während der Geburt normal). In diesem Fall ist es ebenfalls erlaubt, mit Caulophyllum (eventuell in Kombination mit Sabina) zu beginnen.

Außerdem den Tierarzt rufen, wenn:

- die Geburt am 65. Tag noch nicht in Gang gekommen ist (eine Hündin trägt etwa 63 Tage);
- vor der Geburt des ersten Welpen grüner Ausfluß auftritt;

- 1 Stunde nach dem Verabreichen von Caulophyllum D4 (eventuell im Kombination mit Sabina D4) noch kein Welpe geboren ist.

Homöopathie

Nachfolgend die Beschreibung einer Reihe homöopathischer Arzneimittel, die bei einer verzögerten Geburt eingesetzt werden können.

Caulophyllum
Caulophyllum unterstützt die Wehen und bewirkt eine bessere Eröffnung des Gebärmuttermundes. Zusammen mit Sabina kann Caulophyllum die Geburt und Austreibung von Nachgeburten und Fruchtwasser beschleunigen.
Caulophyllum D4 und Sabina D4, jeweils 3 x 1 Dosis im Abstand von 1 Stunde. Danach ist während der Geburt manchmal stündlich eine weitere Gabe nötig. Wenn Caulophyllum während der Geburt angewandt wird, keine tiefere Potenz als die D4 verwenden.

Gelsemium
Gelsemium ist ein Antizipationsmittel, daß heißt, die Hündin leidet unter Erwartungsspannung bzw. -angst. So können unter dem Einfluß psychischer Faktoren schlechte Eröffnung und Venenschwäche auftreten.
Gelsemium D6, anfänglich (unmittelbar vor und während der Geburt) 3 x 1 Dosis in Abständen von 1 Stunde, anschließend 3 x täglich 7 Tage lang 1 Dosis.

Sabina
Siehe Caulophyllum.

Läufigkeit – Deckung – Trächtigkeit

Der Geschlechtstrieb wird durch Hormone gesteuert. Hierzu sind einige Kenntnisse erforderlich, um die richtige Vorstellung von den homöopathischen Behandlungsempfehlungen zu bekommen.
Am Fortpflanzungsgeschehen des weiblichen Hundes sind im wesentlichen drei Organe beteiligt: In der Bauchhöhle liegen die Eierstöcke (von denen der Hund zwei hat) und die Gebärmutter; im Gehirn hat die Hypophyse ihren Sitz, die »Steuerzentrale« des Hormonhaushalts.
Kurz vor der Hitze produziert die Hypophyse das »follikelstimulierende Hormon« (FSH) und schickt es über das Blut zu den Eierstöcken. FSH stimuliert, wie das Wort sagt, in den Eierstöcken das Wachstum von Follikeln (Bläschen). Die größer werdenden Follikel nehmen Flüssigkeit auf, in der eine Eizelle zur Entwicklung gelangt. Nach und nach wird im Follikel immer mehr Östrogen gebildet (das Wort bedeutet »brunsterregend«). Wenn der Follikel groß genug ist und genügend Östrogen in das Blut ausschüttet, treten die Hitzeerscheinungen auf.
Auch die Hypophyse registriert, daß die Östrogenmenge im Blut gestiegen ist. Als Reaktion vermindert die Hypophyse die Produktion von FSH und schickt ein zweites Hormon ins Blut, unter dessen Einfluß der Follikel so weit reift, daß er platzt und die Eizelle frei wird. Dieses zweite Hypophysenhormon sorgt auch dafür, daß der Platz des geplatzten Follikels mit Gewebe ausgefüllt wird, dem Corpus luteum oder Gelbkörper, der das Schwangerschaftshormon Progesteron erzeugt. Solange der Gelbkörper vorhanden ist und Progesteron erzeugt wird, »weiß« die Hypophyse, daß sie kein FSH produzieren darf, so daß keine Follikel wachsen, kein Östrogen ins Blut gelangt und die Hündin damit auch nicht läufig wird. Progesteron hält die Gebärmutter geschlossen, und die Früchte können sich ungestört entwickeln.

Dieses Hormon wird gelegentlich auch gespritzt, um die Hitze zu unterdrücken. Östrogen würde die Hitze einleiten, die Gebärmutter öffnen und die Früchte austreiben.
Wenn die Eizelle nach dem Platzen des reifen Follikels in den Eileiter gelangt, kann sie dort befruchtet werden. Wenn dies nicht geschieht, geht mit der Eizelle auch der Gelbkörper zugrunde. Gelegentlich bleibt der Gelbkörper etwas zu lange bestehen; in einem solchen Fall wird die Hündin scheinträchtig. Wenn es zu einer Befruchtung kommt, wandert die befruchtete Eizelle zwischen dem 3. und dem 7. Tag nach der Befruchtung in die Gebärmutter. Diese ist unter dem Einfluß des Progesterons inzwischen darauf vorbereitet, daß sich die Eizelle in die Gebärmutterschleimhaut einnisten kann; dabei ist eine gute Verbindung zwischen Gebärmutterschleimhaut und befruchteter Eizelle für deren Ernährung sehr wichtig.
Um die Zeit, in der die Früchte ausgetragen sind, »signalisiert« der Mutterkuchen, daß das Progesteron erzeugende Körperchen seine Aufgabe erfüllt hat, und daß die Geburt beginnen kann. Wenn in der Gebärmutter zu wenig Welpen vorhanden sind (bei kleinen Rassen und weniger als drei Welpen), kann das Signal zu schwach sein, um die Geburt in Gang zu bringen.
Die wichtigsten Ursachen für die Unfruchtbarkeit der Hündin, die normal läufig wird, sind:

- kein oder ein viel zu später Eisprung: es ist keine Eizelle vorhanden, die befruchtet werden kann;
- leichte Gebärmutter(schleimhaut)entzündung: die befruchtete Eizelle nistet sich nicht ein.

In der Praxis ist es nicht einfach, die genaue Ursache festzustellen. Deshalb richtet sich die Behandlung zur Sicherheit auf beide Ursachen. Für die Behandlung einer leichten Gebärmutterentzündung verweise ich auf den Abschnitt Gebärmutterentzündung in diesem Kapitel.

Homöopathie

Nachfolgend die Beschreibungen einiger homöopathischer Mittel, die bei Problemen mit der Läufigkeit, dem Decken oder der Schwangerschaft eingesetzt werden können.

Cimicifuga

Für Cimicifuga gilt wie für Pulsatilla, daß es bei Jungtieren, die noch gar keine Hormontätigkeit haben können, und bei Tieren, die sich in der Ruhepause des Zyklus befinden, wirkungslos ist. Bei beiden Mitteln muß die Follikelentwicklung außerdem in einem bestimmten Stadium sein: Vereinfacht ausgedrückt, kommt die Cimicifuga-Phase nach der Pulsatilla-Phase, wobei erstere die letztere etwas überschneidet. Cimicifuga kann daher sowohl die Follikelentwicklung anregen (wenn auch erst in einem etwas späteren Stadium) und einen Eisprung und die Bildung des Gelbkörpers begünstigen. Pulsatilla paßt mehr in den Wirkungsbereich des ersten Hypophysenhormons (FSH), Cimicifuga mehr in denjenigen des zweiten. Cimicifuga wird gegeben, sobald unter der Wirkung von Pulsatilla eine Läufigkeit eintritt, oder wenn es nach drei Wochen Pulsatilla noch zu keiner Läufigkeit gekommen ist.
Cimicifuga D3, 3 x täglich 1 Dosis, 3 Wochen lang.

Pulsatilla

Die genaue Wirkung von Pulsatilla auf den Hormonhaushalt ist nicht bekannt. Klar ist jedenfalls, daß Pulsatilla die Follikelentwicklung so weit anregen kann, daß es zu einer Läufigkeit kommt. Pulsatilla kann eine noch nicht geschlechtsreife Hündin nicht läufig machen, wie dies auch nicht bei einer Hündin gelingt, die sich in der Ruhepause des Zyklus befindet. Eine Hündin vier Monate nach der Läufigkeit mit Pulsatilla wieder läufig zu machen, wird also nicht gelingen; andererseits besteht eine gute

Chance, daß eine Hündin, die etwas über der Zeit ist, weil die Follikelentwicklung gerade an einem Punkt aufhört, an dem sich die Läufigkeit nicht durchsetzen kann, mit Pulsatilla läufig wird. Merkmale für einen Pulsatilla-Patienten sind weiterhin: die Läufigkeit ist in der Regel zu spät, meist dauert der Zyklus 7–9 Monate; die Läufigkeit ist nicht sehr ausgeprägt; die Hündin blutet kurz und wenig und ist für Rüden nicht besonders attraktiv; sie will nicht gedeckt werden, ist unsicher und ängstlich; wenn sie dann steht, muß man damit rechnen, daß sie schlecht aufnimmt; häufig will sie erst spät in der Läufigkeit stehen (der Eisprung ist vielfach verzögert).
Bei einem Pulsatilla-Typ besteht eine erhöhte Neigung zu Vagina- und/oder Gebärmutterentzündungen. Dies kann ein Grund für die Unfruchtbarkeit des Hundes sein (läufig, aber keine Schwangerschaft). Man lese auch die Beschreibung des Pulsatilla-Typs im Kapitel *Homöopathische Typen und Verhalten.* Pulsatilla läßt sich gut mit Aristolochia clematitis zur Anregung der Follikelreifung kombinieren.
Pulsatilla D3, 3 x täglich 1 Dosis, 3 Wochen lang. Innerhalb dieser Frist muß Läufigkeit eintreten; andernfalls mit Cimicifuga D3 fortfahren. Zur Beschleunigung der Follikelentwicklung kann man Pulsatilla mit Aristolochia clematitis D12 kombinieren, 2 x täglich 1 Dosis, ebenfalls 3 Wochen lang.
Es empfiehlt sich, in den ersten 7–10 Tagen der Läufigkeit Echinacea angustifolia Ø (sowie Kalium jodatum D3 bei älteren Hündinnen) zu geben, 3 x täglich jeweils 1 Dosis; durch eine Steigerung der Abwehrkraft kann man Infektionen ausschalten, die eine Empfängnis behindern können. Kalium jodatum begünstigt die Heilung der leicht entzündeten Gebärmutterschleimhaut der älteren Hündin.

Aus der Praxis ...

Tessa war eine blonde Labrador-Retriever-Hündin von etwas über drei Jahren. Ihr Besitzer sagte mir, daß er sich Sorgen wegen ihr machte. Sie war eine vielversprechende Zuchthündin, aber es gelang nicht, von ihr einen Wurf zu bekommen.
Es gab eigentlich schon von Anfang an Probleme mit Tessa: Sie war sehr spät zum ersten Mal läufig, nämlich erst mit 15–16 Monaten. Zunächst schien noch alles gutzugehen, denn nach weiteren 8 Monaten war sie spontan zum zweiten Mal läufig, 2 Monate später als normal, und dies war ja noch kein Grund zur Beunruhigung. Während dieser zweiten Läufigkeit wurde sie gedeckt, sie nahm jedoch nicht auf. Der Vollständigkeit halber ist anzumerken, daß derselbe Rüde um diese Zeit noch eine zweite Hündin deckte, die ebenfalls nicht schwanger wurde.

Zu der Zeit, als der Besitzer von Tessa um meinen ärztlichen Rat bat, war es schon wieder 15–16 Monate her, daß sie (zum zweiten Mal) läufig gewesen war. Das späte Alter, zu dem sie zum ersten Mal läufig wurde, und die langen Zeiträume zwischen den Läufigkeiten wiesen auf Pulsatilla hin. Als Therapie wurde Pulsatilla D3 verordnet, 3 x täglich 5 Tropfen. Innerhalb von zwei Tagen war der Hund läufig; die Therapie wurde bis zum 8. Tag der Läufigkeit fortgesetzt. Anschließend bekam sie noch 10 Tage Aristolochia D6, ebenfalls ein Mittel, das zu Läufigkeitsstörungen paßt. Tessa war um diese Zeit bereits bei dem Rüden untergebracht, wollte sich aber nicht decken lassen.

Etwa 6–7 Monate nach dieser (dritten) Läufigkeit schlug der Besitzer vor, nochmals mit Pulsatilla D3 die Läufigkeit anzuregen. Drei Wochen lang bekam Tessa Pulsatilla D3, 3 x täglich 5 Tropfen, aber sie wurde nicht läufig. Was nun?

Einigermaßen verzweifelt griffen wir zu einer Hormonbehandlung, täglich 1 Spritze, 10 Tage lang. Das gespritzte Hormon sollte die Entwicklung der Eizellen anregen, das heißt nicht nur eine Läufigkeit zustande bringen, sondern auch eine fruchtbare Läufigkeit. Tessa wurde nicht läufig.

Auf Anraten eines Gynäkologen wurde dasselbe Hormon nach einer Pause von 4 Tagen in der vierfachen Dosis nochmals 10 Tage lang gespritzt. Resultat: gleich Null.

An diesem Punkt wurde es Zeit, sich in die homöopathische Literatur zu vertiefen. Mit Pulsatilla D3 ist es nicht möglich, zu einem beliebigen Zeitpunkt die Läufigkeit anzuregen. Der Zyklus, der Eierstock muß in einer bestimmten Phase stehen. Wenn die Entwicklung in einem bestimmten Stadium stagniert, zum Beispiel zu einem Zeitpunkt, zu dem der Eisprung noch nicht stattgefunden hat, dann ist Pulsatilla D3 vermutlich nicht in der Lage, hieran etwas zu ändern; dagegen kann Cimicifuga D3 durchaus hilfreich sein. Man nimmt an, daß Cimicifuga D3 nicht nur die letzte Reifungsphase und den Einsprung, sondern auch die Bildung eines »Schwangerschaftskörperchens« im Eierstock anregt, das heißt eine größere Gewähr für eine wirkliche Schwangerschaft bietet. Etwa vier Wochen nach der letzten Hormonbehandlung begannen wir mit der Anwendung von Cimicifuga D3. Nach 18 Tagen wurde Tessa läufig; 10 Tage später wurde sie problemlos gedeckt, und ein zweites Decken zwei Tage später verlief ebenfalls einwandfrei.

Zwischen dem 62. und 64. Tag wurden sechs gesunde Welpen geboren, die beiden letzten mit Kaiserschnitt. Man darf annehmen, daß bei Tessa der Eierstock auf Cimicifuga D3 ansprach, nachdem Pulsatilla D3 die »Vorarbeit« geleistet hatte. Während ich dies schrieb, begann es mich zu interessieren, wie es mit Tessa weiterging. Deshalb rief ich kurz an. Tessa ist jetzt 11 Jahre alt, und nach dem ersten Wurf wurde sie mit schöner Regelmäßigkeit alle 7 Monate läufig. Nachdem sie in ihrem Leben 31 gesunde Welpen zur Welt gebracht hat, ist sie inszwischen vielfache Großmutter und befindet sich seit zwei Jahren im verdienten »Ruhestand«.

Sepia

Die Funktion der Eierstöcke ist schwach. Die Läufigkeit spät und wenig intensiv. Typisch für Sepia ist der heftige und aggressive Widerstand gegen eine Deckung. Der Sepia-Typ kann überhaupt recht aggressiv reagieren, auch gegenüber den eigenen Hausgenossen. Im Gegensatz zum Pulsatilla-Hund will er in Ruhe gelassen werden und kann auch recht gut allein sein. Sepia dürfte günstig wirken bei möglichen Verklebungen im Bereich der Eileiter, die für eine Sterilität verantwortlich sein können. Die Verwachsungen können nach einer Bauchoperation entstehen. Vor allem Silicea D6 und Graphites D6 sind ein bekanntes »Duo« zur Behandlung von Verklebungen nach Operationen. Ebenfalls zum Arzneimittelbild von Sepia paßt eine Gebärmutterentzündung, die für eine Unfruchtbarkeit ursächlich sein kann.

Sepia D6, 3 x täglich 1 Dosis, 3 Wochen lang. Auch bei Sepia kann Echinacea angustifolia Ø (und Kalium jodatum D3 bei älteren Hündinnen), jeweils 3 x täglich 1 Dosis 7–10 Tage lang, die körpereigene Abwehr unterstützen und Infektionen, die empfängnisverhindernd sein können, ausschalten. Kalium jodatum fördert die Heilung der leicht entzündeten Gebärmutterschleimhaut der älteren Hündin.

Nymphomanie

Nymphomanie oder abnormal gesteigerter Geschlechtstrieb bei der Hündin ist nicht sehr häufig. Es besteht eine fortwährende Hitze (nicht nur bezüglich der Absonderungen, sondern auch bezüglich des Verhaltens) mit ständiger Attraktivität für Rüden. Die Hündin neigt zum Weglaufen. Die Ursache ist, daß die Follikel sich reichlich entwickeln und Östrogen erzeugen, während kein Eisprung erfolgt. Die Hündinnen werden in der Regel nicht schwanger (kein Eisprung, daher auch keine zu befruchtende Eizelle, keine Bildung eines Gelbkörperchens, und die Gebärmutter ist nicht für die Einnistung einer Eizelle vorbereitet).

Apis mellifica

Wenn die Follikel nicht springen wollen und Anzeichen einer Nymphomanie vorliegen, kann Apis mit Cimicifuga einen Eisprung zustande bringen.
Apis mellifica D3 und Cimicifuga D3, 3 x täglich jeweils 1 Dosis, 3 Wochen lang.

Aurum metallicum

Nymphomanie bei einer Hündin mit einem etwas bösartigen und dominanten Charakter. Aurum metallicum beeinflußt nur das Verhalten; die Störungen in den Eierstöcken müssen mit Cimicifuga und Apis mellifica behandelt werden.
Aurum metallicum D30, 1 x täglich 1 Dosis, 3 Wochen lang.

Murex purpureus

Murex purpureus gilt als das Routinemittel bei Nymphomanie. Auch dieses Mittel beeinflußt nur das Verhalten; die Störungen in den Eierstöcken müssen mit Cimicifuga und Apis mellifica behandelt werden.
Murex purpureus D30, 1 x täglich 1 Dosis, 1–3 Wochen lang.

Platinum

Nymphomanie in Verbindung mit Stolz und Hochmut. Beeinflußt nur das Verhalten.

Der Tierarzt könnte etwa folgendes verordnen: Platinum D200, 1 x wöchentlich 1 Dosis, 3 Wochen lang.

Scheinträchtigkeit

Scheinträchtigkeit bei einer Hündin ist keine wirkliche Krankheit, wenn sie auch für den Besitzer und den Hund selbst mit recht lästigen Erscheinungen verbunden sein kann. In der Natur hat die Scheinträchtigkeit sogar eine ganz sinnvolle Funktion: Die nicht trächtigen Schwestern einer Hündin, die vom Anführer des Rudels schwanger ist, können durch ihre Scheinträchtigkeit, die auch zu einer vollwertigen Milchproduktion führt, als Ammen auftreten, um die Welpen großzuziehen.
Im Haus führt meist nicht die Scheinträchtigkeit selbst zu Problemen, sondern die Milchproduktion und das Verhalten in dem Zeitraum, in dem die befruchtete Hündin ihre Welpen werfen und säugen würde. Dies ist etwa 8–9 Wochen nach der fruchtbaren Zeit (9.–13. Tag) der Läufigkeit der Fall; Scheinträchtigkeit tritt also meist etwa zwischen der 9. und 11. Woche nach dem ersten Tag der Hitze auf. Neben der unerwünschten Milchproduktion und den Verhaltensabweichungen ist der dritte Grund für eine Behandlung der, daß eine regelmäßig scheinträchtige Hündin nach der Scheinträchtigkeit, in der Scheinstillperiode, im Gesäuge Knoten entwickeln kann. Freilich müssen nicht alle Hunde mit einer Scheinschwangerschaft behandelt werden. Sehr oft geht alles ohne weitere Folgen wieder vorbei, und man braucht nichts zu unternehmen. Wenn aber eine Behandlung notwendig werden sollte, entscheiden wir uns zunächst für die Homöopathie. Bei unbefriedigenden Ergebnissen ist möglicherweise eine Hormonbehandlung zu empfehlen. In Ausnahmefällen ist eine Sterilisation (Entfernung der Gebärmutter und der Eierstöcke) notwendig. Ablenkung und Bewegung sind wichtige unterstützende Maßnahmen bei der Behandlung. Man kann den Hund auch auf magere Kost setzen, doch muß man ihn immer nach Bedürfnis trinken lassen.
Wenn man herausgefunden hat, welches homöopathische Arz-

neimittel bei einer scheinträchtigen Hündin hilft, kann man dieses auch vorbeugend anwenden. Man beginnt ca. zwei Wochen vor der zu erwartenden Scheinschwangerschaft und gibt es insgesamt etwa 4 Wochen lang.

Asa foetida

Asa foetida ist angezeigt, wenn der scheinträchtige Hund sehr unruhig ist, winselt und jault, übertrieben mit dem Nestbau beschäftigt ist und allerlei Dinge (Pantoffel usw.) als Welpen adoptiert. Der Hund läuft den ganzen Tag um dem Besitzer herum, wirkt hysterisch und macht den Besitzer ganz verrückt. Die Läufigkeit ist viel zu früh, das heißt der Zyklus zu kurz.

Besserung tritt im Freien an der frischen Luft auf. Der Asa-foetida-Hund ist auch dann, wenn er nicht läufig ist, für Rüden attraktiv und hitzig. Der Hund läßt sich nicht gerne anfassen.

Eventuell kann man Asa foetida mit Avena sativa oder Passiflora incarnata kombinieren (siehe das Kapitel *Homöopathische Typen und Verhalten*).

Asa foetida D4, 3 x täglich 1 Dosis, 7–14 Tage lang. Innerhalb weniger Tage wird bereits eine deutliche Besserung des Verhaltens feststellbar sein.

Ignatia

Reizbar und aggressiv, während der Hund normalerweise sehr lieb ist. Ungehorsam, während der Hund normalerweise aufs Wort gehorcht. Greift urplötzlich an, während er dies sonst niemals tut. Will in Ruhe gelassen werden (introvertierter Hund mit stillem Kummer). Manchmal epilepsieähnliche Anfälle, vor allem nach Strafe. Leckgranulom und Hautbeschwerden. Scheinträchtigkeit mit geringer oder fehlender Schwellung der Milchdrüsen und keine oder nur geringfügige Absonderung aus den Warzen (keine Milch). Der Ignatia-Hund ist im Gegensatz zum Pulsatilla-Hund völlig ungeeignet als Amme. Der Zyklus ist beim

Ignatia-Hund noch länger als beim Pulsatilla-Hund: 1 Jahr, oder der Hund wird überhaupt nie läufig.
Ignatia D30, 1 x täglich 1 Dosis, 3 Wochen lang. Eventuell in Absprache mit dem Tierarzt eine höhere Potenz.

Phytolacca
Phytolacca kann bei beginnenden Verhärtungen des Milchdrüsengewebes gegeben werden. Solche Knoten im Gesäuge entwickeln sich später meist als entzündete Bereiche des Milchdrüsengewebes mit Exsudat in den kleinen Milchdrüsenkammern. Die besten Wirkungen erzielt man dann, wenn man Phytolacca direkt nach der Scheinträchtigkeit oder nach dem Abstillen gibt. Phytolacca eventuell mit Mercurius vivus kombinieren.
Phytolacca D3 und Mercurius vivus D4, 3 x täglich 1 Dosis, 1–3 Wochen lang.

Pulsatilla
Man lese hierzu die Beschreibung des Pulsatilla-Typs im Kapitel *Homöopathische Typen und Verhalten.* Je besser der Hund zum Mittel paßt, desto besser schlägt die Behandlung an.
Starke Depressionen, die Hündin schläft den ganzen Tag im Körbchen, wirkt todkrank. Im Freien aber spielt sie, ist aktiv und macht den Eindruck, als ob gar nichts los wäre. Der Appetit fehlt völlig, und sie trinkt nur winzige Mengen. Sie ist sehr dankbar, wenn man sie nimmt und tröstet (dies im Gegensatz zur Ignatia-Hündin).
Der Zyklus ist verzögert und dauert etwa 7–9 Monate. Die Läufigkeit ist wenig intensiv (kurz, wenig Absonderungen); sie ist für Rüden wenig attraktiv und will nicht gedeckt werden (gerät beim Decken in Panik). Häufig kommt es nach dem Decken zu keiner Schwangerschaft, weil die Pulsatilla-Hündin für Gebärmutterentzündungen anfällig ist und der Eisprung zu spät oder überhaupt nicht stattfindet. Die junge Pulsatilla-Hündin leidet

häufig schon vor der Geschlechtsreife an einem eitrigen vaginalen Ausfluß. Typisch ist Harnabgang aus Angst oder Freude (häufig auch noch bei älteren Tieren). Sie friert leicht, mag aber auch keine warmen Räume. Besserung der Beschwerden draußen an der frischen Luft. Verträgt kein Fett, bekommt davon Durchfall.
Pulsatilla D30, 1 x täglich 1 Dosis, 3 Wochen lang. Eventuell in Absprache mit dem Tierarzt eine höhere Potenz.

Salvia officinalis
Salvia officinalis kann eine übermäßige Milchproduktion bremsen. Die Verhaltensabweichungen werden davon nicht beeinflußt. Weil Scheinträchtigkeit ein primär psychisches Geschehen ist, wirkt Salvia officinalis nicht, wenn wir nichts gegen die Ursache, die Verhaltensstörung, unternehmen. Salvia officinalis kann sowohl bei Scheinschwangerschaft als auch nach dem Abstillen helfen, die Milchproduktion zu stoppen. Salvia officinalis läßt sich gut mit Urtica D6 kombinieren.
Salvia officinalis D2 (und Urtica D6), 3 x täglich jeweils 1 Dosis, 1–3 Wochen lang.

Brustdrüsenentzündung

Siehe das Kapitel *Entzündungen allgemein*.

RÜDE

Vorhautentzündung

Beim Rüden findet man häufig eitrige Absonderungen aus der Vorhaut. Ein klein wenig Eiter an der Vorhaut ist nicht abnormal. Wenn die Eitermenge störend wird – man hat regelmäßig Flecken im Haus – muß man behandelnd eingreifen. Sexuelle Reizung und Erektionen verschlimmern die Beschwerden. Die in der Regel vorgeschriebenen Spülungen der Vorhaut allein reichen nicht. Diese örtliche Behandlung bewirkt im Grunde nur eine vorübergehende Reinigung. Die innere homöopathische Behandlung bewirkt eine langfristige Besserung.
Kontakt mit (läufigen) Hündinnen und deren Duftmarken möglichst meiden. Den Hund zum Beispiel an einem anderen Platz spazierenführen.

Homöopathie

Echinacea angustifolia
Die lokale Anwendung von Echinacea angustifolia steigert die Abwehrkräfte. In Form einer Spülung entfernt sie auch die Eiteransammlungen in der Vorhaut, so daß Echinacea angustifolia die (saubere) Schleimhaut besser erreichen kann.
Äußerlich: Echinacea-angustifolia-Tinktur, 1 : 10 mit abgekochtem und auf Körpertemperatur abgekühltem Wasser verdünnen. Zum Beispiel mit einer 20-ml-Einmalspritze jeweils 2 x 1–2 x täglich über 7 Tage spülen.
Innerlich: Echinacea angustifolia, 3 x täglich 1 Dosis, 7 Tage lang.

Origanum majorana

Origanum ist das Routinemittel bei gesteigertem Geschlechtstrieb. Wenn eine individuellere Arzneimitteldiagnose gestellt und ein passendes Mittel gefunden werden kann, in dessen Arzneimittelbild ein gesteigerter Geschlechtstrieb vorhanden ist (man schlage die entsprechenden Typen im Kapitel *Homöopathische Typen und Verhalten* nach), ist diesem Mittel der Vorzug gegenüber Origanum zu geben.

Origanum D30, 1 x täglich 1 Dosis, 6–8 Wochen lang. Anschließend nach Erfordernis.

Pulsatilla

Zum Arzneimittelbild von Pulsatilla paßt eine eitrige Entzündung der Schleimhäute. Es liegt eine gelblich-eitriger Ausfluß aus der Vorhaut vor, der die Haut im Bereich der Vorhautöffnung (vergleiche Silicea; siehe auch *Entzündungen allgemein*) nicht reizt. Der Grund dafür, warum Pulsatilla meist bei einer Vorhautentzündung beim Rüden gut wirkt, ist vermutlich darin zu suchen, daß Pulsatilla auf der hormonellen Ebene angreift und deshalb das Übel an der Wurzel packt. Pulsatilla wirkt am besten mit Hepar sulfuris kombiniert.

Pulsatilla D6, 3 x täglich 1 Dosis, 3 Wochen lang. Eventuell mit Hepar sulfuris D3 kombinieren (Anwendung wie Pulsatilla).

Aus der Praxis ...

Frau van der Wey kam in die Sprechstunde, weil ihr Tarzan, ein zweijähriger Zwergpinscher-Rüde, soviel Eiter aus seiner Vorhaut verlor, daß das ganze Haus beschmutzt war: sein eigenes Körbchen, die Teppiche, die Sitzgarnitur und sogar die Tapeten waren voll mit Flecken. Frau van der Wey fand dies eklig. Und das ist es auch.
Es gibt natürlich ein einfaches Standardverfahren gegen solche Beschwerden: Man nehme einprozentiges Wasserstoffsuperoxyd oder ähnliches für eine Spülung, und der Fall ist erledigt. Freilich müssen diese Spülungen regelmäßig wiederholt werden, manchmal drei- bis viermal pro Woche, und dies nicht selten das ganze Leben lang. Das macht natürlich viel Arbeit. Außerdem ließ Tarzan diese Prozedur nur sehr ungern über sich ergehen. Schon bei der zweiten Spülung biß er wütend um sich. Tarzan war eben von Natur aus ein Typ, der in Ruhe gelassen werden wollte.

Frau van der Wey hatte für Tarzan schon homöopathische Arzneimittel ausprobiert: Hepar sulfuris D6 und Pulsatilla D6, von beidem 3 x täglich 5 Tropfen, bis die Fläschchen geleert waren. Es hatte aber nichts geholfen. »Mit Homöopathie geht es also auch nicht«, sagte Frau van der Wey. Man würde aber doch auch von der Schulmedizin nicht sagen, daß sie nicht hilft, wenn zum Beispiel ein Schmerzmittel nicht gegen eine Infektion wirkt. Man hat eben das falsche Mittel gewählt. Auch in diesem Kapitel werden nur die in der Regel anzuwendenden Mittel genannt, während manchmal nur eine individuelle Arzneimittelwahl entsprechend dem Typ wirklich Genesung bringt.
Zusammen suchten wir dann nach einem homöopathischen Mittel, das besser zu Tarzan passen würde. Damit wir dies finden konnten, brauchten wir also mehr Symptome als nur die eitrige Vorhautentzündung, aufgrund derer die Besitzerin selbst die homöopathischen Mittel ausgewählt hatte.
Außer seinem Äußeren stimmte auch das Verhalten Tarzans nicht mit dem Bild überein, das man sich von einem Tarzan macht. Er war ängstlich, aber nicht vor bestimmten Dingen. Er war schrecklich unruhig, konnte keinen Augenblick stillsitzen oder -liegen, trabte fast den ganzen Tag durch das Haus. Draußen stürmte er an der Leine voran, also ob ihm jemand auf den Fersen wäre. Manchmal zerstörte er noch Dinge im Haus, obwohl er doch schon zwei Jahre alt war. Auch hier machte er sich mit Vorliebe über die Couchgarnitur und den Teppich her.
Tarzans Interesse an Hündinnen war beeindruckend. Er hatte keine Hemmungen, sich in eine Berner Sennenhündin zu verlieben. Schlimmer noch: er gebärdete sich dabei, als ob er die größten Chancen hätte, erhört zu werden. Vielleicht war die Hoffnungslosigkeit von Tarzans Verliebtheiten auch ein wichtiger Grund für seine Unruhe und seine reizbare Laune.
Es war Frau van der Wey auch aufgefallen, daß Tarzan so schwer atmete, wenn er lag. Ich konnte an Lungen oder Herz nichts

finden, aber auch keine andere Erklärung geben. Außer einem in der Tat überreichlichen eitrigen Ausfluß aus der Vorhaut - aufgrund einer entzündeten Penisschleimhaut und Vorhaut - waren bei Tarzan keine weiteren körperlichen Abweichungen festzustellen. Die Hinweise auf die Zerstörungswut, die Reizbarkeit beim Anfassen, die Angst und Ruhelosigkeit, die Eile draußen an der Leine, das schwere Atmen im Liegen und der übermäßige Geschlechtstrieb wiesen schließlich den Weg zum richtigen Mittel für die Vorhautentzündung Tarzans. Wenn man das ganze Bild betrachtete, mußte Tarantula das passende Mittel sein.

Nach einigen Gaben Tarantula wurde Tarzan deutlich ruhiger und zerstörte nichts mehr im Haus, während die Vorhautentzündung und damit auch der lästige eitrige Ausfluß verschwunden waren. Es zeigte sich allerdings, daß Tarzan regelmäßig eine Dosis Tarantula D60 brauchte. In einer höheren Potenz wirkte das Mittel bei ihm nicht, und es gab auch keine neuen Erkenntnisse, die auf ein noch besser passendes Mittel hingewiesen hätten. »Nach Lehrbuch müßte man eigentlich einmal aufhören«, sagte ich zur Besitzerin. Sie hatte dies schon einmal kurzzeitig versucht, jedoch kamen die Probleme wieder. Sie wollte nur dann etwas länger warten, wenn ich gegebenenfalls für eine neue Couchgarnitur aufkommen würde. Ich lehnte diesen Vorschlag dankend ab, um so mehr, als Frau van der Wey einen recht teuren Geschmack hatte.

Für den Rest seines Lebens ging es also Tarzan mit einer gelegentlichen Gabe Tarantula D60 ausgezeichnet.

Impotenz

Einer der Gründe, warum es nicht zu einer Deckung kommen kann, ist Impotenz des Rüden. Die Hündin steht gut, doch fehlt dem Rüden das Interesse und/oder er bekommt keine Erektion.

Homöopathie

Die homöopathischen Mittel zur Behandlung von Impotenz sind nicht scharf gegeneinander zu differenzieren. Auch bei Impotenz gilt, daß eine individuelle Arzneimitteldiagnose dem Einsatz der nachfolgend genannten Standardmittel vorzuziehen ist, die meist nur kräftigend wirken.

Acidum phosphoricum
Übermüdeter oder überbeanspruchter, nervöser Rüde. Körperliche und nervöse Erschöpfung (siehe Arnica).
Acidum phosphoricum D6, 3 x täglich 1 Dosis, 3 Wochen lang.

Agnus castus
Agnus castus bringt den Geschlechtstrieb auf ein normales Niveau. Sowohl übermäßiger wie auch fehlender Geschlechtstrieb können mit Agnus castus behandelt werden (mit derselben Potenz!)
Agnus castus D4, 3 x täglich 1 Dosis, 3 Wochen lang.

Arnica
Arnica paßt zu körperlicher und psychischer Überlastung, insbesondere dann, wenn auch das Herz in Mitleidenschaft gezogen ist (siehe auch Acidum phosphoricum).
Arnica D30, 1 x täglich 1 Dosis, 3 Wochen lang.

Damiana

Keine Decklust. Das Mittel kann auch bei alten Rüden und Hündinnen angewandt werden, die bei Hinterhandschwäche an unwillkürlichem Harnabgang leiden.

Damiana D1, 3 x täglich 1 Dosis, 3 Wochen lang.

Ginseng

Ginseng ist ein bekanntes Tonikum.

Ginseng D2, 3 x täglich 1 Dosis, 3 Wochen lang.

Yohimbinum

Yohimbinum regt den Geschlechtstrieb an.

Yohimbinum D3, 3 x täglich 1 Dosis, 3 Wochen lang.

Unfruchtbarkeit

Obwohl die Potenz des Rüden gut ist und es zu einer Deckung kommt, wird die Hündin doch nicht schwanger. Die Ursache hierfür kann beim Rüden wie auch bei der Hündin liegen. Was den Rüden betrifft, kann der Samen von schlechter Qualität sein, so daß keine Befruchtung möglich ist. Es können zum Beispiel zu viele Samenzellen mit einer Strukturabweichung vorhanden sein, oder die Beweglichkeit der Samenzellen ist ungenügend. Lassen Sie das Sperma nach der sechswöchigen homöopathischen Behandlung erneut kontrollieren.

Homöopathie

Es gibt zwei Mittel in der Homöopathie, die regelmäßig bei Qualitätsabweichungen des Spermas Erfolg bringen; sie werden stets in Kombination verabreicht.

Cimicifuga
Das Hypophysenhormon, das bei der Hündin die Eizelle zur Reifung und Ovulation bringt, läßt beim Rüden die Samenzellen zur vollen Entwicklung kommen.
Cimicifuga greift an der Wirkungssphäre dieses sogenannten zweiten Hypophysenhormons an. Immer mit Pulsatilla kombinieren.
Cimicifuga D3, 3 x täglich 1 Dosis, 6 Wochen lang.

Pulsatilla
Pulsatilla greift an der Wirkungssphäre des ersten Hypophysenhormons an, das beim Rüden das Anfangsstadium der Entwicklung der Samenzellen stimuliert. Weil nicht feststellbar ist, auf welche Phase der Entwicklung die Störung der Spermaqualität

zurückzuführen ist, gibt man Cimicifuga und Pulsatilla stets zusammen.
Pulsatilla D3, 3 x täglich 1 Dosis, 6 Wochen lang.

Hodenhochstand

Meist sind bei den kleinen Rüden die beiden Hoden bereits in den Hodensack abgestiegen, bevor die Tiere im Alter von etwa 8 Wochen das Nest verlassen. Man braucht allerdings etwas Erfahrung, um dies sicher feststellen zu können. Manchmal bleibt ein Hoden oder beide in der Bauchhöhle, im Leistenkanal oder in der Leiste zurück. Wenn die Hoden im Alter von 6 bis 8 Monaten noch nicht in den Hodensack eingewandert sind, liegt ein Monorchismus bzw. Kryptorchismus vor. Die Abweichung ist erblich, so daß solche Rüden von der Zucht ausgeschlossen werden. Ein nicht vollständig abgestiegener Hoden ist für Tumore anfälliger, die sich meist erst im höheren Lebensalter entwickeln (nach etwa 6–7 Jahren).

Es ist sehr zu bezweifeln, ob eine Hormontherapie wirksam ist. Wenn es überhaupt zu einem Abstieg des Hodens kommt, ist noch die Frage, ob dies nicht ohne Behandlung auch gelungen wäre. Von einer Hormonbehandlung wird in aller Regel wegen der vielen Fehlschläge und der möglichen Nebenwirkungen auf den gerade erst entwickelten Hormonhaushalt des jungen Tiers abgeraten. Man sollte es mit einer homöopathischen Behandlung versuchen. Diese hat keine Nebenwirkungen, jedoch ist auch hier der Erfolg sehr zweifelhaft.

In Fällen, in denen ein Hodenhochstand vorliegt, versuche man Cimicifuga D3 und Pulsatilla D3, 3 x täglich jeweils 1 Dosis, 6 Wochen lang, im Alter von 3 bis 6 Monaten.

Oder: Clematis D3, 2 x täglich 1 Dosis, 4 Wochen lang.

Maul, Hals und Verdauung

Repertorium Maul-, Hals- und Verdauungsprobleme

Dies ist eine globale Übersicht. Genauere Anweisungen findet man bei den Beschreibungen der einzelnen homöopathischen Heilmittel.

Beschwerden	*Indikationen*	*Arzneimittel*
Bandwurm		Cuprum oxydatum nigrum
Blähungen, Aufstoßen		Aloe, Carbo vegetabilis, China, Lycopodium
Chronischer Durchfall	bei einem alten Hund	Sulfur
Durchfall	bei Dickdarmproblemen	Aloe, Ignatia, Lycopodium, Mercurius corrosivus, Mercurius vivus, Nux vomica, Rheum
Entzündung der Mundschleimhaut		Calendula, Chamomilla, Kreosotum, Mercurius corrosivus, Mercurius vivus
Erbrechen/ Durchfall	bei Darmgrippe	Arsenicum album, Ipecacuanha
	bei Gebißwechsel	Chamomilla
	durch Milch, bei Welpen	Aethusa
	durch Nervosität	Argentum nitricum, Gelsemium, Ignatia, Nux vomica, Staphisagria

Beschwerden	*Indikationen*	*Arzneimittel*
Erbrechen/ Durchfall	durch Ernährungsstörungen	Aethusa, Arsenicum album, Nux vomica, Oukoubaka, Pulsatilla
	und reizbare Laune	Antimonium crudum, Colocynthis, Natrium muriaticum
	durch Aufregung	Argentum nitricum, Gelsemium, Nux vomica
Explosionsartiges Erbrechen		Aethusa, Colocynthis, Nux vomica
Fettsucht		Cimicifuga, Fucus vesiculosus, Ginkgo biloba, Graphites, Pulsatilla
Folgen einer Wurmkrankheit		Abrotanum
Gebißteile bröckeln ab		Acidum fluoricum
Gebißwechsel	Basismittel bei Problemen	Calcium carbonicum, Calcium fluoricum, Calcium phosphoricum, Silicea
Lefzenekzem		Mezereum
Mandelentzündung		Kalium bichromicum, Kalium jodatum, Lachesis, Lycopodium, Mercurius bijodatus, Phyolacca, Sulfur jodatum
Morgendliches Erbrechen		Arsenicum album, Bryonia, Ipecacuanha

Beschwerden	***Indikationen***	***Arzneimittel***
Parvovirus-Diarrhöe		Arsenicum album, Carbo vegetabilis, Ipecacuanha, Phosphorus, Podophyllum peltatum, Pyrogenium, Veratrum album
Reisekrankheit		Apomorphinum muriaticum, Borax, Cocculus, Hyoscyamus, Nux vomica, Passiflora incarnata, Petroleum, Tabacum
Schock	durch Erschöpfung, Austrocknung	Carbo vegetabilis, China, Podophyllum peltatum, Veratrum album
Spulwürmer		Cina

Lefzenekzem

Außer Mundschleimhautentzündung (mit oder ohne Zahnstein) und üblem Geruch aus dem Magen (Carbo vegetabilis D6) gibt es noch eine dritte Ursache für Mundgeruch, nämlich das Lefzenekzem. Dieses wird relativ häufig übersehen, trotz des unerträglichen Gestanks, der dabei entsteht. Es sitzt in der Hautfalte unter der Unterlippe (unter den Haaren unsichtbar) bei Rassen mit ausgeprägten Hautfalten am Kopf. Indem man die Lefzen sauber und trocken hält (vor allem nach dem Essen und Trinken) kann man dem Lefzenekzem vorbeugen bzw. dessen Heilung beschleunigen.

Mezereum
Zusammen mit einer äußerlich angewandten Hautlotion beschleunigt Mezereum die Heilung des Lefzenekzems.
Mezereum D6, 3 x täglich 1 Dosis, 7–14 Tage lang.

Zahnen

Die drei wichtigsten homöopathischen Basismittel für die Entwicklung eines kräftigen Knochengerüstes, Calcium carbonicum, Calcium phosphoricum und Silicea, fördern auch die Entwicklung eines gesunden Gebisses während des Zahnens. Der Hund zahnt gewöhnlich im Alter von 4 bis 6 Monaten, und dies verläuft in der Regel ganz problemlos. Mögliche Probleme sind zu langsames Zahnen, fehlende Gebißelemente und eine schlechte Qualität der Zähne. Eine Behandlung ist zum Beispiel dann angezeigt, wenn Probleme zu erwarten sind, wie zum Beispiel beim Yorkshire Terrier. Bei dieser Rasse kommt es immer wieder vor, daß Teile des Milchgebisses nicht ausfallen, die dann die Entwicklung des endgültigen Gebisses behindern; was nach einem Alter von 7 bis 8 Monaten noch vom Milchgebiß übrig ist, muß vom Tierarzt entfernt werden.

Homöopathie

Nur eine Behandlung während des Zahnens ist sinnvoll.

Acidum fluoricum

Im Arzneimittelbild von Acidum fluoricum finden wir schlechte Zahnqualität. Die Zähne können sogar zerbröckeln. Um den Einbau von Fluor zu verbessern und damit die Qualität der Zähne, kann neben den drei bereits genannten Basismitteln Acidum fluoricum gegeben werden.

Acidum fluoricum D6, 3 x täglich 1 Dosis, im Alter von 4–6 Monaten.

Calcium carbonicum

Calcium carbonicum wird während des Gebißwechsels bei den Welpen großer Rassen angewandt.

Calcium carbonicum D12, 2 x täglich 1 Dosis, im Alter von 4–6 Monaten.

Calcium phosphoricum

Calcium phosphoricum wird während des Zahnens bei den Welpen mittelgroßer Rassen angewandt.

Calcium phosphoricum D12, 2 x täglich 1 Dosis, im Alter von 4–6 Monaten.

Chamomilla

Chamomilla ist angezeigt, wenn während des Gebißwechsels eine Mundschleimhautentzündung auftritt. Auch viele andere Beschwerden, die mit dem Zahnen verbunden sind, passen zu Chamomilla: reizbares Verhalten, Mundgeruch, Durchfall, epilepsieähnliche Anfälle.

Chamomilla D6, 3 x täglich 1 Dosis, 3 Wochen lang. Eventuell eine höhere Potenz.

Silicea

Silicea wird beim Zahnen der Welpen kleinerer Rassen eingesetzt.

Silicea D12, 2 x täglich 1 Dosis, im Alter von 4 bis 6 Monaten.

Sabbern

Sabbern ohne feststellbare Ursache im Maul – wie zum Beispiel durch eine Mundschleimhautentzündung – tritt insbesondere beim Boxer auf.

Atrophinum sulfuricum
Atrophinum sulfuricum wird bei übermäßigem Speichelfluß durch Überfunktion der Speicheldrüsen angewandt.
Atrophinum sulfuricum D6, 3 x täglich 1 Dosis, 3 Wochen lang.

Zahnstein

Viele Hunde haben Zahnstein. Während der eine Hund schon relativ jung dieses Problem hat, ist ein anderer noch im Alter praktisch zahnsteinfrei. Man weiß noch nicht genau, wie Zahnsteinbildung zu verhindern ist. Maßnahmen wie das Füttern von hartem Hundekuchen, Zähneputzen und ähnliches helfen zwar, aber nicht genügend. Lassen Sie ihren Hund während der jährlichen Impfung (manche Hunde lieber etwas häufiger) auf Zahnstein kontrollieren. Wenn nicht zu viel Zahnstein vorhanden ist, kann er bei den meisten Hunden ohne Beruhigungsmittel oder Narkose entfernt werden. Wenn starker Zahnstein vorhanden ist, wird er unter Narkose mit einem speziellen Ultraschallgerät entfernt. Betrüblich ist nur, daß er relativ schnell wiederkehrt.
Zahnstein wächst über das Zahnfleisch und bildet Taschen, in denen Futterreste zu faulen beginnen. Dies schädigt die Zahnwurzel. Das Gebiß wird im allgemeinen doch sehr vernachlässigt. Man bedenke aber, daß nicht nur der unangenehme Mundgeruch unerfreulich ist, sondern daß das entzündete Maul auch ein Bakterienherd ist, von dem aus Infektionen wichtige Organe wie die Nieren befallen können.
Die homöopathische Behandlung beschränkt sich auf Entzündungen im Maul.

Entzündung der Mundschleimhaut

Vor allem bei älteren Hunden kann trotz der Entfernung des Zahnsteins noch Mundgeruch vorliegen, der durch eine Entzündung bedingt ist.
Eine Mundschleimhautentzündung kann insbesondere beim alten Hund durch eine chronische Nierenerkrankung (mit dadurch bedingter Urämie) verursacht sein. Eine Behandlung der Mundschleimhaut allein ist in diesem Fall natürlich ungenügend (siehe das Kapitel *Harnableitende Wege*).

Calendula
Calendula paßt gut bei größeren Wunden im Maul wie zum Beispiel nach dem Zähneziehen (siehe das Kapitel *Wunden*).
Calendula D2, 3 x täglich 1 Dosis, 3 Wochen lang.

Chamomilla
Mundschleimhautentzündung während des Zahnens. Siehe den Abschnitt *Zahnen* in diesem Kapitel.
Chamomilla D6, 3 x täglich 1 Dosis, 3 Wochen lang.

Kreosotum
Bei schwerer chronischer Geschwürbildung im Maul kann es geschehen, daß Mercurius corrosivus nicht mehr hilft. Vielleicht kann dann Kreosotum noch Erfolg bringen. Man beachte aber, daß zum Beispiel auch eine chronische Nierenerkrankung die Ursache für eine Mundschleimhautentzündung sein kann. In diesem Fall muß man neben der Mundschleimhaut natürlich auch die Ursache zu behandeln versuchen.
Kreosotum D12, 2 x täglich 1 Dosis, 3 bis 6 Wochen lang.

Aus der Praxis ...

Ollie war eine 13 Jahre alte Pudeldame, aus deren Augen noch immer Lebenslust strahlte. Sie kam gerade vom Friseur und sah entsprechend gepflegt aus. Nur ihr Gebiß ... Sie stank schon sehr schlimm aus dem Maul. Zahnstein, Parodontose, Taschen mit Futterresten usw. Der Mundgeruch war hauptsächlich schuld daran, daß mit Ollie immer weniger geschmust wurde und sie immer wieder in ihr Körbchen geschickt wurde, was sie durchaus nicht verstehen wollte. Sie hatte immer im Mittelpunkt des Interesses gestanden.
Überhaupt verstand Ollie in der letzten Zeit kaum mehr, was um sie herum geschah. Sie war stocktaub und sah auch nicht mehr gut. Auch im Haus gab es einige Änderungen. Ollies altes Herrchen war nicht mehr da, und das neue zog sich abends in das Schlafzimmer zurück, mit Frauchen, aber ohne Ollie. Sie mußte jetzt in der Küche schlafen. Gehörte Ollie nicht mehr dazu? Früher hatte sie immer am warmen Fußende im Bett bei Herrchen und Frauchen geschlafen. Jetzt lag sie allein unter dem Küchentisch.

Ollies Frauchen war sehr betrübt, als sie mit ihr in die Sprechstunde kam, doch stand ihr Entschluß fest: Ollie mußte eingeschläfert werden. Es ging einfach nicht mehr mit ihr. Ollie konnte nicht mehr allein sein, urinierte im Haus, setzte sogar ab und zu ein Häufchen in die Küche und winselte in einem fort. Auch machte sie Sachen kaputt. Erst zeigte sie dieses Verhalten nur nachts, aber jetzt tat sie es auch am Tage, wenn man sie allein ließ.

Es war der Besitzerin inzwischen klar geworden, daß dieses Verhalten deshalb auftrat, weil Ollie sich im Stich gelassen fühlte. Ihr neuer Mann wollte aber »den stinkenden Hund« nicht im Schlafzimmer haben, und tagsüber mußte Frauchen selbst halbtags arbeiten.

Zum Glück hatten wir zu der Zeit, als Ollie zu uns in die Sprechstunde kam, für Patienten wie sie eine gute homöopathische Behandlung zur Verfügung. Die Besitzerin, die scheinbar erst so sehr von ihrer Entscheidung überzeugt war, war sehr erleichtert, daß sie nun einen handfesten Grund hatte, um Ollie noch eine Chance zu geben. Nach drei Wochen Stramonium D30, 1 x täglich 5 Kügelchen, war Ollies Verhalten normal: Sie fand sich mit der neuen Situation ab.

Schließlich kümmerte ich mich noch um Ollies Maul, so daß sie am Ende auch wieder mehr Zuwendung bekam.

Mercurius vivus

Die Mundschleimhaut ist gerötet, leicht geschwollen und das Maul stinkt. Die Schleimhaut blutet leicht. Die Arzneimittelbilder von Mercurius vivus und Mercurius solubilis stimmen miteinander überein. Meist liegt auch noch Geschwürbildung vor; in diesem Fall nehmen wir Mercurius corrosivus.

Mercurius vivus D6, 3 x täglich 1 Dosis, 3 Wochen lang. Während der ersten 7 Tage zusätzlich Echinacea angustifolia Ø, 3 x täglich 1 Dosis, um die Abwehr zu stimulieren.

Mercurius corrosivus

Geschwürbildung in der Mundschleimhaut. Mundgeruch. Die Mundschleimhaut ist rot und geschwollen.

Mercurius corrosivus D6, 3 x täglich 1 Dosis, 3 Wochen lang. Während der ersten 7 Tage zusätzlich Echinacea angustifolia Ø, 3 x täglich 1 Dosis, um die Abwehr zu stimulieren.

Mandelentzündung

Die Mandeln bzw. Tonsillen sind eine wichtige Barriere für Infektionen aus dem Maul. Da die meisten Infektionen schon von den Mandeln gestoppt werden, bleibt der übrige Körper verschont. Eine Mandelentzündung (Tonsillitis) ist daher immer eine Folge einer anderen Entzündung. Es kann vorkommen, daß eine Infektion der Mandeln bestehen bleibt, während die ursprüngliche Entzündung im Maul schon längst abgeklungen ist. Dann bildet die Mandelentzündung eine Quelle von Bakterien, die immer wieder Erkrankungen auslösen können. Nach dem Motto »lieber keine Wächter als kranke Wächter« wurden und werden auch heute noch regelmäßig Mandeln operativ entfernt. Bei sehr vielen Patienten mit Mandelentzündung kann man mit Homöopathie eine Operation vermeiden und die (gesunden) »Wächter« behalten.
Die Erscheinungen einer chronischen Mandelentzündung (mit akuten Schüben) sind vielfach vage: unregelmäßiger Appetit, gelegentliches Erbrechen und Durchfall, ab und zu etwas schlapp.

Arsenicum album

Siehe den Abschnitt *Mittel bei anderen Ursachen von Erbrechen und Durchfall* in diesem Kapitel.

Kalium bichromicum

Kalium bichromicum hat schleimlösende Wirkung. Es wird angewandt, wenn der Hund unter sehr zähem Schleim leidet, den er kaum auswürgen kann. Eventuell mit Phytolacca kombinieren.
Kalium bichromicum D6, 3 x täglich 1 Dosis, 3 Wochen lang.

Kalium jodatum

Wenn die Mandelentzündung Teil einer akuten oder chronischen Erkältung mit einer schleimigen eitrigen Entzündung der Nase, der Augen und des Halses ist. Eventuell mit Phytolacca kombinieren. *Kalium jodatum D3, 3 x täglich 1 Dosis, 3 Wochen lang.*

Lachesis

Lachesis ist bei Mandelentzündung mit blauroter Verfärbung der Mandeln und der Halsschleimhaut angezeigt, vor allem wenn die linke Mandel allein oder am schwersten befallen ist. Lachesis läßt sich dann auch gut mit Mercurius bijodatus kombinieren. Auch eine Infektion des Körpers, die von den Mandeln ausgeht, paßt zum Arzneimittelbild von Lachesis.

Lachesis D12, 2 x täglich 1 Dosis, 3 Wochen lang.

Lycopodium

Lycopodium paßt zu einer Mandelentzündung, die hauptsächlich oder ausschließlich rechts sitzt.

Lycopodium D12, 2 x täglich 1 Dosis, 3 Wochen lang.

Mercurius bijodatus

Mercurius bijodatus paßt zu einer Entzündung der linken Tonsille. Es läßt sich gut mit Lachesis kombinieren.

Mercurius bijodatus D4, 3 x täglich 1 Dosis, 3 Wochen lang.

Phytolacca

Zu einer chronischen Entzündung der Tonsillen und der Halsschleimhaut paßt das Mittel Phytolacca. Es kann mit Kalium jodatum oder bei sehr zähem Schleim mit Kalium bichromicum kombiniert werden.

Phytolacca D12, 2 x täglich 1 Dosis, 3 Wochen lang.

Sulfur jodatum

In sehr chronischen Fällen ist an Sulfur jodatum zu denken.

Sulfur jodatum D6, 3 x täglich 1 Dosis, 3 Wochen lang.

Erbrechen und Durchfall

Erbrechen und Durchfall bieten dem Körper die Möglichkeit, sich von schädigenden Stoffen zu befreien. Vor allem bei Diarrhöe ist es so, daß nicht nur die Ausscheidung schneller erfolgt, sondern daß auch zusätzliche Flüssigkeit aufgewandt wird, um die unerwünschten Stoffe aus dem Körper zu spülen. Es ist immer zu beachten, daß der Körper durch Erbrechen und Durchfall viel Flüssigkeit und wichtige Nährstoffe verliert, die bald wieder ergänzt werden müssen (notfalls durch Infusion, wenn Magen und Darm nicht genügend davon aufnehmen können).
Vor allem dann, wenn der Hund erbricht, darf man nicht lange zögern, den Tierarzt anzurufen. Einmaliges Erbrechen ist natürlich noch kein Notfall; anhaltendes, heftiges Erbrechen oder öfter als fünfmal innerhalb von 24 Stunden sind aber durchaus ein Grund, sich an einen Tierarzt zu wenden.
Einige Tage leichter Durchfall, wobei der Hund nicht erbricht und normal frißt und trinkt, sind nicht so schlimm. Wäßrig dünner Stuhl bei einem Hund, der nicht fressen will und dazu vielleicht noch bricht, ist immer ein Anlaß, unverzüglich einen Tierarzt aufzusuchen. Vor allem für junge und alte Hunde besteht Gefahr!
Die Ursachen für Erbrechen und Durchfall können ganz unterschiedlich sein; einige der wichtigsten sind:

- Darmparasiten;
- Reisekrankheit;
- zu lange ein leerer Magen: morgendliches Erbrechen;
- zu lange ein leerer Darm, »Magenknurren«;
- Aufnahme ungewöhnlicher, häufig unverdaulicher Dinge: Möglichkeit des Erbrechens, einer Verstopfung oder von Durchfall;
- Magendrehung: fortwährendes Erbrechen von schaumigem Schleim einige Zeit nach dem Fressen. Der Bauch wird rasch dicker;

- Magenkrampf: explosionsartiges Erbrechen;
- Dickdarmkrampf: Durchfall, kann nicht warten, bis er draußen ist – Kotentleerung im Haus;
- »Bauchgrippe« (ansteckend!): plötzlich mehrmaliges Erbrechen, kein Appetit, trinkt zwar, aber erbricht die Flüssigkeit wieder; kurze Zeit später Durchfall, leichtes Fieber;
- verdorbenes oder gefrorenes Futter; plötzliche Futterumstellung;
- Ursachen außerhalb des Magen-Darmkanals: Leber, Nieren, Bauchspeicheldrüse;
- psychische Ursachen: psychogenes Erbrechen oder psychogener Durchfall;
- Parvovirus-Diarrhöe (sehr ansteckend!): tritt akut auf, mit Erbrechen und Durchfall; wäßriger, blutiger, ungemein stinkender Stuhl; der todkranke Hund (vor allem junge und alte Hunde kleinerer Rassen sind anfällig) ist bald erschöpft; die Erschöpfung mit gleichzeitiger Erkrankung des Herzmuskels führt innerhalb weniger Tage zum Tod. Vorbeugende Impfung ist unbedingt erforderlich;
- bakterielle Magen-Darminfektion.

Darmparasiten

Die weitaus häufigsten Würmer beim Hund sind Spulwurm und Bandwurm. Es ist nicht nur für den Hund selbst wichtig, daß die Würmer abgetrieben werden, sondern auch für den Menschen; vor allem bei kleinen Kindern besteht eine – wenn auch sehr geringe – Gefahr der Ansteckung mit Spulwurmlarven. Weil der Bandwurm durch Flöhe übertragen wird, ist eine sorgfältige Bekämpfung dieses Ungeziefers wichtig. Spulwürmer werden durch Kontakt mit dem Kot anderer Hunde übertragen.
Symptome für einen Befall mit Darmparasiten sind: Abmagerung, aufgeblähter Bauch (am besten bei Welpen festzustellen),

Durchfall, manchmal Erbrechen, kein oder gerade übermäßiger Appetit. Ein Bandwurmbefall äußert sich außerdem in sogenanntem »Schlittenfahren«. Manchmal, aber längst nicht immer, finden sich die Würmer im Kot: Spulwürmer ähneln kleinen Gummis oder »Spaghettistückchen«; Bandwürmer findet man meist nicht im Ganzen, sondern als kleine Segmente, die als platte »Raupen« aus dem Anus kriechen können; eingetrocknet ähneln sie »Reiskörnern«, die häufig an den Analhaaren kleben.
Prinzipiell empfiehlt es sich nicht, mit homöopathischen Mitteln zu entwurmen. In der nachstehenden Tabelle sind die Vor- und Nachteile der schulmedizinischen und der homöopathischen Behandlung angegeben.

	Vorteile	*Nachteile*
Reguläre Wurmmittel	breites Spektrum; sicher, problemlos anzuwenden.	manchmal Nebenwirkungen; manchmal Resistenz.
Homöopathische Wurmmittel	keine Nebenwirkungen; keine Resistenz; Widerstandssteigerung; Verbesserung der Verfassung.	langwierige Anwendung; geringe wurmabtreibende Wirkung.

Vorsicht mit sogenannten »wurmtreibenden Kräutern«; sie können giftig sein, auch wenn sie zu Unrecht als »homöopathische Wurmmittel« bezeichnet werden. Sehr giftig sind zum Beispiel Filix mas (Wurmfarn) und Chenopodium (Gänsefuß), die ich in einigen Büchern als »homöopathische Wurmmittel« verzeichnet fand.
Schlußfolgerung: Routinemäßig entwurmen und schweren Befall mit regulären Mitteln behandeln. Folgen eines Wurmbefalls oder ständig wiederkehrenden Wurmbefall mit homöopathischen Wurmmitteln behandeln.

Abrotanum

Für den Hund ist Abrotanum insbesondere ein Mittel zur Behandlung der Folgen eines Wurmbefalls; es verbessert die Verfassung. Zum Arzneimittelbild von Abrotanum gehören starke Abmagerung, meist bei gutem bis sehr gutem Appetit, ein aufgeblähter Bauch, Erschöpfung, Schwäche und Gelenkschmerzen. Die Haut hängt lose am Körper, das Haarkleid ist trocken und struppig. Das Tier sieht alt und traurig aus. Durchfall und Verstopfung wechseln einander ab. Regelmäßiges Erbrechen. Typisch kann sein, daß Gelenkprobleme sich mit Durchfall abwechseln.

Als Urtinktur und in D1 wirkt Abrotanum mehr als wurmtreibendes Mittel. Es wirkt vor allem auf den Dickdarm.

Abrotanum D3, 3 x täglich 1 Dosis, 6–8 Wochen lang. Nach einer regulären Wurmbehandlung.

Cina

Cina ist das Routinemittel für ständig wiederkehrenden Spulwurmbefall, der sich mit regulären Mitteln nicht stoppen läßt.

Cina D6, 3 x täglich 1 Dosis, 6–8 Wochen lang.

Cuprum oxydatum nigrum

Cuprum oxydatum nigrum ist das Routinemittel für einen ständig wiederkehrenden Bandwurmbefall, der sich mit regulären Mitteln nicht befriedigend bekämpfen läßt.

Cuprum oxydatum nigrum D4, 3 x täglich 1 Dosis, 6–8 Wochen lang.

Reisekrankheit

Andere Bezeichnungen für Reisekrankheit sind Autokrankheit, Seekrankheit, Luftkrankheit oder Fahrkrankheit. Die Krankheitserscheinungen werden durch die Bewegungen hervorgerufen, die für das Gleichgewichtsorgan ungewohnt sind. Es hat vor allem psychische Gründe, daß die Reisekrankheit nicht bei jedem Hund auftritt. Daneben spielt auch die Allgemeinverfassung eine Rolle sowie der Fahrstil des Besitzers bzw. Seegang und die Frische der Umgebungsluft. Etwa 1 Stunde vor Reiseantritt eine kleine Mahlzeit geben; der Magen-Darm-Kanal darf nicht zu leer, aber auch nicht zu voll sein.

Krankheitserscheinungen sind: Lustlosigkeit, Gähnen, erhöhter Speichelfluß (Sabbern) und Erbrechen. Bei einem Hund, der im Auto unruhig ist, der winselnd und jaulend, wimmernd oder bellend hin und her springt, aber nicht heult und/oder erbricht, kann man eigentlich nicht von einer Reisekrankheit sprechen. Die Behandlung des »Reisefiebers« wird hier auch besprochen, unterscheidet sich aber von derjenigen einer echten Reisekrankheit. Die großen Vorteile der homöopathischen Behandlung der Reisekrankheit sind, daß keine Nebenwirkungen auftreten wie zum Beispiel die betäubende Wirkung regulärer Mittel, und daß auch eine Heilung möglich ist.

Behandlungsvorschrift für Reisekrankheit:
Eine halbe Stunde vor Reiseantritt 1 Dosis, danach stündlich bis zweistündlich 1 Dosis. Besser noch ist 3 x täglich 1 Dosis, 1–2 Wochen vor der geplanten Reise beginnen; maximal 6–8 Wochen verabreichen. Wenn der Hund in diesem Zeitraum 5 Fahrten beschwerdefrei war, kann die Medikation beendet werden. Das Tier wird in diesem Fall in der Regel bleibend beschwerdefrei sein.

Apomorphinum muriaticum
Der Tierarzt wendet Apomorphin an, um beim Hund Erbrechen auszulösen, wenn er etwas Falsches gefressen hat. In einer homöopathischen Dosis wirkt das Mittel gerade gegen den Brechreiz. Das Mittel beeinflußt das Brechzentrum im Gehirn. Das Erbrechen tritt vor allem nach dem Essen auf. Davor heult der

Hund möglicherweise. Wenn keine Symptome feststellbar sind, die zu einem der anderen genannten Mittel passen, kann Apomorphinum muriaticum gegeben werden.
Apomorphinum muriaticum D6. Behandlungsvorschrift Reisekrankheit.

Borax
Große Angst vor plötzlichen, lauten Geräuschen (zum Beispiel Gewitter und Feuerwerk). Die Fahrkrankheit tritt vor allem in hügeligem Gelände bei der Abwärtsbewegung auf.
Borax D3, Behandlungsvorschrift Reisekrankheit.

Cocculus
Von großer Angst und Verzweiflung erfaßt, liegt der reisekranke Cocculus-Patient »wie ein nasser Sack«. Er muß ganz still liegen, möglichst am Boden des Autos. Er will absolut nichts fressen, was freilich bei Reisekrankheit ganz normal ist. Obwohl der Hund fast apathisch ist, reagiert er sehr gereizt, wenn man ihn zum Beispiel zwingt, sich an einen anderen Platz im Auto hinzulegen. In einigen Fällen gehen Harn oder Kot ab. Auch eine Neigung zu Blähungen kann bestehen. Außerdem natürlich Jaulen und Erbrechen. Nach der Reise erholt sich der Cocculus-Patient nur ganz langsam.
Cocculus D4, Behandlungsvorschrift Reisekrankheit.

Hyoscyamus
Immer nervöses, hysterisches Verhalten und Harnabgang aus Angst. Siehe auch das Kapitel *Homöopathische Typen und Verhalten.*
Hyoscyamus D4, Behandlungsvorschrift Reisekrankheit. Eventuell eine höhere Potenz.

Nux vomica
Ruhelosigkeit, springt von der einen Seite zur anderen und reagiert auf alles.
Nuc vomica D6, Behandlungsvorschrift Reisekrankheit. Eventuell eine höhere Potenz.

Passiflora incarnata
Wenn der Hund nicht jault und erbricht und nur ruhelos ist, kann Passiflora incarnata beruhigende Wirkung haben, ohne daß das Tier davon benommen wird.
Passiflora incarnata Ø, 3 x täglich 1 Dosis oder etwa 1 Stunde vor Reiseantritt 1 Dosis (eventuell 1 x während der Fahrt wiederholen).

Petroleum
Auch bei Petroleum sind die Reisebeschwerden weitgehend auf Nervosität zurückzuführen. Der Hund ist nicht apathisch wie der Cocculus-Hund und auch nicht unruhig. Typisch für den Petroleum-Patienten ist der Umstand, daß ihm zwar übel ist (Jaulen und Erbrechen), daß er aber gleichzeitig Appetit hat und Fressen die Beschwerden bessert. Der Petroleum-Hund sollte daher niemals nüchtern ins Auto steigen.
Es wird angenommen, daß der Petroleum-Hund unter der Einwirkung der Benzindämpfe reisekrank wird. Auf der Grundlage der Regeln über Gleichheit und Wirkungsumkehr, die die Grundlage der Homöopathie sind (siehe hierzu den Anhang *Was ist Homöopathie*), spricht vieles für diese These.
Zwei chrakteristische Symptome können die Wahl von Petroleum noch zusätzlich bekräftigen:
1. eine trockene, kahle, schrundige Haut am Übergang der äußeren Haut in die Schleimhaut (zum Beispiel im Bereich von Maul, Augen und Anus) sowie
2. eine Verschlimmerung der Hautbeschwerden im Winter.

Letzteres ist typisch, denn viele Hautbeschwerden beim Hund bessern sich gerade im Winter und verschlechtern sich im Sommer.
Petroleum D6. Behandlungsvorschrift Reisekrankheit. Eventuell eine höhere Potenz.

Tabacum
Reisekrankheit, die wahrscheinlich durch Tabakrauch schlimmer wird (im Auto nicht rauchen!). Typisch für den Tabacum-Patienten (siehe Cocculus) ist, daß er sich eiskalt anfühlt. Der Hund bleibt ganz still liegen. Wärme verschlechtert: daher gut lüften – frische Luft bewirkt eine sofortige Besserung der Beschwerden.
Tabacum D6. Behandlungsvorschrift Reisekrankheit.

Mittel bei anderen Ursachen für Erbrechen und Durchfall

Aethusa
Heftiges Erbrechen und heftiger Durchfall bei Welpen, die die Milch nicht vertragen. Meist explosionsartiges Erbrechen: die Milch schießt sofort nach dem Trinken wieder heraus. Danach haben die Tiere sofort wieder Hunger. Durchfall geht mit Bauchschmerzen einher (feststellbar an Unruhe, Fiepen und Wimmern).
Aethusa D3, 3 x täglich 1/2 Dosis, 7 Tage lang.

Aloe
Aloe paßt zur akuten und chronischen Dickdarmentzündung: blutiger und schleimiger Durchfall, vor allem nach dem Essen und Trinken. Typisch für Aloe sind die abgehenden Blähungen und unwillkürlicher Abgang von Stuhl beim Urinieren (siehe auch Causticum).
Aloe D12, 2 x täglich 1 Dosis, 2 Wochen lang.

Antimonium crudum

Ein reizbarer, manchmal sogar streitsüchtiger, etwas verdrießlicher und vor allem viel schlafender Hund. Verschlechterung durch Sonnenwärme und Frost. Die Beschwerden bessern sich durch Ruhen und Liegen (das heißt durch Schlaf). Mißgebildete Schwielen an den Fußsohlen und ebenfalls mißgebildete, schief wachsende Nägel mit Nagelbettentzündungen. Trockene, schrundige und verdickte Haut an Lidern und Mundwinkeln.

Der Appetit ist gut. Das Erbrechen ist stärker nach dem Fressen. Erbrechen bringt keine Erleichterung. Chronische Darmbeschwerden: wäßriger, schleimiger Durchfall im Wechsel mit Verstopfung.

Antimonium crudum D30, 1 x täglich 1 Dosis, 6–8 Wochen lang.

Argentum nitricum

Durchfall durch Aufregung. Meist sind es übermäßig ängstliche und schreckhafte Tiere.

Argentum nitricum D6, 3 x täglich 1 Dosis, 3 Wochen lang. Eventuell eine höhere Potenz.

Arsenicum album

Erbrechen und Durchfall. Rasche Abmagerung und Erschöpfung. Ruhelosigkeit. Der Hund trinkt häufig kleine Mengen Wasser, die sofort wieder erbrochen werden. Ein wasserdünner Stuhl, der häufig in kleinen Mengen abgesetzt wird. Mehr Blut im Stuhl als im Erbrochenen. Beim Hund ist die für Arsenicum album typische Verschlechterung nach Mitternacht häufig nicht sehr ausgeprägt. Ursachen für die Beschwerden sind ein Virus (»Darmgrippe«, Parvovirus-Diarrhöe) oder verdorbenes Futter, vor allem aber der Verzehr von Eis oder gefrorenem (oder zumindest viel zu kaltem) Futter.

Auffällig kann die Regelmäßigkeit der Beschwerden sein: der Durchfall tritt in Intervallen auf. Bei den milder verlaufenden

chronischen Fällen, die zu Arsenicum album passen, findet man gelegentliches Erbrechen (am Morgen), periodisch auch Durchfall und einen sehr unregelmäßigen Appetit. Wenn der Hund frißt, dann nur sehr wenig (siehe Bryonia, Ipecacuanha). Regelmäßig Magenknurren. Das Bild der chronischen Tonsillitis (siehe den Abschnitt *Mandelentzündung* in diesem Kapitel) paßt ebenfalls zu Arsenicum album. Dieses Bild ist auch bei Zwergpudeln zu finden.
Arsenicum album läßt sich gut mit Okoubaka kombinieren.
Arsenicum album D6, 3 x täglich 1 Dosis, 1–3 Wochen lang. Bei schwachen Tieren immer eine D12 nehmen, 2 x täglich 1 Dosis, 7 Tage lang. Eventuell eine höhere Potenz.

Bryonia

Bryonia kann zu dem Patienten passen, der am Morgen Galle erbricht (siehe Arsenicum album, Ipecacuanha). Zusätzliche Hinweise auf Bryonia können sein: starker Durst und trockenes Maul. Charakteristisch für die Bryonia-Halsschmerzen kann auch sein, daß festes Futter ohne weiteres aufgenommen wird, während das Schlucken von Wasser schwerfällt.
Bryonia D6, 3 x täglich 1 Dosis, 7 Tage lang.

Carbo vegetabilis

Carbo vegetabilis ist ein hervorragendes Mittel bei Blähungen hauptsächlich im Magen (siehe Lycopodium). Der Hund stößt auf und stinkt aus dem Fang. Die Magenfunktion ist verlangsamt. Die Blähungen entstehen vor allem nach dem Fressen.
Das Mittel wird angewandt zur Vorbeugung und zur Nachbehandlung bei einer Magendrehung (hier kann nur noch eine Operation Rettung bringen!). Auch der Schockzustand bei einer Magendrehung (auch nach der Operation) paßt zu Carbo vegetabilis. Wenn ein Hund (häufig von einer großen Rasse) nach dem Fressen hartnäckig erbricht, aber außer ein wenig Schleim nichts

zum Vorschein kommt, und wenn er dazu schnell schwächer wird und auch noch der Bauch anschwillt, darf man keine Sekunde mehr zögern, zum Tierarzt zu gehen!

Auf dem Weg zu diesem kann man eine zerriebene Tablette Carbo vegetabilis D6 in die Mundschleimhaut einreiben (eventuell alle 10–15 Minuten). Der Patient ist kalt; Herz und Kreislauf sind angegriffen.

Im Arzneimittelbild von Carbo vegetabilis kommt auch ein wäßriger und stinkender Durchfall vor.

Carbo vegatabilis D6, anfänglich in Abständen von 10–15 Minuten. Abstände vergrößern, wenn Besserung eintritt. Anschließend 3 x täglich 1 Dosis, 3 Wochen lang. Das Mittel kann ohne weiteres über längere Zeit gegeben werden. Unterstützen können Petroselium D2 und Oleum terebinthinae D4 (in derselben Anwendungsform wie Carbo vegetabilis D6).

Aus der Praxis ...

Pardoes war ein »feiner Herr«. Er war kastriert, aber als Schottischer Collie hat man genügend Haare, um das zu verbergen. Er war acht Jahre alt und sah blendend aus.
Die meisten Rüden werden nach der Kastration etwas dicker (manchmal sogar sehr viel dicker), und sie haben immer Hunger; Pardoes aber war schlank bis mager, und sein Appetit schwankte erheblich zwischen normal und ausgesprochen schlecht.
Das arme Tier litt schon zwei Jahre lang unter Durchfall. Es gab Tage, an denen er normalen Stuhl produzierte, jedoch dauerte dies nie länger als eine Woche. Pardoes durfte inzwischen seinen behandelnden Tierarzt mit dem Vornamen anreden, so häufig war er schon bei ihm in der Sprechstunde gewesen.

Der Stuhl war sorgfältig untersucht worden: keine Würmer, keine bakterielle Erkrankung, und die Verdauungsproben verliefen ebenfalls einwandfrei. Das Frauchen von Pardoes wußte es schon, wenn der Durchfall im Anzug war: kurz davor erbrach der Hund einige Male. An seinem rechten Hinterbein hatte Pardoes außen eine Art Krampfader.

Typ und Regelmäßigkeit der Beschwerden, das Erbrechen vor dem Durchfall und die Krampfader führten mich zusammen zur Arzneimitteldiagnose Arsenicum album. Zu allem Überfluß erzählte mir die Besitzerin bei der Untersuchung des Hundes auch noch, daß der Durchfall erstmals nach dem Fressen von Eis aufgetreten war. Eis vertrug Pardoes damals und auch im weiteren überhaupt nicht. Nun war ich mir völlig sicher, es konnte nur Arsenicum album sein. In der Tat verschwand der Durchfall, der schon zwei Jahre bestanden hatte, mit Arsenicum album D30, 1 x täglich 5 Kügelchen, im Handumdrehen. Als Pardoes später nochmals Durchfall bekam, war dies mit Arsenicum album D30 schnell wieder vergessen. Ein eindeutiger Fall.

China

China (nicht zu verwechseln mit Cina) ist in der Homöopathie als Mittel bei übermäßigem Flüssigkeitsverlust bekannt. Es kann ein akuter Durchfall mit rascher Erschöpfung und Abmagerung vorliegen (siehe auch Arsenicum album) sowie Blähungen im Bauch (siehe auch Carbo vegetabilis).
China D6, 3 x täglich 1 Dosis, 7–14 Tage lang. Eventuell mit Arsenicum album oder Carbo vegetabilis kombinieren.

Colocynthis

Typisch für Colocynthis ist das explosionsartige Erbrechen: Der Mageninhalt schießt heraus, vermutlich durch eine krampfartige Zusammenziehung des Magens (vergleiche mit Aethusa). Häufig ist das Futter auch noch unverdaut, obwohl es schon längere Zeit im Magen lag. Manchmal sind die Hinweise auf Colocynthis-Erbrechen deutlich, meist allerdings nicht. Ein Anzeichen kann Reizbarkeit und Übellaunigkeit sein. Manchmal liegen Bauchschmerzen vor, die besser werden, wenn der Hund sich einrollt. Ich habe es regelmäßig erlebt, daß das explosionsartige Erbrechen auftrat, sobald der Hund aufstand. Colocynthis ist auch bei Darmkrämpfen angezeigt (siehe auch Aethusa, Nux vomica, Uzara). Teilweise findet sich auch eine Lahmheit unter anderem im Knie-, Schulter- oder Hüftgelenk. Ich habe mehrere Colocynthis-Fälle bei den Rottweilern erlebt (siehe auch Lycopodium).
Colocynthis D6, 3 x täglich 1 Dosis, 7 Tage lang. Eventuell eine höhere Potenz.

Gelsemium

Durchfall durch Aufregung, zum Beispiel durch übermäßigen Geschlechtstrieb beim Rüden.
Gelsemium D6, 3 x täglich 1 Dosis, 3 Wochen lang.

Haronga

Das Mittel für die Bauchspeicheldrüsenentzündung. In akuten Fällen darf nur der Tierarzt die Behandlung durchführen. In chronischen Fällen kann Haronga die Behandlung wesentlich unterstützen. Symptome für eine Funktionsstörung der Bauchspeicheldrüse sind, daß der Hund viel frißt und trinkt und trotzdem abmagert. Es wird reichlich Stuhl produziert (ohne weiteres siebenmal täglich eine »große Portion«), der die Farbe von Fensterkitt hat. Der Tierarzt macht dann ein Blutbild, um Zuckerkrankheit auszuschließen; die Diagnose wird gesichert, wenn die Analyse einen Mangel an Verdauungsenzymen ergibt. Vielfach ist Zufuhr der fehlenden Verdauungsenzyme erforderlich.
Es ist nach einer individuellen Arzneimitteldiagnose zu suchen. In Frage kommende Mittel sind unter anderem Lycopodium, Natrium muriaticum und Phosphorus (siehe hierzu die Beschreibung der Arzneimitteltypen im Kapitel *Homöopathische Typen und Verhalten*), unterstützt durch Haronga.
Haronga D3, 3 x täglich 1 Dosis, 6–8 Wochen lang. Das Mittel kann ohne weiteres über längere Zeiträume gegeben werden.

Ipecacuanha

Das Routinemittel bei Erbrechen durch eine (akute) Entzündung der Magenschleimhaut wie zum Beispiel bei »Bauchgrippe«: Plötzliches Erbrechen, will nicht fressen und nicht trinken (siehe auch Arsenicum album), Trägheit, manchmal leicht erhöhte Temperatur, auf die wenig später Durchfall folgt, der manchmal mit Blut vermischt ist. Das Erbrechen bei Ipecacuanha hat seine Ursache in der entzündeten Magenschleimhaut, während Mittel wie Apomorphinum muriaticum und Cocculus auf das Brechzentrum im Gehirn wirken (siehe hierzu den Abschnitt *Reisekrankheit* in diesem Kapitel). Der Ipecacuanha-Hund erbricht unaufhörlich; es tritt also durch das Erbrechen eine Besserung ein, auch wenn der Magen leer ist. Ipecacuanha ist eventuell mit Acidum

sulfuricum D6 zu kombinieren (bei Hunden, die am Boden lekken). Ipecacuanha ist auch das Routinemittel bei morgendlichem Erbrechen (vergleiche mit Arsenicum album und Bryonia). Bei einem solchen Patienten ist der Magen zu lange leer; er will am Morgen nicht fressen und hat möglicherweise »Sodbrennen« – die Magenschleimhaut ist durch Magensäure gereizt. Er erbricht, eventuell nach dem Fressen von Gras. Später am Tag kehrt der Appetit wieder. Im allgemeinen empfiehlt es sich, einem solchen Hund 3–4 x täglich in Abständen von 6–8 Stunden eine Futterportion zu geben, die letzte Mahlzeit kurz vor der Nacht.
Besonders bewährt hat sich bei mir Ipecacuanha bei Welpen, die als Reaktion auf die Parvo-Impfung erbrachen.
Ipecacuanha D6, anfangs 3 x 1 Dosis im Abstand von 30 Minuten, in akuten Fällen. Anschließend 3 x täglich 1 Dosis, an 7 Tagen. Bei morgendlichem Erbrechen: Ipecacuanha D6, 3 x täglich 1 Dosis, 3 Wochen lang.

Lycopodium
Blähungen und Durchfall. Entzündung insbesondere des Dickdarms, in dem sich auch Gas ansammelt (siehe auch Carbo vegetabilis). Sehr wahrscheinlich ist die Ursache eine Störung der Leber- und/oder Nierenfunktion. Abmagerung ist möglich. Der Lycopodium-Durchfall kann nach Unterdrückung von Hautbeschwerden in Höhe des Widerrists entstehen. Der Stuhl ist erst normal, dann dünn.
Lycopodium D12, 2 x täglich 1 Dosis, 3 Wochen lang. Eventuell eine höhere Potenz.

Mercurius vivus
Akute Dickdarmentzündung, häufig gleichzeitig mit einer Entzündung im Maul (Zahnfleisch und Mandeln). Viel Schleim und Blut im Kot. Der Hund ist nicht mehr sauber, kann im Haus den Stuhl nicht halten. Bei Geschwürbildung im Mastdarm (nur vom

Tierarzt festzustellen) ist Mercurius corrosivus zu empfehlen. Meist ist eine Dickdarmentzündung beim Hund chronisch (siehe auch Aloe, Ignatia, Lycopodium, Nux vomica, Rheum).
Der Arzneimittelbilder von Mercurius vivus und Mercurius solubilis sind ähnlich.
Mercurius vivus D6, 3 x täglich 1 Dosis, 10 Tage lang. Mercurius corrosivus D12, 2 x täglich 1 Dosis, 3 Wochen lang.

Natrium muriaticum
Der Natrium-muriaticum-Durchfall ist an den übrigen Symptomen und dem Typ kenntlich (siehe das Kapitel *Homöopathische Typen und Verhalten*). Ein ganz sicheres Symptom für Natrium muriaticum ist die Tatsache, daß nur morgens Durchfall auftritt, der am Nachmittag prompt vorbei ist.
Natrium muriaticum D12, 2 x täglich 1 Dosis, 3 Wochen lang. Eventuell eine höhere Potenz.

Nux vomica
Grundsätzlich wirkt Nux vomica in einer D6 als Spasmolyticum, daß heißt als Mittel, das eine übermäßige Zusammenziehung von Magen und Gedärmen reguliert. Der Hund kann erbrechen (zum Beispiel infolge von zu gierigem Fressen) oder Durchfall haben (insbesondere durch Futterumstellung, ungeeignetes Futter, Giftstoffe oder Arzneien). Auch eine übermäßige Aktivität eines leeren Magens und Darms (»Magenknurren«) kann mit Nux vomica D6 behandelt werden. Durchfall kann mit Verstopfung abwechseln (siehe den Abschnitt *Verstopfung* in diesem Kapitel). Das Bild des Nux-vomica-Typs zeichnet sich weiterhin durch eine chronische Dickdarmentzündung unter dem Einfluß psychischer Eindrücke aus (psychogene Colitis). Auch bei Ignatia und Staphisagria liegt eine solche psychogene Colitis vor, die zum Beispiel durch Angst und Gefühlsbewegungen bedingt ist. Der Nux-vomica-Typ reagiert auf die geringste Futterveränderung

mit Durchfall. Er schlingt sein Futter in sich hinein, als ob es ihm weggenommen würde; möglicherweise erbricht er das Fressen, nimmt aber das Erbrochene sofort wieder auf. Auch ein durch Arzneimittel ausgelöster Durchfall (eventuell mit Erbrechen) kann gut zu Nux vomica passen (siehe auch Sulfur). Durchfall wechselt mit Verstopfung oder normalem Stuhl ab; in allen Fällen preßt der Hund beim Stuhlgang und hat Schwierigkeiten, den Kot zu entleeren; manchmal ist dieser mit etwas Blut vermischt. Vielfach ist der Kot mit Schleim überzogen.

Nux vomica D6, 3 x täglich 1 Dosis, 3 Wochen lang. Eventuell eine höhere Potenz.

Aus der Praxis ...

Als ich Tobias auf dem Behandlungstisch hatte, wußte ich es eigentlich schon: hier steht ein Nux-vomica-Typ. Er stand wie festgenagelt, völlig verspannt, zitternd und erwartete sein Schicksal starr wie eine Statue.

Tobias war ein zwei Jahre alter Bobtail-Rüde. Die Besitzerin von Tobias berichtete mir, daß sie ihn im Alter von etwa einem Jahr aus dem Tierheim geholt hatte. Was davor mit ihm geschehen war, wußte sie nicht.

Sie hatte allerdings das Gefühl, daß es ihm nicht besonders gut gegangen war. Er war unsicher und schreckhaft, hatte Angst vor fremden Menschen und Dingen. Er hatte zum Beispiel entsetzliche Angst vor so normalen Dingen wie einer Zeitung, wie wenn man ihn häufig damit geschlagen hätte. Außerdem war er übertrieben unterwürfig, wenn er einmal etwas getan hatte, was er nicht durfte.

Ansonsten war er ein sehr lebenslustiger Hund, verspielt und sehr anhänglich. Er suchte niemals Streit mit anderen Hunden, bluffte höchstens ein wenig gegenüber anderen Rüden. Tobias konnte nicht allein sein; dann begann er zu jaulen, und das fanden die Nachbarn nicht so angenehm. Als er noch neu in der Familie war, verlor er noch des öfteren vor Angst oder Freude Urin. Das passierte jetzt eigentlich nicht mehr.
Das Problem, weswegen Tobias gekommen war, war Durchfall. Er hatte dieses Leiden schon sehr lange. Er war schon mehrfach untersucht und behandelt worden, jedoch hatte die Untersuchung von Stuhl und Blut keine Auffälligkeiten ergeben. Die unterschiedlichen Pillen und Diäten wirkten sämtlich nur vorübergehend, wobei anzumerken ist, daß der Stuhl auch ohne Arzneien ganz unterschiedlich war: normaler Stuhl, dann Durchfall, dann wieder Verstopfung. Immer aber hatte er Schwierigkeiten mit dem Absetzen des Kots. Er preßte endlos lange und vielfach auch vergeblich. Manchmal war der Stuhl in Schleim eingehüllt.
Tobias war ein außergewöhnlich guter Esser. Er schlang sein Futter so gierig in sich hinein, als ob er Angst hätte, daß man es ihm wegnehmen könnte.
Auch wenn er Durchfall hatte, blieb sein Appetit normal. Der Durchfall machte ihn also nicht wirklich krank. Damit war das Bild vollständig: Die Abnormitäten und die Beschwerden von Tobias paßten zum Arzneimittelbild von Nux vomica. Ich verordnete ihm 1 x täglich 5 Kügelchen Nux vomica D30, und innerhalb von 3 Wochen war der Durchfall verschwunden. Auch viele Jahre später ging es Tobias immer noch gut. Er hatte nur noch selten Durchfall. Die Besitzerin mußte allerdings immer etwas vorsichtig sein mit Futterveränderungen, jedoch war dies kein so großes Problem mehr wie früher. Der Hund fraß und vertrug jetzt normales Hundefutter und brauchte keine Diät mehr zu halten.
Später berichtete mir die Besitzerin noch von einem typischen

Nux-vomica-Symptom. Ich hatte Tobias vor Jahren einmal wegen einer Warze operiert. An der Stelle blieb keine Narbe oder ähnliches zurück. Trotzdem wollte sich Tobias an dieser Stelle nicht bürsten lassen. Er hatte sich den Eingriff für immer gemerkt. Dies ist nun gerade typisch für das Mittel Nux vomica: Schreck nach einer traumatischen Erfahrung und infolge davon Verhaltensabweichungen und Dickdarmirritation. Und dann erlebt man, daß einige Kügelchen des genau richtigen Mittels eine Besserung herbeiführen können …

Okoubaka

Bei leichten Magen-Darmbeschwerden nach dem Verzehr von nicht ganz einwandfreiem Futter.

Okoubaka D2, 3 x täglich 1 Dosis, 7 Tage lang.

Phosphorus

Beim Erbrechen und Durchfall im Arzneimittelbild von Phosphorus findet man vielfach mehr Blut als bei Arsenicum album. Wird unter anderem bei Patienten mit Parvovirus-Diarrhöe angewandt. Der Phosphorus-Patient ist durstig und trinkt große Mengen Wasser auf einmal, die nach einiger Zeit wieder erbrochen werden.

Phosphorus D6, 3 x täglich 1 Dosis, 7 Tage lang. Bei schwachen Tieren immer eine D12, 2 x täglich 1 Dosis, ebenfalls 7 Tage lang. Eventuell eine höhere Potenz.

Aus der Praxis …

Bas war ein junger gestromter Boxer, sein Herrchen ein flotter Teenager auf schnellen Schuhen, in Nietenhosen und einem viel zu weiten Basketball-Hemd. Das Herrchen fand Bas »total verrückt«, und Bas dachte ziemlich sicher dasselbe über sein Herrchen.

Wenn das Herrchen zu Hause war, wurde endlos mit Bas gespielt und gebalgt. Es gab einfach kein Aufhören. Ihre Kondition war auch diesem Training entsprechend. Trotzdem war das Herrchen mit seinem Hund nicht recht zufrieden. Wenn Bas in der Küche allein gelassen wurde, machte er alles kurz und klein und machte nicht nur Pfützen, sondern sogar Häufchen in die Küche. Er kratzte den Lack von den Türen und räumte manchmal sogar die Töpfe aus den Schränken.

Er hatte die Nachbarn mit seinem unaufhörlichen Wolfsgeheul zur Verzweiflung gebracht. Für dieses unmögliche Verhalten hatte man inzwischen eine Lösung gefunden: Wenn das Herrchen weg war, ging Bas zur Oma.
Worüber sich der Besitzer echte Sorgen machte, war die Tatsache, daß Bas so häufig erbrach. Freilich, er fraß alles, was er auf der Straße fand, Stöcke, Steine, Plastiktüten, Lehmbrocken und allerlei andere unverdauliche Dinge, aber er erbrach auch, wenn er nicht solche Dinge aufnahm. Dieses Erbrechen hatte er, seit er genau ein halbes Jahr alt war. Außerdem hatte Bas häufig Durchfall. Der Hund war von einem Kollegen und sogar von einem Universitätsinstitut auf Herz und Nieren untersucht worden, und er hatte schon eine kleine Apotheke an Medikamenten geschluckt. Leider hatte dies alles bei Bas nichts genützt.
Bas hatte häufig große Probleme mit dem Erbrechen. Er verausgabte sich dabei so sehr, daß er schließlich umfiel. Es war nichts zu finden bei Bas, und doch war etwas nicht in Ordnung. So nebenbei merkte der Besitzer noch an, daß Bas niemals brach, wenn er selbst den ganzen Tag zu Hause war und sie zusammen spielten. Wenn Bas nur genügend Aufmerksamkeit bekam, hatte er keinerlei Probleme. Der Besitzer, Bas und noch ein anderer Hund waren zum Beispiel vor kurzem einige Tage auf der Insel Terschelling: ohne Probleme. Wenn aber Oma nur ein wenig zu lange am Telefon mit einer Freundin tratschte, stellte sich Bas in den Garten und erbrach sich.
Hatte der Besitzer das bisher noch nicht erwähnt, oder hatten wir nur die Augen vor einem klaren Symptom verschlossen? Hier lag der Schlüssel zu diesem Rätsel. Bas wollte auf sich aufmerksam machen!
Die Anstrengung, die ihn das Erbrechen kostete, erschien jetzt in einem völlig anderen Licht. Beobachten Menschen ihre eigenen Haustiere nicht gut genug, oder geben wir als Tierärzte den Besitzern nicht genügend Zeit, damit sie uns ein vollständiges

Bild ihres Haustiers vermitteln können? Wie dem auch sei, alle Merkmale und Symptome, vor allem das Erbrechen, um Aufmerksamkeit zu bekommen, waren in dem Arzneimittelbild von Phosphorus vereinigt. Ich verordnete Bas 1 x täglich 5 Kügelchen Phosphorus D30. Nach 3 Wochen war Bas beschwerdefrei. Er erbrach sich noch ab und zu, wenn er wieder etwas Ungenießbares von der Straße aufgelesen hatte, ansonsten nicht mehr. Der Besitzer sagte: »Bas geht es zu 95 Prozent besser; die restlichen 5 Prozent machen uns keine schlaflosen Nächte mehr.«
Was für ein Schauspieler, dieser Bas. Und was kann ein Tier nicht alles anstellen, nur um Aufmerksamkeit zu bekommen!

Podophyllum

Podophyllum paßt zu schwerem Durchfall: Der Stuhl ist wasserdünn, spritzt heraus und stinkt enorm. Ein typisches Symptom kann sein, daß der Patient sein Geschäft im Stehen verrichtet. Ein Durchfall mit so starkem Flüssigkeitsverlust kann rasch zum Tode führen und erfordert daher ein Eingreifen des Tierarztes. Der Hund hat Leibschmerzen. Manchmal preßt er schmerzhaft und vergeblich. Er frißt nicht, hat nur wenig Durst und ist sehr lustlos. Gelegentlich findet man am Morgen und nach dem Essen Verschlimmerung.

Podophyllum D3, anfangs viertelstündlich 1 Dosis, anschließend weniger häufig, wenn es dem Patienten besser geht. Anschließend 3 x täglich 1 Dosis, 7–14 Tage lang.

Pulsatilla

Der Pulsatilla-Patient bekommt vor allem nach dem Verzehr von Fett oder Obst Durchfall und insbesondere auch dann, wenn der Hund zu viel und zu kaltes Futter aufnimmt. Der Durchfall ist von unterschiedlicher Farbe und Konsistenz.

Pulsatilla D6, 3 x täglich 1 Dosis, 7–14 Tage lang.

Pyrogenium

Bei einem Parvovirus-Durchfall ist an ein Mittel wie Carbo vegetabilis, Podophyllum und Veratrum album zu denken, eventuell auch Arsenicum album, Ipecacuanha und Phosphorus. Sofern aber der Patient nicht bis ins Detail zu einem dieser Mittel paßt, scheint Pyrogenium doch häufiger das richtige homöopathische Mittel bei einem Parvovirus-Durchfall zu sein. Es ist in praktisch allen Fällen ein gutes Erste-Hilfe-Mittel, das sehr rasch wirken kann. Parvovirus-Durchfall findet sich häufiger bei den kleinen Rassen, bei jungen und bei alten Tieren. Durch eine Entzündung im Zwölffingerdarm kommt es zu Erbrechen, gefolgt von einem wäßrig-dünnen, blutigen, heftig stinkenden und

erschöpfenden Durchfall. Flüssigkeitszufuhr durch den Tierarzt ist als erste Maßnahme unerläßlich, da sonst der Patient innerhalb weniger Tage durch Erschöpfung und Schädigung des Herzmuskels stirbt. Vorbeugende Impfung ist absolut notwendig, auch wenn es kynologische Besserwisser geben soll, die das Gegenteil behaupten. Ungeimpfte Hunde, die einen Parvovirus-Durchfall bekommen, sind meist mit homöopathischen Mitteln nicht zu retten. Die Parvo-Hunde, die am besten auf eine homöopathische Behandlung reagieren, sind diejenigen, die schon eine gewisse Widerstandskraft haben: Sie bekommen zum Beispiel trotz einer Impfung Parvo (zum Beispiel weil die Wiederholungsimpfung zu spät erfolgte), oder wenn eine Impfreaktion auftritt (siehe auch Ipecacuanha).
Typisch für Pyrogenium kann sein, daß bei steigender Körpertemperatur die Pulsfrequenz sinkt und umgekehrt. Der Parvo-Patient ist in der Regel matt; gelegentlich ist er auch unruhig und zittert.
Pyrogenium kann mit der regulären Behandlung der Parvovirus-Diarrhöe kombiniert werden.
Pyrogenium D30, anfänglich 2 x 1 Dosis im Abstand von 1 Stunde. Anschließend 1 x täglich 1 Dosis, 3 Tage lang. Die Reaktion auf Pyrogenium muß rasch eintreten (meist innerhalb von 24 Stunden): Der Patient beginnt wieder zu trinken, gelegentlich auch wieder zu fressen.

Rheum
Säuerlich stinkender Stuhl. Durchfall durch Dickdarmentzündung bedingt. Häufiger Stuhlgang, der breiig und schleimig ist; manchmal auch vergebliches Pressen.
Rheum D3, 3 x täglich 1 Dosis, 7–14 Tage lang.

Sulfur
Chronischer Durchfall. Manchmal auch Obstipation und Durch-

fall in einem einzigen Stuhl. Vor allem am frühen Morgen treten die Beschwerden auf: Der Hund konnte es nicht mehr zurückhalten und hat sein Geschäft im Haus verrichtet. Den Rest des Tages gibt es keine Probleme mehr. Sulfur paßt vor allem zu älteren Hunden mit chronischem Durchfall ohne ausgeprägte Ursache.
Sulfur D30, 1 x täglich 1 Dosis, 6–8 Wochen lang. Eventuell in Absprache mit dem Tierarzt eine höhere Potenz.

Veratrum album
Der Patient liegt völlig apathisch in seinem eigenen Stuhl, Urin und/oder Erbrochenem. Er fühlt sich eiskalt an (siehe auch Carbo vegetabilis).
Veratrum album D12, anfangs 3 x 1 Dosis in Abständen von 30 Minuten, danach Häufigkeit vermindern, wenn Besserung eintritt, bis 2 x täglich 1 Dosis, 7 Tage lang.

Perverser Appetit

Ursachen für die Aufnahme ungewöhnlicher Dinge können Verhaltensprobleme (Verspieltheit, Eifersucht, Erregen von Aufmerksamkeit) oder spezifische Erkrankungen sein (Stoffwechselstörungen, Unterernährung, Wurmbefall). Die erstere Gruppe bedarf einer individuellen Arzneimitteldiagnose und/oder eines Verhaltenstrainings; bei der zweiten Gruppe empfiehlt sich eine Ernährungsumstellung, eine Wurmkur und/oder eine homöopathische Behandlung gegen eine Stoffwechselstörung. Die Grenzen zwischen beiden Gruppen sind manchmal fließend.

Bei einer Vorliebe für	*paßt das homöopathische Mittel*
Sand	Tarantula D30, 1 x täglich 1 Dosis, 6–8 Wochen lang.
Salziges	Natrium muriaticum D12, 2 x täglich 1 Dosis, 6–8 Wochen lang.
rohe Kartoffeln	Calcium carbonicum D12, 2 x täglich 1 Dosis, 6–8 Wochen lang.
Kieselsteine	Lycopodium D30, 1 x täglich 1 Dosis, 6–8 Wochen lang.
Kalk, Zement usw.	Calcium phosphoricum D12, 2 x täglich 1 Dosis, 6–8 Wochen lang; Calcium carbonicum D12, 2 x täglich 1 Dosis, 6–8 Wochen lang (bezüglich des Unterschieds siehe das Kapitel *Homöopathische Typen und Verhalten*).
Gras (mit Erbrechen)	ist ein Allgemeinsymptom vor Erbrechen.

Bei einer Vorliebe für	*paßt das homöopathische Mittel*
Gras (ohne Erbrechen)	Silicea D12, 2 x täglich 1 Dosis, 6–8 Wochen lang; Faseranteil im Futter erhöhen (durch gekochtes Blattgemüse).
eigenen Kot	Veratrum album D30, 1 x täglich 1 Dosis, 6–8 Wochen lang.
Kot anderer Hunde	Carbo vegetabilis D6, 3 x täglich 1 Dosis, 3 Wochen lang; besser ist eine individuelle Arzneimitteldiagnose (siehe das Kapitel *Homöopathische Typen und Verhalten*).
Plastik, Holz usw.	Ignatia D30, 1 x täglich 1 Dosis, 6–8 Wochen lang.
Eier	Calcium carbonicum D12, 2 x täglich 1 Dosis, 6–8 Wochen lang.
Papier (Taschentücher)	Calcium phosphoricum D12, 2 x täglich 1 Dosis, 6–8 Wochen lang.

Bedeutung der Farbe/Konsistenz des Stuhls

schwarz (teerartig)	Blutung im Dünndarm; Nierenleiden (Urämie)
frisches Blut im Stuhl	Mastdarmerkrankung
kittfarben und viel	Bauchspeicheldrüsenerkrankung
glänzend, sehr hell bis weiß	Leber-/Galleerkrankung (Fett wird nicht verdaut)
schmutzig-weiß und bröckelig	Knochen gefressen
Fäulnisdurchfall (stinkt)	Eiweiß wird nicht verdaut
Gas-/Gärungsdurchfall	Kohlehydrate werden nicht verdaut

Verstopfung

Ursachen für eine Verstopfung im Mastdarm, durch die das Tier seinen Kot nicht ausscheiden kann, können sein:

- Lähmung des Mastdarms und Überdehnung der Mastdarmwand;
- zu harter Stuhl wie zum Beispiel nach dem Verzehren von Knochen;
- Prostatavergrößerung (siehe Kapitel *Harnableitende Wege*).

Homöopathie

Dieselben Mittel, die bei der Behandlung von Blasenfunktionsstörungen (Plumbum metallicum und Strychninum nitricum) zentral angreifen, können natürlich auch dann eingesetzt werden, wenn die Mastdarmfunktion infolge einer Störung der Nervenleitung bei Spondylose oder einem Bandscheibenleiden gestört ist (siehe das Kapitel *Bewegungsapparat*).

Alumina
Weniger schwerwiegend als bei Opium, jedoch auch hier eine Lähmung der Mastdarmwand, wodurch es zu einer Ansammlung von Stuhl kommt. Wenn sich der Mastdarm stärker füllt, stellt sich schließlich doch Stuhlgang ein (siehe auch Nux vomica). Der Kot ist zu hart und zu trocken. Alumina paßt besonders gut zu älteren Hunden.
Alumina D6, 3 x täglich 1 Dosis, 6–8 Wochen lang.

Nux vomica
Die Ursache für die Verstopfung liegt mehr zentral im letzten Abschnitt des Rückenmarks. Wie bei den Hinterbeinen und der Blase (siehe die Kapitel *Bewegungsapparat* und *Harnableitende*

Wege) unterscheidet man auch beim Mastdarm eine spastische und eine lytische Lähmung. Bei ersterer treten übermäßig viele, kräftige, aber kurze Kontraktionen auf, die schließlich doch nicht zum Austreiben des Kots führen; in einem solchen Fall nehmen wir eine D6. Bei der lytischen oder schlaffen Lähmung liegt eine Gesamtstörung der Nervenfunktion des Mastdarms vor (sekundär wird die Mastdarmwand auch noch überdehnt); in diesem Fall ist eine D3 zu nehmen (siehe auch Opium). In ersterem Fall findet man einen vergeblichen Drang bei einem praktisch normal aussehenden Stuhl; im letzteren Fall ist die Kotmenge viel zu groß (auf einer Röntgenaufnahme zu sehen), ohne daß Stuhldrang besteht.
Nux vomica D3 oder D6, 3 x täglich 1 Dosis, 3 Wochen lang.

Opium
Lähmung des Mastdarms. Der Stuhl sammelt sich an, so daß die Entleerung immer schwieriger wird (siehe auch Alumina, Nux vomica). Eine Röntgenaufnahme kann die Diagnose sichern. Der Patient macht keine Anstalten zur Stuhlentleerung, preßt nicht.
Opium D12, 2 x täglich 1 Dosis, 6–8 Wochen lang. Vielfach ist eine längerfristige Behandlung notwendig. Eventuell eine höhere Potenz.

Staphisagria
Staphisagria ist angezeigt, wenn die Verstopfung nach einer Bauchoperation auftritt.
Staphisagria D4, 3 x täglich 1 Dosis, 7–10 Tage lang.

Leber

Lebererkrankungen kommen für die Selbstmedikation nicht in Frage. Vielfach ist es selbst für den Tierarzt schwierig, eine Lebererkrankung zu diagnostizieren. Die Symptome sind meist vage. Längst nicht immer findet man die für eine Leberstörung angeblich so typische Gelbsucht (sichtbar an der Innenseite der Ohrmuschel oder an den Schleimhäuten der Augen und des Mauls). Hinzu kommt, daß Gelbsucht durchaus nicht immer durch eine Lebererkrankung hervorgerufen wird, sondern vielfach auch durch einen vermehrten Abbau roter Blutkörperchen.

Homöopathie

Die homöopathischen Mittel, die hier beschrieben werden und die bei bestimmten Leberproblemen eingesetzt werden können, sind nicht für die Selbstmedikation bestimmt; sie sollen hier lediglich vorgestellt werden, damit sie der Leser mit dem Tierarzt besprechen kann.
Eine Reihe anderer homöopathischer Lebermittel werden aufgrund anderer, teilweise höherwertiger Symptome ausgewählt. Bezüglich dieser Mittel verweise ich auf die Symptomatologie, wie sie in anderen Kapiteln unter den betreffenden Mitteln beschrieben ist, insbesondere im Kapitel *Homöopathische Typen und Verhalten.* Hierbei handelt es sich um Lycopodium, Nux vomica und Phosphorus.

Carduus marianus

Carduus marianus schützt und wirkt heilend auf die Leberzellen. Es ist stets dann angezeigt, wenn bestimmte toxische Stoffe oder Infektionen die Leberzellen schädigen oder zu schädigen drohen. Auch bei Leberzirrhose kann Carduus marianus angewandt wer-

den. Heilung ist bei letzterem Fall allerdings nicht mehr zu erwarten, höchstens eine Besserung (wenn zumindest die Ursache ausgeschaltet wird). Häufig liegt als Begleitsymptom eine Mastdarmverstopfung vor.
Carduus marianus läßt sich gut mit Flor de Piedra kombinieren.
Carduus marianus D3, 3 x täglich 1 Dosis, 3–6 Wochen lang.

Chelidonium
Chelidonium ist ein sehr wichtiges Lebermittel. Der Hund hat Bauchschmerzen und steht mit gewölbtem Rücken; er mag sich nicht bewegen. Durchfall wechselt mit Verstopfung ab. Der Harn ist ockerfarben. Manchmal fällt eine Rechtsseitigkeit der Beschwerden auf. Nicht selten liegen auch Hautprobleme vor. Chelidonium hat möglicherweise eine breitere Wirkung als Carduus marianus oder Flor de Piedra.
Chelidonium D3, 3 x täglich 1 Dosis, 3–6 Wochen lang.

Flor de Piedra
Auch Flor de Piedra ist eine wichtige Behandlungsmöglichkeit für einen Leberschaden infolge von Giftstoffen oder Infektionen. Es kann zusammen mit Carduus marianus gegeben werden.
Flor de Piedra D4, 3 x täglich 1 Dosis, 3–6 Wochen lang.

Solidago virga aurea
Solidago virga aurea stimuliert die Leber- und Nierenfunktion. Es ist ein Entwässerungsmittel: Die Stoffwechselprodukte des Körpers werden über Galle und Harn besser ausgeschieden.
Solidago virga aurea Ø, 3 x täglich 1 Dosis, 3–6 Wochen lang.

Fettsucht

Fettsucht kann durch folgendes ausgelöst werden:

- zuviel Essen (oder zu viele Extras) oder eine ungünstige Zusammensetzung der Ernährung (siehe Ernährungsplan in der Einleitung zum Kapitel *Haut*);
- zuwenig Bewegung;
- hormonelle Störungen zum Beispiel im Haushalt der Geschlechtsorgane (sehr wenig essen und trotzdem Fettsucht), nach einer Kastration (Hunger, nicht zuviel Futter, trotzdem Fettsucht), Cushing-Krankheit, Störungen der Schilddrüsenfunktion.

Fettsucht führt zu einer Überlastung von Herz und Gelenken. Die Ausdauer ist gering, weshalb der Hund noch weniger Lust hat, sich zu bewegen. Außerdem können Hautkrankheiten auftreten, gelegentlich auch Störungen der Leber- und Nierenfunktion. Es kommt zu Verdauungsproblemen. Es ist, kurz gesagt, nicht zu übersehen, daß dem Hund das Leben weniger Spaß macht.

Daneben hat auch der Tierarzt noch einige spezifische Probleme mit einem fettsüchtigen Hund: Fettsucht kann die Diagnose erschweren (in einem dicken Bauch kann man zum Beispiel nichts tasten) und eine Therapie behindern (Gelenkprobleme oder Rückenbeschwerden können häufig nur angegangen werden, wenn der Hund drastisch abnimmt).

Chirurgische Eingriffe (sogar schon die Narkose) und der anschließende Heilungsprozeß können durch Fettsucht behindert werden.

Wenn die Fettsucht keine hormonellen Ursachen hat, ist die Ernährung auf Menge und Zusammensetzung zu prüfen. Als energiearme Diät können 3 Wochen lang reichlich gekochtes Blattgemüse oder Brechbohnen (kalorienarme Magenfüller) und gekochter magerer Fisch (ohne Gräten) gegeben werden.

Einfacher ist es, eine Abmagerungsdiät aus der Dose zu geben.

Wichtig ist vor allen Dingen, dem Hund mehr Bewegung zu geben. Dabei Überanstrengungen vermeiden, das Training langsam steigern!

Wann liegt Fettsucht vor?

Viele Besitzer finden ihren Hund überhaupt nicht dick, auch wenn eine ausgeprägte Fettsucht vorliegt. Bei manchen Rassen scheint etwas zu dick oder etwas zu mager zum Rassenstandard zu gehören. Ich persönlich finde den Labrador-Retriever eher etwas dick, während die Züchter dies bestreiten. Beim Greyhound kann man die Rippen zählen, wobei jedoch eine vorzügliche Muskelentwicklung dies mehr als ausgleicht.

Bei einem kurzhaarigen Hund ist leichter festzustellen, ob er dick ist, als bei einem Langhaar. Wenn ein langhaariger Hund aus dem Wasser kommt, erschrickt man nicht selten, wie wenig an ihm »dran« ist.

Ein Kurzhaar ist in optimalem Zustand, wenn man die Rippen nicht sehen, aber noch gut fühlen kann. Auch eine nach oben verlaufende Bauchlinie ist ein Zeichen, daß nicht zu viel Fett im Bauch vorhanden ist.

Die für Rassehunde »vorgeschriebenen« Gewichte sind irreführend, da auch innerhalb einer Rassenpopulation ein ganz unterschiedlicher Bau vorliegen kann. Ein kleinerer Typ müßte dann durch Fettsucht auf das »Rassegewicht« kommen, und dies ist natürlich falsch.

Sprechen Sie mit ihrem Tierarzt, wenn ein Hund nach einer dreiwöchigen Abmagerungskur, mehr Bewegung und einer homöopathischen Behandlung noch nicht mehr als 5 Prozent seines Körpergewichts verloren hat.

Fucus vesicolosus

Fucus vesicolosus kommt auch in der Nordsee vor. Der wirksame Bestandteil ist Jod. Es wird bei der Behandlung der Fettsucht als

pflanzliches Arzneimittel angewandt. Dadurch wird die Schilddrüse aktiviert, die wiederum den Abbau von Fett stimuliert. Der Jodgehalt im Blasentang ist nicht so hoch, daß eine Jodvergiftung zu befürchten ist. Trotzdem die individuelle Empfindlichkeit berücksichtigen und das Mittel nicht länger als 3 Wochen anwenden.
Fucus vesicolosus Ø, 3 x täglich 1–20 Tropfen je nach Körpergewicht des Hundes, 3 Wochen lang.

Ginkgo biloba
Ein relativ unbekanntes Mittel für die Behandlung der Fettsucht. Es ist vor allem bei der Behandlung von Fettsucht nach einer Kastration oder Sterilisation angezeigt.
Ginkgo biloba D12, 2 x täglich 1 Dosis, 6 Wochen lang.

Graphites
Graphites stimuliert eine etwas zu träge wirkende Schilddrüse. Die Schilddrüsenwirkung ist nicht so sehr verlangsamt, daß dies im Blut nachweisbar wäre. Wenn dies der Fall ist, dann genügt Graphites allein meist nicht mehr. Man lese hierzu auch das Graphites-Bild (im Kapitel *Homöopathische Typen und Verhalten*).
Möglicherweise können Pulsatilla D3 und Cimicifuga D3 noch zusätzliche »hormonelle« Unterstützung geben.
Graphites D6, 3 x täglich 1 Dosis, 3 Wochen lang.

Atemsystem und Herz

Repertorium Atmungs- und Herzbeschwerden

Dies ist eine globale Übersicht. Genauere Anweisungen findet man bei den Beschreibungen der einzelnen homöopathischen Heilmittel. Herzbeschwerden eignen sich niemals für die Selbstmedikation, sondern müssen stets vom (homöopathischen) Tierarzt beurteilt werden.

Beschwerden	*Indikationen*	*Arzneimittel*
Asthmatische Bronchitis nach Zwingerhusten		Yerba santa
Beruhigungsmittel bei Herzbeschwerden (Tierarzt!)		Passiflora incarnata
Extrem hoher Puls (Tierarzt!)		Spigelia
Heiserkeit		Arum triphyllum, Causticum, Paris quadrifolia
Husten	bei Allergie	Ammi visnaga, Grindelia robusta
	bei chronischer Bronchitis (Tierarzt!)	Arsenum jodatum, Stannum metallicum, Tartarus emeticus
	bei trockener Kälte	Aconitum, Causticum
	bei Lungenemphysem (Tierarzt!)	Ammonium carbonicum
	bei nasser Kälte	Dulcamara, Rhus toxicodendron

Beschwerden	*Indikationen*	*Arzneimittel*
Husten	bei Virusinfektionen	Arsenicum album
	und zäher Schleim	Kalium bichromicum
	mit Erbrechen	Ipecacuanha
	nach Einatmung von Ammoniak	Arum triphyllum, Ammonium jodatum
	nach Unterdrückung von Hautbeschwerden	Sulfur
	nach Impfung	Thuja
Krampfartiger Husten		Cuprum aceticum
Nasenausfluß	eitriger	Cinnabaris, Hepar sulfuris, Kalium bichromicum, Luffa operculata, Pulsatilla
	wäßriger	Allium cepa, Euphrasia, Luffa operculata, Galphimia glauca
Nasenbluten	allgemein	Hamamelis, Millefolium
	nach Verletzungen	Arnica
Nervöser Husten		Hyoscyamus, Ignatia
Resorptionsmittel bei Husten		Arsenum jodatum
Sehr schmerzhafter Husten		Bryonia
Stauung, Flüssigkeitsansammlungen		Apocynum
Trockener Nasenspiegel		Antimonium crudum, Causticum, Graphites, Natrium muriaticum
Zwingerhusten		Arsenicum album, Belladonna, Drosera, Ipecacuanha, Spongia

Trockener Nasenspiegel

Gelegentlich leidet ein Hund unter einem trockenen, rissigen Nasenspiegel. Durch Scheuern am Boden kann der Nasenspiegel zu bluten beginnen. Wenn daneben auch Hautbeschwerden vorliegen, sollte man im Kapitel *Haut* nachschlagen.

Antimonium crudum

Vor allem der Hund mit einem trockenen Nasenspiegel und Schwielenbildung paßt zu Antimonium crudum.

Antimonium crudum D12, 2 x täglich 1 Dosis, 6 Wochen lang. Eventuell eine höhere Potenz.

Causticum

Causticum paßt ganz allgemein zum trockenen Hund. Vor allem ein trockener Nasenspiegel beim älteren Hund läßt sich häufig gut mit Causticum behandeln, insbesondere dann, wenn noch mehr Causticum-Symptome vorliegen (siehe die Kapitel *Haut* und *Homöopathische Typen und Verhalten*).

Causticum D12, 2 x täglich 1 Dosis, 6 Wochen lang. Eventuell eine höhere Potenz.

Graphites

Auch bei Graphites gilt, daß nicht der trockene Nasenspiegel, sondern die anderen Symptome den Ausschlag geben müssen. Besonders erwähnt werden muß Graphites-Salbe als äußere Behandlung des trockenen, schrundigen Nasenspiegels.

Graphites D12, 2 x täglich 1 Dosis, 6 Wochen lang. Eventuell eine höhere Potenz. Graphites-Salbe, 3 x täglich in den Nasenspiegel einmassieren, 6 Wochen lang.

Natrium muriaticum

Bei einem Patienten, der auch im übrigen zum Arzneimittelbild paßt (siehe die Kapitel *Haut* und *Homöopathische Typen und Verhalten),* wird Natrium muriaticum die Heilung eines trockenen Nasenspiegels begünstigen.

Natrium muriaticum D12, 2 x täglich 1 Dosis, 6 Wochen lang. Eventuell eine höhere Potenz.

Nasenausfluß

Der Nasenausfluß kann wäßrig, schleimig, eitrig oder blutig sein. Mögliche Ursachen sind eine Infektion (Bakterien, Viren oder Pilze), Allergie oder Trauma, eine Geschwulst oder Fremdkörper (Grannen, Grashalm, Zweig usw.). Aufgrund meiner Erfahrungen möchte ich empfehlen, in jedem Fall bei Nasenausfluß zum Tierarzt zu gehen. Sogar für ihn ist die Diagnose oft schwierig, weil das Gebiet schwer zugänglich ist und auch eine Röntgenaufnahme nicht immer alles erkennen läßt.

Allium cepa
Siehe *Euphrasia.*

Cinnabaris
Bei einer chronischen Schleimhautentzündung der Nase in Verbindung mit einer Entzündung der Nebenhöhlen (Sinusitis), kann bei eitrigem Ausfluß Cinnabaris hilfreich sein. Wenn der Ausfluß zäh ist, läßt sich Cinnabaris wirksam mit Kalium bichromicum kombinieren.
Cinnabaris D6, 3 x täglich 1 Dosis, 3–6 Wochen lang. Eventuell mit Kalium bichromicum D6 kombinieren (dieselbe Anwendung wie bei Cinnabaris D6).

Euphrasia
Die Mittel Euphrasia und Allium cepa (die Zwiebel) passen zu einem wäßrigen, gelegentlich irritierenden Ausfluß. Ursache hierfür ist häufig eine Allergie. Der Nasenausfluß ist vielfach mit tränenden Augen verbunden. Euphrasia kann auch in äußerlicher Darreichungsform angewandt werden.
Euphrasia D6, 3 x täglich 1 Dosis, 3–6 Wochen lang. Kann mit Allium cepa D6 kombiniert werden (dieselbe Anwendung wie bei Euphrasia).

Galphimia glauca
Siehe *Luffa operculata.*

Hepar sulfuris
Hepar sulfuris paßt zum akuten eitrigen Nasenausfluß. Das Mittel kann unterstützend zu den übrigen Mitteln gegeben werden, in deren Arzneimittelbild ein eitriger Nasenausfluß vorhanden ist.
Hepar sulfuris D12, 2 x täglich 1 Dosis, 3–6 Wochen lang. Keine tiefere Potenz nehmen, da die Gefahr einer Eiteransammlung in den Nebenhöhlen besteht (siehe das Kapitel *Entzündungen allgemein*).

Kalium bichromicum
Chronischer eitriger und insbesondere zäher Nasenausfluß. Kalium bichromicum verflüssigt den Eiter, so daß dieser leichter abfließen kann.
Kalium bichromicum D6, 3 x täglich 1 Dosis, 3–6 Wochen lang. Eventuell kombinieren mit Cinnabaris D6 (dieselbe Anwendung wie bei Kalium bichromicum D6).

Luffa operculata
Luffa operculata ist das angezeigte Mittel bei einer Entzündung der Nasenschleimhaut und der Nebenhöhlen in Verbindung mit einer Allergie. Der Ausfluß ist klar, schleimig oder eitrig. Das Mittel läßt sich gut mit Galphimia glauca kombinieren, das bei allergischen Reaktionen der Nase und der Haut angewandt wird.
Luffa operculata D6, 3 x täglich 1 Dosis, 3–6 Wochen lang. Eventuell mit Galphimia glauca D6 kombinieren (in derselben Weise anwenden wie Luffa operculata D6).

Pulsatilla
Bei einem chronischen Nasenausfluß in eitriger Form (dicklich, gelbgrün und reichlich), der nicht irritiert. Häufig bei Pulsatilla-

Typen (siehe das Kapitel *Homöopathische Typen und Verhalten*). *Pulsatilla D6, 3 x täglich 1 Dosis, 3–6 Wochen lang. Eventuell mit Hepar sulfuris D12 kombinieren.*

Nasenbluten

Routinemittel für Nasenbluten sind Arnica, Hamamelis und Millefolium (siehe das Kapitel *Verletzungen*).

Husten

Unter dem Allgemeinsymptom Husten können sich verschiedene Erkrankungen verbergen, unter anderem Zwingerhusten, asthmatische Bronchitis, Herzinsuffizienz, Lungenentzündung.
Im allgemeinen gilt, daß nur der Husten ohne Fieber und ohne Allgemeinerkrankung für die Selbstbehandlung geeignet ist.
Zwei Ursachen für Husten sind hier besonders zu erwähnen:
- Entzündung des oberen Abschnitts der Luftröhre (des Kehlkopfes): Zwingerhusten (Laryngitis);
- Entzündung der kleineren Atemwege (Bronchien): Bronchitis.

Beim Zwingerhusten hat man den trockenen, lauten, kratzenden Husten, der plötzlich einsetzt und vor allem durch Aufregung oder Zerren am Halsband auftritt. Der »Reizhusten« sitzt im oberen Teil der Luftröhre (Kehlkopf). Manchmal versucht der Hund, ein wenig zähen, milchweißen Schleim auszuwürgen. Es handelt sich hier um eine Mischinfektion von Bakterien und Viren, die sich die Tiere vor allem dort zuziehen, wo viele Hunde zusammen sind, wie zum Beispiel auf Shows, in Tierheimen oder in Pensionen. Durch das ständige Räuspern rauht sich die Kehle des Hundes auf, wodurch ein Teufelskreis entsteht. Das Tier hat meist keine Allgemeinsymptome. Sporadisch tritt eine Lungenentzündung als Komplikation auf. Die Beschwerden sind in der Regel nach etwa fünf Tagen von selbst weitgehend abgeklungen. Bei manchen Hunden kann das erschöpfende Husten allerdings auch über eine Woche dauern.
Man hat manchmal den Eindruck, als ob der Hund eine Gräte im Hals hätte, jedoch würde er in diesem Fall unaufhörlich würgen und stärker jaulen; insgesamt wären die Symptome viel heftiger, und der Hund hätte auch keinen Appetit. Bei Bronchitis klingt der Husten etwas tiefer, nicht so laut (wird manchmal wegen der Schmerzen verhalten) und kann zwischen trocken und feucht variieren. Vor allem die kleineren Rassen können im Alter eine

chronische asthmatische Bronchitis mit trockenem Husten und Beklemmung bekommen. Man beachte stets, daß eine asthmatische Bronchitis und das erschöpfende Husten eine Belastung für das Herz sein können, daß aber umgekehrt auch das Herz die Ursache für eine Bronchitis sein kann. Der »Herzhusten« ist ausgesprochen schwach. Lassen Sie Ihren Hund vom Tierarzt untersuchen.

Homöopathie

Nachfolgend die Beschreibungen einer Reihe homöopathischer Mittel, die bei verschiedenen Formen und Ursachen von Husten eingesetzt werden können. Die Mittel sind in alphabetischer Reihenfolge angegeben.

Aconitum

Aconitum paßt zum akuten Stadium einer Krankheit (siehe das Kapitel *Entzündungen allgemein*). Wichtigste Ursache ist trockene Kälte (siehe auch Causticum).

Aconitum D6, anfänglich 3 x 1 Dosis, in Abständen von 15–30 Minuten, anschließend noch 4 x 1 Dosis über 1 Tag verteilt.

Ammi visnaga

Ammi visnaga ist ein pflanzliches Mittel mit antiallergischer Wirkung. Es ist daher ein hervorragendes Mittel für die asthmatischen Beschwerden wie Beklemmung und Husten im Gefolge einer Allergie. Die Schleimhäute bleiben intakt, wodurch der Widerstand gegen Infektionen und Allergene verbessert wird. Möglicherweise wirkt Ammi visnaga auch bei Hunden mit Futterallergien (unter anderem gegen Milch, Eier, Fleisch).

Ammi visnaga D1, 3 x täglich 1 Dosis, 3 Wochen lang. Kann gegebenenfalls über längere Zeit gegeben werden.

Ammonium carbonicum

Das Mittel für den Patienten mit Lungenemphysem, das sich im Verlauf einer chronischen Bronchitis entwickelt. Kurzatmigkeit und Beklommenheit. Husten nur nachts bis zum frühen Morgen bzw. Verschlimmerung in diesem Zeitraum. Verschlechterung in einem warmen Raum. Feuchte Kälte wie nebliges Wetter bewirken ebenfalls eine Verschlimmerung der Beschwerden.

Trockenes Wetter und mäßige Temperaturen bringen Verbesserung. Patienten sind meist alte Hunde, vor allem von kleinen Rassen.

Ammonium carbonicum D6, 3 x täglich 1 Dosis, 3 Wochen lang. Kann erforderlichenfalls länger gegeben werden.

Arsenicum album

Arsenicum album ist das angezeigte Mittel bei Virusinfekten allgemein. Auch bei Viruserkrankungen der Atemwege wie Entzündung der Nasenschleimhaut (Nasentröpfchen), Laryngitis (Zwingerhusten) und Bronchitis. Dennoch ist die Wirkung am stärksten, wenn der Patient ein Arsenicum-album-Typ ist (siehe das Kapitel *Homöopathische Typen und Verhalten*). Arsenicum album läßt sich im Anfangsstadium des Zwingerhustens gut mit Belladonna kombinieren.

Arsenicum album D6, 3 x täglich 1 Dosis, 3 Wochen lang. Eventuell eine höhere Potenz.

Arsenum jodatum

Arsenum jodatum ist ein Resorptionsmittel, das heißt es stimuliert die Aufnahme von Entzündungsflüssigkeiten in das Blut. Wenn zum Beispiel die Entzündungsflüssigkeiten die Beklemmung verschlimmern, kann Arsenum jodatum unterstützend zu einer anderen homöopathischen Behandlung zusätzliche Erleichterung bringen.

Arsenum jodatum D6, 3 x täglich 1 Dosis, 1–3 Wochen lang.

Arum triphyllum

Heftiger Kehlkopfkatarrh. Kein Mittel für den üblichen Zwingerhusten. Die Symptome sind außerordentlich stark, und der Husten scheint völlig unkontrollierbar zu sein, beinahe erstickend. Hier ist zum Beispiel zu denken an Welpen mit Atemwegsbeschwerden, die in einem Stall mit hohem Ammoniakanteil in der Luft großgezogen werden (in diesem Fall eventuell mit Ammonium jodatum D6 kombinieren). Nur Homöopathie ist in einem solchen Fall nicht ausreichend – ein gut gelüftetes Lager muß die erste Maßnahme sein. Arum triphyllum ist auch bei Heiserkeit nach andauerndem Bellen angezeigt (siehe auch Causticum, Paris quadrifolia).

Arum triphyllum D3, 3 x täglich 1 Dosis, 1–3 Wochen lang.

Belladonna

Bei einem Kehlkopfkatarrh, der plötzlich entsteht, mit einem anfallsartigen und trockenen, lauten, heiseren Husten, wobei gelegentlich auch ein wenig weißer Schleim produziert wird. Auch Würgen und Niesen können auftreten. Die Kehle wird heiser gehustet, so daß der Patient in einen Teufelskreis gerät. Aufregung, kalte Luft und Druck auf die Luftröhre (zum Beispiel durch Zerren am Halsband) verschlimmern den Husten.

Belladonna eignet sich hervorragend zur Behandlung von Zwingerhusten, sofern es sofort im Anfangsstadium gegeben wird. Eventuell mit Arsenicum album kombinieren.

Belladonna D6, anfangs 3 x 1 Dosis in Abständen von 30 Minuten, anschließend 3 x täglich 1 Dosis, 7 Tage lang. Nur dann, wenn innerhalb von 24 Stunden eine deutliche Besserung eintritt, kann Belladonna als Alleinmittel ausreichen. In allen anderen Fällen eines der übrigen Mittel wählen.

Bryonia

Bryonia paßt zu Bronchitis, Lungenentzündung und Pleuritis. In den beiden letzteren Fällen hat der Hund Fieber und ist allgemein krank. Diese Leiden müssen vom Tierarzt behandelt werden. Merkmale für Bryonia sind im allgemeinen Durst und Trockenheit; der Patient hat Schmerzen, die sich durch jede noch so geringe Bewegung verschlimmern. Dadurch unterdrückt der Hund seinen Husten und vermeidet peinlich jede Bewegung; er bleibt unbeweglich liegen (siehe das Kapitel *Entzündungen allgemein*).

Bryonia läßt sich gut mit Phosphorus kombinieren.

Bryonia D6, 3 x täglich 1 Dosis, 1–2 Wochen lang. Eventuell mit Phosphorus D6 kombinieren, insbesondere bei einer Lungenentzündung (in derselben Weise anwenden wie Bryonia).

Causticum

Causticum ist vor allem das Mittel für den chronischen Husten, der durch trockene Kälte verursacht wird (siehe Aconitum). Wärme führt zu einer Besserung der Beschwerden. Häufig liegt Heiserkeit vor.

Ein weiteres wichtiges Mittel gegen Heiserkeit nach einer Kehlkopfentzündung ist Paris quadrifolia D3 (siehe auch Arum triphyllum). Vor allem die übrigen Causticum-Symptome müssen die Richtigkeit der Arzneimitteldiagnose sichern (siehe das Kapitel *Homöopathische Typen und Verhalten*).

Causticum D12, 2 x täglich 1 Dosis, 3 Wochen lang. Eventuell mit Paris quadrifolia D3 kombinieren, 3 x täglich 1 Dosis, 3 Wochen lang.

Cuprum aceticum

Zu Cuprum aceticum passen heftige Krämpfe der Bronchien: sie ziehen sich plötzlich anfallsartig zusammen, wodurch ein erstikkender trockener Husten entsteht. Der Hund hält seinen Kopf

ganz tief. Ein solcher Krampf kann durch eine Reizung der Bronchialschleimhaut entstehen. Daher läßt sich Cuprum aceticum gut mit Drosera kombinieren. Auch Cuprum aceticum gehört nicht zu den ersten Mitteln bei Zwingerhusten, ist aber dann anzuwenden, wenn ein bleibender Husten durch eine komplizierte Bronchitis hervorgerufen wird.
Cuprum aceticum D4, 3 x täglich 1 Dosis, 1–2 Wochen lang.

Drosera
An der Schleimhaut der oberen Luftwege (Kehle, Luftröhre und Bronchien) tritt eine irritierende Entzündung ein, wodurch es zu Husten und Beklemmung kommt. Der schmerzhafte Reizhusten wird in sauerstoffarmen Räumen schlimmer (zum Beispiel nachts). Es findet sich eine kleine Menge zähen Schleims, der nur schwer ausgehustet oder nur ausgewürgt werden kann. Die Reizempfindlichkeit hat ihren Sitz vor allem in der Kehle und führt zu einem krampfartigen lauten Husten, der von Würgen und Erbrechen gefolgt wird. Häufig folgen die Hustenanfälle rasch aufeinander. Das Mittel paßt zu einem heftig verlaufenden Zwingerhusten und/oder Bronchitis.
Drosera D2, 3 x täglich 1 Dosis, 1–2 Wochen lang.

Dulcamara
Dulcamara ist bei dem Husten angezeigt, der nach nasser Kälte entsteht (siehe auch Rhus toxicodendron). Der Husten wird durch nasse Kälte schlimmer, aber auch in einem überheizten Raum und durch Liegen.
Dulcamara D6, 3 x täglich 1 Dosis, 1–2 Wochen lang.

Grindelia robusta
Ein pflanzliches Heilmittel, das die Folgen einer allergischen Reaktion in Schleimhäuten und Atemwegen angeht: Entzündung und Schwellung der Schleimhaut, Schleimabsonderung, die zu-

sammen mit einem Bronchospasmus (Zusammenziehung der Bronchien) zu Beklemmung und Kurzatmigkeit führen.
Grindelia robusta D1, 3 x täglich 1 Dosis, 3 Wochen lang. Kann erforderlichenfalls länger gegeben werden.

Hyoscyamus
Ein Symptom für Hyoscyamus, das vielfach übersehen wird, ist der nervöse Husten (siehe auch Ignatia). Wenn mehrere Symptome in die Richtung von Hyoscyamus weisen (siehe das Kapitel *Homöopathische Typen und Verhalten*) und die Röntgenaufnahme keine schwerwiegenden Veränderungen der Lunge ergibt, kann Hyoscyamus den Patienten manchmal unglaublich schnell von seinem lästigen Husten befreien. Dies insbesondere dann, wenn der Husten schlimmer wird, wenn sich der Hund (nachts) hinlegt.
Hyoscyamus D30, 1 x täglich 1 Dosis, 6–8 Wochen lang. Eventuell in Absprache mit dem Tierarzt eine höhere Potenz.

Ignatia
Man denkt bei Ignatia nicht unbedingt an Husten. Trotzdem konnte ich schon einige Hunde mit Ignatia von einem lästigen Husten befreien. Auch im Arzneimittelbild von Ignatia findet sich das Symptom »nervöser Husten« (siehe auch Hyoscyamus). Das Röntgenbild zeigt keine oder nur unbedeutende Abweichungen. Bedingung für eine erfolgreiche Behandlung ist, daß der Patient ein Ignatia-Typ ist (siehe das Kapitel *Homöopathische Typen und Verhalten*).
Ignatia D30, 1 x täglich 1 Dosis, 6–8 Wochen lang. Eventuell in Absprache mit dem Tierarzt eine höhere Potenz.

Ipecacuanha
Das Schlüsselsymptom für Ipecacuanha ist »Husten mit Erbrechen«. Auch Ipecacuanha ist ein Mittel für Zwingerhusten, ins-

besondere dann, wenn Belladonna nicht greift. Auch in einigen Asthma-Fällen habe ich dankbar von Ipecacuanha Gebrauch gemacht. Bewegung verursacht und verschlimmert den Husten. Husten und Erbrechen bringen keine Erleichterung (siehe auch Tartarus emeticus).
Ipecacuanha D6, 3 x täglich 1 Dosis, 1–2 Wochen lang.

Kalium bichromicum
Ungewöhnlich zähes, schleimig-eitriges Sputum, das fast nicht auszuhusten ist. Kalium bichromicum verdünnt das Sputum und erleichtert das Aushusten. Kalium bichromicum wird meist zur Unterstützung eines anderen homöopathischen Mittels gegeben.
Kalium bichromicum D6, 3 x täglich 1 Dosis, 3 Wochen lang.

Kalium jodatum
Kalium jodatum hat insbesondere eine Affinität zu den Schleimhäuten, auch den Schleimhäuten der Atemwege. Im Haus und in der Wärme macht der Hund einen schlappen und kranken Eindruck; im Freien dagegen geht es ihm ausgezeichnet. Eine Verschlimmerung der Beschwerden tritt vielfach im Frühjahr und Herbst auf. Meist wird Kalium jodatum zur Unterstützung eines anderen homöopathischen Mittels angewandt.
Kalium jodatum D3, 3 x täglich 1 Dosis, 3 Wochen lang.

Lobelia inflata
Lobelia inflata wird bei Lungenemphysem eingesetzt und läßt sich daher gut mit Ammonium carbonicum kombinieren. Es ist ein Mittel, das den Durchtritt der eingeatmeten Luft durch eine Entspannung der Bronchienwände erleichtert. Durch einen relativ ungehinderten Ein- und Ausstrom der Atemluft wird die Entwicklung eines Lungenemphysems zumindest verzögert.
Lobelia inflata D3, 3 x täglich 1 Dosis, 3 Wochen lang. Kann erforderlichenfalls länger gegeben werden.

Phosphorus
Siehe Bryonia.

Rhus toxicodendron
Bronchitis und Lungenentzündung, nachdem der Hund naß und kalt geworden ist (siehe auch Dulcamara); er kommt zum Beispiel gerade vom Auslauf im kühlen Herbstregen. Häufig passen auch Gelenkprobleme zu Rhus toxicodendron (siehe das Kapitel *Bewegungsapparat*).
Rhus toxicodendron D6, 3 x täglich 1 Dosis, 1–2 Wochen lang.

Spongia
Der Spongia-Husten ist laut und trocken. Weniger schmerzhaft als bei Drosera. Der Hustenreiz hat seinen Sitz in Kehle und Luftröhre. Es handelt sich manchmal um einen erschöpfenden Husten, wobei mit großer Mühe eine kleine Menge zähen Schleims ausgehustet wird, die der Hund fast nicht herauswürgen kann und dann vielfach schluckt. Jegliche Reizung löst Husten aus: Aufregung, Druck auf den Hals (durch Ziehen am Halsband), Temperaturveränderungen. Essen und Trinken bessern die Beschwerden.
Spongia D6, 3 x täglich 1 Dosis, 1–2 Wochen lang.

Stannum metallicum
Stannum metallicum ist ein wichtiges Mittel für die chronische Bronchitis mit leicht aushustbarem Schleim. Vielfach sind die Stannum-Patienten mager. Verschlechterung der Beschwerden tritt durch Kälte, Bellen und Bewegung auf. Das Mittel kann evtl. mit Arsenum jodatum kombiniert werden.
Stannum metallicum D6, 3 x täglich 1 Dosis, 3–6 Wochen lang.

Sulfur
Husten und Allgemeinbeschwerden der Atemwege nach Unter-

drückung von Hautproblemen: Dies ist das typische Symptom für Sulfur. Die Atemwegsbeschwerden können von einer einfachen Erkältung bis zur Lungenentzündung reichen. Ebenfalls ein Sulfur-Symptom kann sein, daß nach der Unterdrückung von Hauterkrankungen Durchfall auftritt (siehe das Kapitel *Haut*).
Sulfur D30, 1 x alle 3 Tage 1 Dosis, 3 Wochen lang. Eventuell in Absprache mit dem Tierarzt eine höhere Potenz.

Tartarus emeticus

Tartarus emeticus ist gekennzeichnet durch einen Husten mit reichlich Schleim, der nicht oder sehr schwer auszuhusten ist, unter anderem deshalb, weil der Patient aufgrund einer Kreislaufstörung (Herzschwäche) zu wenig Kraft hat. Bei Tartarus emeticus handelt es sich insbesondere um eine Entzündung der unteren Luftwege, daß heißt eine Bronchitis. Das Aushusten von Schleim und Erbrechen erleichtert (im Gegensatz zu Ipecacuanha). Wärme und Liegen führen zu einer Verschlechterung. Auch morgens ist eine Verschlechterung festzustellen. Das Mittel paßt insbesondere zu älteren Hunden.
Tartarus emeticus D3, 3 x täglich 1 Dosis, 3 Wochen lang. Der homöopathische Tierarzt kann Tartarus emeticus mit Herzmitteln kombinieren.

Thuja

Husten nach einer Impfung.
Thuja D6, 3 x täglich 1 Dosis, 3 Wochen lang.

Yerba santa

Auch unter dem Namen Eriodictyon bekannt. Angezeigt bei einer asthmatischen Bronchitis nach einer überstandenen Influenza-Infektion und nach Zwingerhusten.
Yerba santa D3, 3 x täglich 1 Dosis, 3 Wochen lang.

Herz

Herzbeschwerden kommen selbstverständlich für die Selbstmedikation nicht in Frage. Die Diagnosestellung, die Auswahl des geeigneten Mittels und insbesondere die Kontrolle des Behandlungsverlaufs gehören in die Hand des Tierarztes.
Herzbeschwerden treten vor allem bei älteren Hunden auf, doch gibt es auch (angeborene) Herzfunktionsstörungen bei jüngeren Hunden. Dabei handelt es sich um eine Undichtigkeit der Herzklappen, wodurch ein Teil des Blutes, das für die Lungen oder den übrigen Körper bestimmt ist, zurückströmt. Infolgedessen wird die Pulsfrequenz erhöht, um trotzdem genügend Blut in den Körper zu pumpen. Auch in diesem Fall bringt Eile nichts – es wird letztlich doch zu wenig Blut gepumpt. Die Lösung besteht umgekehrt in einer Beruhigung des Herzens, das dadurch mehr Zeit hat, sich zu füllen, so daß der Körper schließlich doch ausreichend mit Blut versorgt wird. Diese Senkung des Pulses erreicht man in der normalen Tierheilkunde mit Präparaten, die aus Digitalis purpurea (Fingerhut) zubereitet sind.
Eine zweite Reaktion auf eine unzureichende Blutversorgung durch das Herz besteht darin, daß der Herzmuskel sich verdickt und das Herz sich vergrößert. Dadurch wird die »Pumpe« größer und kräftiger. Bei einem Sportlerherz geschieht dasselbe, jedoch im physiologisch normalen Rahmen. Diese ständige Anpassung des Herzmuskels (Kompensation) hat freilich Grenzen. Irgendwann kommt der Augenblick, daß »ein Tropfen das Faß zum Überlaufen bringt« – das Herz kann sich nicht weiter anpassen, die Möglichkeiten sind ausgereizt. In diesem Fall spricht man von einer Dekompensation des Herzens. Das Herz pumpt nun nicht mehr ausreichend, und es kommt zu einer Stauung: ein Teil des Blutes, das zum Körper oder in die Lunge hätte gepumpt werden müssen, staut sich oder strömt zurück. Das zum Herzen fließende Blut kann nicht weiterströmen. Symptome einer Stauung sind:

- in den Lungen: ein schwacher Husten;
- im übrigen Körper: Flüssigkeitsansammlungen vor allem im Bauchraum;
- hohe Atemfrequenz: in Ruhe hat der Hund eine rasche, angestrengte Atmung und kommt (vor allem nachts) nicht zur Ruhe;
- gelegentlich Abmagerung;
- die Körpertemperatur ist vielfach erniedrigt;
- die Ausdauer ist herabgesetzt: der Hund macht einen schlappen Eindruck;
- gelegentlich Ohnmachtsanfälle (das Tier ist schlaff, im Gegensatz zu einem epileptischen Anfall).

Wenn Herzbeschwerden manifest werden, sind die Veränderungen in der Regel schon weit fortgeschritten. Es sind dann durchgreifende Mittel nötig, um dem Patienten helfen zu können. Hierfür gibt es gute nicht-homöopathische Mittel.

Homöopathie

Der Tierarzt wird neben der regulären Behandlung in vielen Fällen auch zu homöopathischen Mitteln greifen.

1. Bei Patienten, die gegen Digitalis in regulären Dosen überempfindlich sind. Bei solchen Hunden kein Digitalis geben oder die Dosis erniedrigen.
2. Zur Vorbeugung gegen eine Herzdekompensation, wenn (zum Beispiel bei der Routineuntersuchung vor der jährlichen Impfung) festgestellt wird, daß der Hund eine undichte Herzklappe hat, während noch keine äußeren Anzeichen von Herzbeschwerden vorliegen. In diesem Moment ist eine individuelle Arzneimitteldiagnose vorzuziehen, jedoch ist diese wegen fehlender Symptome sehr schwierig zu stellen.
3. Zur Unterstützung der regulären Behandlung.
4. Am Digitalis-freien Tag!

Harnableitende Wege

Repertorium Beschwerden der harnableitenden Wege

Dies ist eine globale Übersicht. Genauere Anweisungen finden Sie bei den Beschreibungen der einzelnen homöopathischen Heilmittel.

Beschwerden	*Indikationen*	*Arzneimittel*
Blasenentzündung	akute, heftige	Cantharis, Pareira brava
	allgemein	Echinacea angustifolia, Equisetum hiemale, Hepar sulfuris, Terebenthina, Solidago virga aurea
	bei trockener Kälte	Aconitum, Causticum
	bei nasser Kälte	Dulcamara, Rhus toxicodendron
	aufgrund einer Blasenfunktionsstörung	Arnica, Hypericum, Nux vomica, Petroselinum, Plumbum metallicum, Strychninum nitricum
	vor, während und nach der Hitze	Terebenthina, Pulsatilla
Blasenfunktionsstörung	allgemein	Petroselinum
	bei einer Rückenmarkerkrankung	Arnica, Hypericum, Nux vomica, Plumbum metallicum, Strychninum nitricum
	emotionelle	Hyoscyamus, Pulsatilla

Beschwerden	*Indikationen*	*Arzneimittel*
Blutungen der Penisschleimhaut		Acidum nitricum, Arnica, Hamamelis, Millefolium
Harnleiterkrampf		Sabal serrulatum
Harnleitersteine		Berberis, Lycopodium, Orthosiphonis stamineus, Rubia tinctorum, Solidago virga aurea
Nierenentzündung	akute	Apis mellifica, Berberis, Cantharis, Echinacea angustifolia, Lachesis
Prostataschwellung	bei einem älteren Rüden	Origanum
Prostataentzündung		Cantharis, Pulsatilla, Sabal serrulatum
Schrumpfniere		Lespedeza sieboldi, Orthosiphonis stamineus, Solidago virga aurea

Blasenentzündung

Eine Blasenentzündung ist leicht an dem erhöhten Harndrang zu erkennen, wobei häufig kleine Mengen (manchmal nur einige Tropfen) Harn ausgeschieden werden, der vielfach auch mit Blut vermischt ist. Dabei ist der Hund unruhig, er will ständig nach draußen. Manchmal ist der Drang so stark, daß er im Haus uriniert. Auch bei einem Rüden, der ja häufiger uriniert als eine Hündin, ist dieses Verhalten deutlich feststellbar. Vor allem das Nachpressen (Sitzen- bzw. Stehenbleiben) nach dem Urinieren kann ein Hinweis sein. Der Allgemeinzustand ist gut: Appetit normal, Durst normal, kein Fieber.
Die Ursachen für eine Blasenentzündung können vielfältig sein, unter anderem:

Infekt
Meist ein leicht zu bekämpfendes Bakterium, jedoch wird in manchen Fällen die Entzündung auch durch einen sehr hartnäkkigen Erreger verursacht (zum Beispiel Proteus vulgaris – der Urin riecht nach Ammoniak). Die Blasenentzündung kehrt ständig wieder, trotz Antibiotika-Kuren und harnsäuernden Mitteln, die offensichtlich nur vorübergehend helfen.

Blasensteine
Können eine Blasenentzündung verursachen und aufrechterhalten, so daß die Blasenentzündung ständig wiederkehrt. Blasensteine können auch die Folge einer chronischen Blasenentzündung sein.

Unvollständige Entleerung der Blase
Wenn die Blase nicht ausreichend geleert wird, kann dies zum Beispiel daran liegen, daß ein Stein in der Harnröhre festsitzt, beim Rüden hinter dem Penisknochen: Der Hund bleibt lange in

der Urinierhaltung stehen, versucht zu urinieren, ohne wenig mehr als einige Tropfen entleeren zu können.
Es ist auch denkbar, daß die Blase durch eine verminderte Funktion der Blasenwandmuskulatur (durch Überdehnung) nur ungenügend geleert wird, und zwar infolge eines Ausfalls der Nervenfunktion bei Wirbelproblemen wie einem Bandscheibenvorfall oder Spondylose. Die Blasenentzündung kehrt in diesem Fall ständig wieder.

Nach Katheterisierung
Durch ein Katheter können Infektionen eingeschleppt werden, vor allem bei einer Scheiden- oder Vorhautentzündung (Vaginitis bzw. Balanoposthitis). Bestimmte Modalitäten können die Beschwerden auslösen oder verschlimmern, zum Beispiel die Läufigkeit oder Durchnässung und Kälte.
Bei einer Blasenentzündung liegt in der Regel keine Störung des Allgemeinbefindens wie zum Beispiel Appetitlosigkeit, Lustlosigkeit und ähnliches vor. Dies ist dagegen der Fall, wenn die Nieren und gelegentlich auch die Prostata beteiligt sind. Es versteht sich von selbst, daß man in diesem Fall zum Tierarzt gehen muß.
Wenn eine Blasenentzündung erstmalig auftritt, kann man es zunächst ruhig mit Selbstmedikation versuchen. Wenn innerhalb kurzer Zeit ein Rückfall eintritt, ist eine Diagnose durch den Tierarzt unerläßlich.

Ursachen für unwillkürlichen Harnabgang
(Häufig mehrere Ursachen gleichzeitig)
1. Zuviel Urin; zuviel Trinken.
2. Krampf der Blasenwand.
3. Lähmung des Blasenhalses.
4. Kastration einer Hündin.
5. Emotionelle Ursachen (Urinieren aus Angst oder Freude).

Homöopathie

Nachfolgend die Beschreibungen einer Reihe homöopathischer Arzneimittel, die bei Blasenentzündungen unterschiedlicher Ursache, manchmal auch bei unwillkürlichem Harnabgang eingesetzt werden können.

Aconitum

Aconitum wird im akuten Stadium einer Blasenentzündung angewandt, die durch trockene Kälte verursacht ist (siehe auch Causticum). Die Ursache kann zum Beispiel ein kalter Nordostwind sein. Der Aconitum-Patient ist sehr unruhig, ängstlich und durstig.

Aconitum D6, anfangs 3 x 1 Dosis im Abstand von 15–30 Minuten, anschließend 4 x 1 weitere Dosis in Abständen von etwa 6 Stunden.

Cantharis

Cantharis ist bei der akuten Blasenentzündung angezeigt, bei der die folgenden Symptome auftreten: Der Hund ist plötzlich sehr unruhig, winselt unaufhörlich und möchte ständig nach draußen; er bleibt »ewig« sitzen bzw. stehen und preßt nach dem Urinieren weiter – es sieht aus, als ob er jeden einzelnen Tropfen Urin aus seiner Blase herausdrücken müßte (träufelnder blutiger Urin); offensichtlich schmerzt das Wasserlassen (das Tier jammert); sobald es wieder im Haus ist, will es sofort wieder nach draußen – der Hund ist beinahe in Panik.

Die Erkrankung kann so dramatisch sein, daß der Besitzer manchmal den Hund als Notfall zum Tierarzt bringt.

Cantharis läßt sich nicht immer leicht gegenüber Cannabis, Copaiva und Mercurius solubilis abgrenzen, wenn auch für Cantharis die oben beschriebene Heftigkeit der Symptome typisch ist. Der Cantharis-Patient hat Schmerzen vor, während und nach dem

Urinieren; der Berberis-Patient während und nach dem Wasserlassen; der Equisetum-hiemale-Patient nur danach.
Cantharis D6, anfangs 3 x 1 Dosis in Abständen von 30 Minuten, anschließend 3 x täglich 1 Dosis, 1 Woche lang. Cantharis wirkt im allgemeinen sehr schnell.

Causticum
Causticum paßt zur Blasenentzündung des alten Hundes. Es liegt eine chronische Blasenentzündung vor, die durch trockene Kälte schlimmer wird. Nachträufeln nach dem Urinieren.
Causticum D12, 2 x täglich 1 Dosis, 1–2 Wochen lang.

Dulcamara
Das Routinemittel für eine Blasenentzündung, nachdem der Hund durchnäßt und kalt geworden ist, ist Dulcamara (siehe auch Rhus toxicodendron).
Dulcamara D6, 3 x täglich 1 Dosis, 1–2 Wochen lang.

Echinacea angustifolia
Echinacea angustifolia stimuliert die körpereigene Abwehr gegen Infektionen.
Echinacea angustifolia Ø, 3 x täglich 1 Dosis, 1 Woche lang.

Equisetum hiemale
Zu Equisetum hiemale paßt der Blasenpatient, der erst sehr viel Harn entleert, am Ende aber stark preßt, manchmal bis zum Bluten (siehe auch Hepar sulfuris). Equisetum fördert nicht nur die Heilung einer Blasenentzündung, sondern wirkt auch entspannend auf die Blasenmuskulatur. Unwillkürlicher Harnabgang (insbesondere während des ersten Schlafs) durch einen Krampf der Blasenwandmuskulatur oder umgekehrt Harnverhaltung durch einen Krampf des Blasenhalses können daher auch sehr gut mit Equisetum hiemale behandelt werden.
Equisetum hiemale D6, 3 x täglich 1 Dosis, 3 Wochen lang.

Aus der Praxis ...

Kyra hat einen besonderen Platz in meinem Tierarztherzen. Sie war ein kräftig gebauter Roter Englischer Cockerspaniel. Sie wurde ziemlich alt, und das, obwohl sie sich in ihrem Leben alles nur Erdenkliche zuzog. Herrchen, Frauchen und Kyra waren treue Besucher meiner Sprechstunde; sie kamen meist zu dritt. Ich kann mich noch erinnern, daß das Paar Kyra von einem Freund übernommen hatte. Sie war damals etwa ein Jahr alt. Von Beginn an litt sie unter einer Ohrentzündung, die nicht besser werden wollte.

Kyra war zunächst ein sehr schwieriger Patient. Sie biß. Diese Aggressivität verschwand erstaunlicherweise nach einer schmerzhaften Ohroperation, die nach vielem Herumprobieren mit verschiedenen Salben und Pillen unumgänglich war. Schon gleich nach der Operation entpuppte sich Kyra als vorbildlicher Hund. Sie ließ die Verbandwechsel gelassen und voll Vertrauen über sich ergehen, obwohl das Ohr doch sehr schmerzen mußte. Seither kamen wir sehr gut miteinander aus.
Wie gesagt, wir sahen uns regelmäßig. Ich könnte über viele gelungene homöopathische Behandlungen bei diesem Hund berichten. Die folgende Geschichte betrifft einen der dramatischeren Fälle in ihrer Krankheitsgeschichte.
Kyra muß damals schon etwa 13 Jahre alt gewesen sein. Eines Mittwochabends wurde sie als Notfall zu meinem Vertreter in die Sprechstunde gebracht. Sie konnte nicht mehr urinieren. Sie war sehr unruhig, wollte ständig nach draußen, ging in die Knie und preßte heftig, aber ohne Erfolg. Dies wiederholte sich ständig. Deshalb die Eile. Meine Kollegin konstatierte eine stark überfüllte Blase, die sie ebensowenig wie der Hund selbst entleeren konnte. Mit einem Katheter entfernte sie schließlich fast zwei Liter Urin aus Kyras Blase, zur großen Erleichterung des Tieres. Es lag eine akute Blasenwandlähmung vor, wobei gleichzeitig der Blasenhals, sozusagen der »Hahn« der Blase, verschlossen war. Die Ursache der Erkrankung war vermutlich darin zu suchen, daß Kyra von einer vollständigen Hinterhandlähmung vor sechs Jahren eine gestörte Blasenfunktion zurückbehalten hatte. Kyra bekam Tabletten, die die Blasenwand wieder zusammenziehen sollten. Am folgenden Tag, Donnerstag, war die Blase jedoch erneut überfüllt, und Kyra wies dieselben Symptome wie am Vortag auf. Sie konnte nach wie vor nicht urinieren. An diesem Tag entleerte ich ihre Blase zweimal mittels Katheter, und ich erhöhte die Dosierung der Arzneien. Aber auch Freitag und Samstag kam es zu keiner Besserung, und ich mußte Kyras Blase

zweimal täglich entleeren. Am Samstag abend, als ich Kyra zum siebtenmal katheterisiert hatte, war ihr Besitzer der Verzweiflung nahe und fragte mich, ob es nicht vernünftiger wäre, Kyra einzuschläfern …

So kann es gehen. Ein Hund, der in zahlreichen früheren Schlachten strahlender Sieger geblieben war und für sein Alter noch hervorragend aussah – und nun sollte die Blase sein Ende sein.

Die Homöopathie hatte bei Kyra schon so oft eine Wende herbeigeführt (unter anderem bei Hinterhandlähmung und einer sehr hartnäckigen Hauterkrankung), daß der Besitzer nun gerne in einen letzten Versuch mit einem homöopathischen Mittel einwilligte. Aufgrund der Symptome gab ich ihr eine Dosis, 5 Kügelchen Causticum 50M (eine extrem hohe Potenz). Am darauffolgenden Tag, Sonntag, konnte ich mit einigem Druck auf den Bauch den Urin aus der Blase drücken; Kyra ging in die Knie und entleerte selbst ein wenig Harn. Am Montag war die Blase leer. Kyra urinierte wieder ganz allein.

Sie war schon ein alter Hund und sollte nicht mehr lange leben, doch war meine Freundin bis zu ihrem Tod jetzt wieder die »Schöne Rote«.

Hepar sulfuris

Eine chronische Blasenentzündung mit Blutgerinnseln am Schluß des Harnlassens kann zu Hepar sulfuris passen. Auf der Röntgenaufnahme sieht man häufig eine verdickte Blasenwand in Höhe der Blasenspitze. Die Hepar-sulfuris-Blase ist sehr anfällig gegen Kälte. Das Mittel kann evtl. mit Equisetum hiemale kombiniert werden.

Hepar sulfuris D12, 2 x täglich 1 Dosis, 3 Wochen lang.

Terebenthina

Als Routinemittel für eine Blasenentzündung beim Hund gilt Terebenthina. Das Mittel soll zu nervösen Tieren mit wenig Auslauf passen. Es kann in der Richtung von Cantharis liegen, jedoch sind die Symptome von Terebenthina weniger akut, wenig heftig, und der Hund ist auch weniger unruhig. Bei Ruhe verschlimmern sich die Beschwerden (im Gegensatz zu Berberis). Bewegung im Freien bringt Besserung (siehe auch Pulsatilla). Es kann ein Zusammenhang mit der Läufigkeit bestehen.

Wenn die Symptome, die bei den vorgenannten Mitteln genannt wurden, nicht feststellbar sind, nehmen wir Terebenthina, evtl. in Kombination mit Echinacea angustifolia.

Terebenthina D4, 3 x täglich 1 Dosis, 1–2 Wochen lang.

Pareira brava

Pareira brava ist gekennzeichnet durch sehr heftiges Pressen, möglicherweise noch heftiger als beim Cantharis-Patienten. Wenn Cantharis in akuten und heftigen Fällen keine Linderung bringt, ist also an Pareira brava zu denken.

Pareira brava D4, anfänglich 3 x 1 Dosis in Abständen von 15–30 Minuten, anschließend 3 x täglich 1 Dosis, 1–2 Wochen lang.

Petroselinum

Dieses Mittel wirkt nicht gegen die Blasenentzündung selbst, kann aber bei der Heilung einer chronischen Blasenentzündung sehr hilfreich sein, die auf eine Funktionsschwäche der Blasenwandmuskulatur durch Überdehnung zurückzuführen ist. Dadurch entleert sich die Blase nicht vollständig und es bleibt Harn zurück, der Entzündungen auslösen kann. Das Zurückbleiben von Harn in der Blase ist an dem typischen Geruch von »altem« Urin festzustellen. Wie wir schon wissen, ist die Verhaltung von Harn (auch beim Menschen) im Hinblick auf Blasenentzündungen sehr gefährlich. In schweren Fällen kommt es zu einer völligen Blasenwandlähmung. Dadurch überfüllt sich die Blase sehr stark, und schließlich träufelt der Harn unwillkürlich heraus (»Überlaufblase«).

Ich konnte chronische Blasenentzündungen bei alten Hunden, die auf dem Röntgenbild eine stark verdickte Blasenwand (»Balkenblase«) aufwiesen und zudem unter der Proteus-Infektion litten, ohne Rückfall heilen, indem ich im Anschluß an eine Antibiotikum-Kur nichts weiter als Petroselinum D2 als Nachbehandlung verordnete.

Interessant ist bei diesem Mittel die Wirkung einer D6. Es gibt Hunde, bei denen durch Überdehnung keine schlaffe (»lytische«) Lähmung, wofür Petroselinum D2 geeignet ist, sondern eine krampfartige (»spastische«) Lähmung auftritt. Die Blase entleert sich gut, aber sobald eine bestimmte Menge Urin in die Blase kommt, reagiert die Blasenwand mit spastischen Kontraktionen, wodurch der Hund urplötzlich »muß« und es nicht mehr halten kann.

Aufregung führt natürlich zu Verschlechterung. Anders als bei einer Blasenentzündung brauchen diese Hunde nicht so häufig zu pressen. Im Gegensatz zu einem wirklich unwillkürlichen Harnabgang lassen sie es nicht laufen, ohne selbst etwas davon zu merken.

Petroselinum D2, 3 x täglich 1 Dosis, 6–8 Wochen lang. In den Fällen der oben genannten Art kann es notwendig sein, das Mittel ständig zu geben, da die Blasenlähmung zum Beispiel durch eine nicht zu beseitigende Spondylose hervorgerufen wird.
Petroselinum D6, 3 x täglich 1 Dosis, 6–8 Wochen lang. Auch hier kann es notwendig sein, das Mittel ständig zu geben.

Pulsatilla
Eine milder verlaufende Blasenentzündung, wahrscheinlich verursacht durch eine Infektion aus einer entzündeten Vagina (Vaginitis). Die Blasenentzündung tritt vor, während und/oder nach der Läufigkeit auf.
Man lese auch die Beschreibung des Pulsatilla-Typs im Kapitel *Homöopathische Typen und Verhalten.*
Pulsatilla D6, 3 x täglich 1 Dosis, 1–3 Wochen lang. Eventuell eine höhere Potenz.

Rhus toxicodendron
Die Blasenentzündung mit Blut im Urin, wie sie zum Beispiel bei einem Jagdhund nach einer Jagdpartie insbesondere im Herbst auftreten kann: der Hund ist viel und schnell gelaufen, warm geworden, ins Wasser gesprungen, zu schnell abgekühlt und im Freien trocken geworden. Die Blasenentzündung geht häufig mit den Symptomen Fieber und Lustlosigkeit einher. Vielfach sieht man auch die für Rhus toxicodendron typische Schmerzhaftigkeit und Steifigkeit der Glieder und des Rückens.
Rhus toxicodendron D6, 3 x täglich 1 Dosis, 1–2 Wochen lang.

Sabal serrulatum
Wenn ein (durch Schmerz ausgelöster) Krampf des Harnleiters die offensichtliche Ursache dafür ist, daß trotz des Drangs kein Harn kommt, kann Sabal serrulatum hilfreich sein. Das Mittel wird auch das »homöopathische Katheter« genannt: Es erleichtert

das Ausfließen des Harns durch Entspannung der Harnröhre. Allerdings muß ich hier darauf hinweisen, daß Drang ohne Urinieren beim Rüden, dessen Blase nicht leer ist, meist eher bedeutet, daß ein Stein hinter dem Penisknochen festgeklemmt ist. In diesem Fall ist die Wirkung eines Mittels wie Sabal serrulatum meist ungenügend. Deshalb in einem solchen Fall lieber sofort zum Tierarzt gehen.
Sabal serrulatum D3, 3 x täglich 1 Dosis, 1–2 Wochen lang.

Blutungen

Ich beschränke mich hier nicht auf die Besprechung der bekannten Mittel für Schleimhautblutungen, Arnica (nach Trauma), Hamamelis und Millefolium. Es gibt noch zwei Ursachen für Blutungen aus der Vorhaut:
Penisschleimhautverletzungen (frisches Blut) und Prostatablutungen (manchmal wäßriges Blut); siehe hierzu das Kapitel *Prostatabeschwerden.* In beiden Fällen verliert der Hund das Blut unabhängig vom Urinieren (das heißt im Gegensatz zum Blutverlust bei einer Blasenentzündung).

Acidum nitricum

Gelegentlich findet sich eine kleine Wunde oder Schrunde auf der Penisschleimhaut, die sehr hartnäckig bluten kann und nicht heilen will. Möglicherweise verschlimmert sich die Blutung durch Erektionen. Deshalb ist es sinnvoll, bei einer solchen Blutung gleichzeitig ein Mittel gegen gesteigerten Geschlechtstrieb zu geben (siehe Kapitel *Homöopathische Typen und Verhalten*). Starker Blutverlust kommt selten vor, ist aber möglich. Eine Kontrolle der Diagnose ist notwendig durch Zurückschieben des Vorhautsackes.
Acidum nitricum D6, 3 x täglich 1 Dosis, 2 Wochen lang. Bei starkem Blutverlust unbedingt zum Tierarzt gehen.

Arnica

Arnica paßt zu Blutungen nach Trauma. Nach einem Autounfall kann der Urin ganz rot sein. Evtl. mit Hamamelis und Millefolium zu kombinieren.
Arnica D6, 3 x täglich 1 Dosis, 1–2 Wochen lang.

Hamamelis
Durch Vermischung mit dem Urin erscheint die Blutmenge bei einer Blasenentzündung vielfach dramatischer, als es ist. Meist bedarf die Blutung bei einer Blasenentzündung keiner besonderen Behandlung. Wenn der Blutverlust stärker ist, kann eine Behandlung mit einer Kombination von Hamamelis und Millefolium in Erwägung gezogen werden.
Hamamelis D3, 3 x täglich 1 Dosis, 1–2 Wochen lang.

Millefolium
Millefolium ist innerlich und äußerlich bei kleineren Schleimhautblutungen anwendbar, wie zum Beispiel einer kleineren Wunde oder Schrunde auf der Penisschleimhaut oder nach einer Operation (Harnröhrenausgang hinter dem Penisknochen). In beiden Fällen ist Unterstützung durch ein Mittel gegen gesteigerten Geschlechtstrieb (zur Verminderung der Erektionen) wichtig (siehe das Kapitel *Homöopathische Typen und Verhalten*).
Millefolium D6, 3 x täglich 1 Dosis, 1–2 Wochen lang. Millefolium in äußerer Form kann die innere Behandlung unterstützen.

Blasenlähmung

Die Blasenfunktion wird durch Nerven gesteuert, die vom unteren Teil des Rückenmarks zur Blase verlaufen und dafür sorgen, daß die einzelnen Blasenmuskeln sich in der richtigen Weise und zum richtigen Zeitpunkt zusammenziehen bzw. entspannen. Die Blase empfängt zwei Arten von Nervenimpulsen: Die einen wirken in der Weise, daß sich der Blasenhals schließt und die Blasenwand entspannt (die Blase kann sich füllen, das Tier empfindet keinen Drang), die anderen in der Weise, daß sich der Blasenhals entspannt und die Blasenwand zusammenzieht (das Tier empfindet jetzt Harndrang, und es kommt zur Entleerung des Urins); das Urinieren wird durch Pressen unterstützt (Zusammenziehen der Bauchmuskeln).

Homöopathie

Im Kapitel *Bewegungsapparat* wurden in den Abschnitten *Bandscheibenleiden* und *Spondylose* die Mittel und Symptome besprochen, die sich auf die Behandlung von Erkrankungen des Rükkenmarks richten, wie zum Beispiel Arnica, Hypericum, Nux vomica, Plumbum metallicum und Strychninum nitricum.

Hyoscyamus
Siehe das Kapitel *Homöopathische Typen und Verhalten.*

Petroselinum
Siehe den Abschnitt *Blasenentzündung* in diesem Kapitel.

Pulsatilla
Siehe das Kapitel *Homöopathische Typen und Verhalten.*

Prostatabeschwerden

Prostatabeschwerden eignen sich nicht für die Selbstmedikation, schon gar nicht ohne die Diagnose des Tierarztes. Am häufigsten sind die folgenden Erkrankungen:

1. Prostataentzündung. Führt zu starken Schmerzen – der Hund wagt nicht, seine Hinterhand zu bewegen, will nicht springen und Treppen laufen. Auch erfahrenen Tierärzten kann es passieren, daß sie hier zunächst die Diagnose »Rückenschmerzen« stellen. Im Gegensatz zu den meisten Rückenschmerzen spricht die Prostataentzündung nicht auf schmerzstillende Mittel (in den üblichen Dosen) an. Der Hund kann Fieber haben und lustlos sein.
2. Prostataschwellung aufgrund einer hormonellen Störung. Dieses Bild findet man meist bei älteren Rüden, wahrscheinlich vor allem unter dem Einfluß des Geruchs läufiger Hündinnen. Bei einer gelegentlichen Schwellung kann es vorkommen, daß der Rüde immer wieder Bluttröpfchen aus der Vorhaut verliert, und zwar unabhängig vom Urinieren. Bei langwierigen, größeren Schwellungen kann der Rüde Schwierigkeiten mit der Ausscheidung des Kots haben, weil die vergrößerte Prostata hinderlich ist: Er preßt sich buchstäblich einen Bruch. So weit darf man es nicht kommen lassen; zögern Sie also nicht zu lange, zum Tierarzt zu gehen, wenn der Hund Schwierigkeiten mit dem Absetzen des Kots hat. Gelegentlich erkennt man eine Prostatavergrößerung an dem oben und unten abgeplatteten Häufchen – der Stuhl wird dann als »Band« produziert.

Origanum majorana

In allen Fällen von Prostata-Beschwerden der oben beschriebenen Art ist als Grundbehandlung ein homöopathisches Mittel erforderlich, das den Geschlechtstrieb senkt. Einer individuellen

Arzneimitteldiagnose ist selbstverständlich der Vorzug zu geben. Als Routinemittel für die Regulierung des Geschlechtstriebes haben wir Origanum (siehe auch das Kapitel *Homöopathische Typen und Verhalten*).

Origanum D30, 1 x täglich 1 Dosis, 6–8 Wochen lang. Kontakt mit (läufigen) Hündinnen vermeiden.

Akute Nierenentzündung

Die akute Nierenentzündung kann ein Laie nicht diagnostizieren. Der Hund hat Allgemeinerscheinungen: Er hat Fieber, ist lustlos, will nicht fressen usw. Die sollte Anlaß genug sein, einen Tierarzt einzuschalten und nicht selbst herumzukurieren! Die akute Nierenentzündung wird in der Regel vom Tierarzt mit einem Antibiotikum angegangen. Es ist wichtig, eine Infektion in der Niere so schnell wie möglich radikal zu unterdrücken, um irreparable Veränderungen des Nierengewebes zu vermeiden. Die Antibiotikum-Kur dauert auch länger, als bei einer durchschnittlichen Infektion notwendig ist. Es ist nämlich nicht auszuschließen, daß die Infektion zwar ausgeschaltet wird, die Entzündung aber doch noch chronisch und unbemerkt fortbesteht. Dies kostet den Hund auf die Dauer seine Nieren. Es entsteht dann allmählich eine Schrumpfniere (siehe den folgenden Abschnitt).
Eine homöopathische Behandlung einer Nierenentzündung neben und nach einer Antibiotikum-Behandlung dient dem Zweck, die Heilung gründlicher verlaufen zu lassen. Wichtig ist, Infektionsherde wie Mandelentzündungen, eine Gebärmutterentzündung, ein schlechtes Gebiß und Giftstoffe für die Nieren auszuschalten.

Schrumpfniere

Die chronische Nierenentzündung, die Schrumpfniere, entsteht ganz allmählich und unbemerkt. Die Erkrankung manifestiert sich dann plötzlich und zu einem Zeitpunkt, zu dem ein Eingreifen kaum mehr möglich ist. Deshalb muß man bei einer akuten Nierenentzündung besonders massiv vorgehen, um sicher zu sein, daß der Patient wirklich gesund wird.
Eine Schrumpfniere findet sich meist bei einem alten Hund (älter als 10 Jahre). Giftige Stoffwechselprodukte, die normalerweise über die Nieren ausgeschieden werden, bleiben jetzt im Körper, wodurch der Hund langsam vergiftet wird.
Der wichtigste Stoff, der im Blut zurückbleibt, ist Harnsäure; die Bestimmung des Harnsäurespiegels gibt Aufschlüsse über die Diagnose und den Ernst der Situation. Da Harnsäure durch den Abbau von Eiweißmolekülen entsteht, muß der Eiweißgehalt in der Ernährung eines Schrumpfnierenpatienten drastisch gesenkt werden. Auch durch Steigerung der Qualität des Nahrungseiweißes bleiben nach der Zerlegung weniger Stoffwechselprodukte in Form von Harnsäure übrig. Hochwertige Eiweiße sind zum Beispiel Ei-Eiweiße. Es gibt heute hierfür sehr gutes handelsübliches Diätfutter.
Die ersten Erscheinungen bei einer Schrumpfniere sind viel trinken und Abmagerung. Der Appetit kann noch einige Zeit normal bleiben, nimmt aber später ab. Wenn die Vergiftung zunimmt, können schwere Erkrankungen auftreten: Magen-Darm-Beschwerden (Erbrechen, schwarzer, teeriger Stuhl), Erkrankungen des Gehirns und/oder der Lungen, Hinterhandschwäche, Blutarmut, Verschlimmerung einer Mundschleimhautentzündung. Eine »echte« homöopathische Behandlung ist nur aufgrund einer individuellen Arzneimitteldiagnose möglich. Für eine homöopathische Behandlung im Sinne einer Heilung ist es jetzt leider vielfach schon zu spät. Häufig sind die Gewebeveränderungen in den

Nieren irreparabel, und der Körper hat so viel an Selbstheilungskraft eingebüßt, daß eine Genesung nicht mehr möglich ist. Unterstützende Mittel sind dagegen vorhanden.

Homöopathie

Nur in Absprache mit dem Tierarzt.

Lespedeza Sieboldi

Untersuchungen haben gezeigt, daß dieses Mittel den Harnsäurespiegel senken kann. Eine eiweißarme Diät mit qualitativ hochwertigem Eiweiß bildet hierbei natürlich eine notwendige Unterstützung.

Lespedeza Sieboldi D1, 3 x täglich 1 Dosis, 10 Tage lang. Anschließend Kontrolle des Ergebnisses durch Ihren Tierarzt.

Orthosiphon stamineus

Orthosiphonis folium, Koemis Koetjing oder Indischer Nierentee. Täglich 2 g in einem kleinen Teekännchen heiß überbrühen, abkühlen lassen und unter das Futter mischen.

Solidaga virga aurea

Stimuliert die Nieren- und Leberfunktion. Hilft Giftstoffe auszuschwemmen.

Solidaga virga aurea Ø, 3 x täglich 1 Dosis, so lange wie erforderlich.

Nieren- und Blasensteine

Bestimmte Stoffe, die die Nieren über den Harn ausscheiden, sind im Harn nicht sehr gut löslich. Dies bedeutet, daß sie in einer zu kleinen Menge Urin bzw. wenn sie in zu großen Mengen im Urin vorhanden sind (zum Beispiel wenn über das Futter ein Überangebot davon besteht), irgendwo in den harnableitenden Wegen ausgefällt werden können. Dies kann in den Nieren oder in der Blase sein. Der Niederschlag kann so fein sein wie Sand, jedoch kommen auch größere Teilchen vor, die zusammenklumpen und manchmal Steine von beeindruckender Größe bilden können.
Es gibt verschiedene Arten von Steinen. Es ist unbedingt wichtig, daß Ihr Tierarzt feststellt, welche Steine es sind, weil nur so die Ursache der Steinbildung und das mögliche Verfahren zur Heilung bestimmt werden kann.
Manche Steine entstehen zum Beispiel durch eine chronische Blasenentzündung, andere dadurch, daß die Nieren weniger gut lösliche Stoffe in großen Mengen passieren lassen. Die Steine können dann umgekehrt auslösend für eine Blasenentzündung sein.
Die Behandlung von Blasensteinen gehört, auch wenn sie zunächst keine alarmierenden Beschwerden verursachen, in die Hand des Tierarztes, damit eine korrekte Diagnose und eine entsprechend zielsichere Behandlung gewährleistet ist.
Meist sind die Blasenstein-Patienten nicht krank. Häufig entdeckt man Blasensteine erst, wenn sie schon längere Zeit bestehen. Ich habe bei einem Boxer einmal ein Dutzend Blasensteine zwischen Haselnuß- und Walnußgröße entfernt, die ich zufällig bei der Eröffnung des Bauchraumes im Rahmen einer Sterilisation fand!
Die Symptome sind identisch mit denjenigen einer Blasenentzündung. Die Beschwerden können sogar nach einer Behandlung auf Blasenentzündung mit Antibiotika verschwinden! Dies ist jedoch nur von kurzer Dauer; die Probleme kommen in jedem Fall nach

einiger Zeit wieder. Eine genauere Untersuchung durch einen Tierarzt führt dann zweifellos zur richtigen Diagnose.
Bei einem Rüden besteht immer die Gefahr, daß die Steine sich in der Harnröhre verklemmen, insbesondere hinter dem Penisknochen. Der Rüde steht dann lange mit erhobenem Bein, bringt aber nichts zustande, obwohl doch eine große Menge Harn zu erwarten ist (zum Beispiel beim ersten Spaziergang des Tages).
Aus dem Vorgesagten wird deutlich, daß eine Senkung der Konzentration des auslösenden Stoffs im Harn unser Hauptziel sein muß. Dies erreicht man durch eine Verringerung der Konzentration des Stoffs im Blut (das heißt also in der Nahrung) und eine Steigerung der Harnmenge. Es gibt heute ausgezeichnete Diätfutter, die den Säuregehalt des Urins so anpassen können, daß die Stoffe weniger schnell ausfallen. Für die Auswahl des Diätfutters ist, um es zu wiederholen, eine Klärung der Art des Steins unbedingt wichtig.
Große Steine müssen natürlich zunächst operativ entfernt werden. Ziel der homöopathischen Behandlung ist Optimierung der Leber- und Nierenfunktion und eine Vermehrung der Urinmenge (gesteigerte Diurese).

Homöopathie

Wenn die Ursache eine Blasenentzündung ist, suche man das passende Mittel unter dem Abschnitt *Blasenentzündung* in diesem Kapitel.

Berberis

Der Berberis-Patient hat Schmerzen während und nach dem Urinieren. Die Schmerzen werden durch den Grieß verursacht. Bei Berberis tritt keine Unruhe auf wie bei Cantharis; der Berberis-Hund kann stundenlang ruhig liegen, steht dann auf und hat

plötzlich Harndrang. Bewegung verschlechtert also die Beschwerden.
Berberis dient zur Verhinderung einer Steinbildung, und das Mittel hat krampflösende Wirkung. Typisch für Berberis ist ein schneller Wechsel der Symptome.
Berberis D6, 3 x täglich 1 Dosis, 3 Wochen lang.

Lycopodium
Zusammen mit Berberis muß Lycopodium hier als allgemeines Stimulans für die Leber- und Nierenfunktion betrachtet werden; beide Organe spielen eine wesentliche Rolle für die Ausscheidung von Stoffwechselprodukten aus dem Körper.
Lycopodium D12, 2 x täglich 1 Dosis, 3 Wochen lang.

Orthosiphon stamineus
Täglich in einem Kännchen von 2 g Blättern dieser Pflanze (Orthosiphonis folium, Koemi Koetjing oder Indischer Nierentee) einen Tee bereiten, abkühlen lassen und unter das Futter mischen. Das Mittel wirkt diuretisch (verdünnend durch größere Harnmenge) und leicht spasmolytisch (krampflösend).

Rubia tinctorum
Rubia tinctorum stimuliert die Auflösung kleinerer Nierensteine oder von Harngrieß. Läßt sich gut mit Solidago virga aurea kombinieren.
Rubia tinctorum D2, 3 x täglich 1 Dosis, 3 Wochen lang.

Solidago virga aurea
Stimuliert die Leber- und Nierenfunktion. Steigert die Diurese, wodurch die Konzentration des Harns sinkt.
Solidago virga aurea Ø, 3 x täglich 1 Dosis, 3 Wochen lang.

Ursachen für gesteigerten Durst

(Normalbedarf 50 ml pro Tag pro kg Körpergewicht)

1. Diabetes mellitus (Zucker)

Der Hund trinkt und frißt viel und magert dabei ab. Der Zuckergehalt im Blut ist viel zu hoch; auch im Urin ist Zucker nachweisbar. Häufiger bei der Hündin nach der Läufigkeit. Das spezifische Gewicht des Urins ist erhöht (zum Beispiel 1,060).
Im Vorstadium (Prädiabetes): Der Hund trinkt viel, hat keinen Zucker im Urin, Zuckergehalt im Blut etwas erhöht. Bei einer Hündin auch im Anschluß an die Läufigkeit; rasche Kastration verhindert, daß der Hund zum Diabetes-Patienten wird. Das spezifische Gewicht des Urins ist erhöht (zum Beispiel 1,008).

Homöopathie

Die Behandlung gehört in die Hand des Tierarztes. Zunächst Regulierung mit Insulin und einer strengen Diät. Anschließend Einleitung der homöopathischen Behandlung und vorsichtig versuchen, das Insulin abzubauen (was nur in wenigen Fällen gelingt).
Syzygium jambolanum D2, Uranium nitricum D12, eventuell Crataegus D1 oder Ø (bei einem wechselnden Insulinbedarf), oder eine individuelle Arzneimitteldiagnose (siehe das Kapitel *Homöopathische Typen und Verhalten*): Lycopodium D12, Natrium muriaticum D12, Phosphorus D12 und andere Mittel.

2. Cushing-Krankheit

Symptomatik: viel trinken, viel essen, dicker werden. Das spezifische Gewicht des Urins ist niedrig (zum Beispiel 1,003).
In Absprache mit dem Tierarzt möglicherweise ACTH D30 bzw. Cortisol D30, die gelegentlich helfen.

3. Schrumpfniere mit Urämie

Viel trinken. Der Harnsäurespiegel ist erhöht. Das spezifische Gewicht des Urins ist niedrig.
Siehe den Abschnitt *Schrumpfniere* in diesem Kapitel.

4. Chronische Gebärmutterentzündung

Großer Durst, verminderter Appetit, dicker Bauch, Abmagerung, Trägheit. Äußert sich erst 1–2 Monate nach der Läufigkeit.
Siehe den Abschnitt *Gebärmutterentzündung* im Kapitel *Geschlechtsapparat.*

5. Diabetes insipidus centralis

Das Hormon, das übermäßigen Flüssigkeitsverlust aus dem Körper verhindert, fehlt hier. Diese Hunde trinken außerordentlich viel (manchmal bis zu 15 Liter Wasser am Tag). Das spezifische Gewicht des Urins ist zu niedrig (bis 1,000, wie Wasser: »Es geht vorne herein und hinten wieder heraus«). Die Behandlung (und Diagnose) besteht in der Injektion des fehlenden Hormons.
In Absprache mit dem Tierarzt. Gelegentlich hilft Pitressine-tannaat D30.

6. Diabetes insipidus renalis

Das Hormon, das übermäßigen Flüssigkeitsverlust des Körpers verhindert, bleibt unwirksam, weil es die Nieren nicht mehr »annehmen«. Der Hund trinkt weniger als beim Diabetes insipidus centralis.
Siehe den Abschnitt *Akute Nierenentzündung* in diesem Kapitel.

7. Psychogener Durst

Es gibt Hunde, die aufgrund psychischer Ursachen außerordentlich viel trinken. Solche Patienten ähneln sehr denjenigen mit Diabetes insipidus centralis. Ein Tierarzt kann die richtige Diagnose stellen.

In Absprache mit dem Tierarzt. Acidum phosphoricum D1 (1 x täglich 10 Tropfen in das Trinkwasser).

8. Pankreasatrophie

Der Pankreas (Bauchspeicheldrüse) schrumpft und produziert zu wenige Verdauungsenzyme. Als Folge ißt und trinkt der Hund viel. Abmagerung, sehr reichlich kittfarbener Stuhl.
Siehe das Kapitel *Verdauungsapparat.*

9. Lebertumor

Symptomatik: viel trinken, normal oder etwas weniger essen, eventuell erbrechen, Abmagerung, Fieber, manchmal schon ein dicker Bauch.
Homöopathie kann bei Lebertumoren nicht mehr viel bewirken. Man kann – in Absprache mit dem Tierarzt – Mittel geben, die die Leberfunktion noch etwas unterstützen.

Auge

Repertorium Augenbeschwerden

Dies ist eine globale Übersicht. Nähere Hinweise finden Sie bei den Beschreibungen der einzelnen homöopathischen Mittel.

Beschwerden	*Indikationen*	*Arzneimittel*
Bindehaut-entzündung	akute und eitrige	Belladonna, Hepar sulfuris, Mercurius vivus, Pulsatilla
	allgemein	Calendula, Cineraria maritima, Echinacea angustifolia
	chronische und eitrige	Argentum nitricum
	mit wäßrigem Ausfluß	Aconitum, Allium cepa, Apis, Euphrasia
	mit Schwellung	Apis
Blaues Auge		Arnica, Ledum, Hypericum
Blutungen im Augapfel		Hamamelis, Symphytum
Feigwarze		Acidum nitricum, Thuja
Gerstenkorn (Hordeolum)		Hepar sulfuris, Myristica sebifera
Geschwollene Augenlider	bei Allergie oder Infektion	Apis, Ledum
Hagelkorn (Chalazion)		Graphites, Platanus occidentalis, Staphisagria

Beschwerden	*Indikationen*	*Arzneimittel*
Hornhautentzündung	mit Geschwürbildung	Aethiops antimonialis, Aurum jodatum, Calendula, Kalium bichromicum, Silicea
Lidakne		Sulfur jodatum
Linsentrübung		Calcium fluoratum, Causticum, Cineraria maritima, Naphthalinum, Sulfur
Milchglasauge		Thuja
Narben auf der Hornhaut		Conium, Graphites, Silicea
Triefauge		Graphites, Kalium bichromicum, Silicea
Trockenes Auge		Alumina, Aurum jodatum, Kalium bichromicum

Bei den Augen ist Vorsicht geboten. Das weiß jeder. Im Grunde sind Augenleiden nicht für die Selbstmedikation geeignet; sie gehören in die Hand des Tierarztes oder sogar des Augenspezialisten. Bei einigen wenigen Augenbeschwerden kann man allerdings mit homöopathischen Mitteln behandeln. Immer aber regelmäßigen Kontakt mit dem Tierarzt halten!
Die Tränendrüse erzeugt Tränenflüssigkeit zur Befeuchtung des Auges. Diese Tränenflüssigkeit enthält auch einen Stoff, der einen gewissen Schutz gegen Infektionen bietet.
Die Lidränder sind »Scheibenwischer«, die die Tränenflüssigkeit gleichmäßig über das Auge verteilen und das Organ gegen äußere Einflüsse schützen. Das dritte Augenlid (Nickhaut) hilft dabei mit. Die abführenden Tränenkanäle sorgen dafür, daß verbrauchte Tränenflüssigkeit in die Nase abfließt. Die Iris kann die Pupille größer (bei schwachem Licht) und kleiner (bei starkem Licht)

machen. Die Linse, die direkt hinter der Pupille und an der Rückseite der Iris liegt, bewirkt die Scharfeinstellung des wahrgenommenen Bildes (Akkommodation). Die Lichtreize gelangen schließlich an die Netzhaut (Retina), mit der der Augenhintergrund ausgekleidet ist, von wo aus sie über die Augennerven zum Gehirn geschickt werden, um dort gewissermaßen »entwickelt« zu werden. Erst dann wird das empfangene Bild bewußt gesehen.

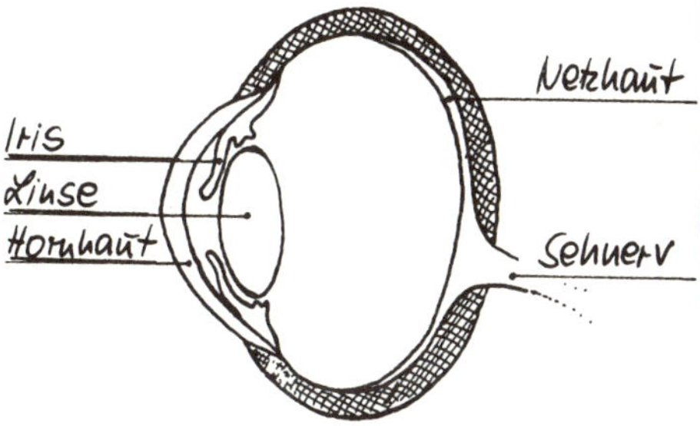

Als goldene Regel gilt, daß man immer dann zum Tierarzt gehen muß, das heißt in keinem Fall selbst behandeln darf, wenn:

- Auge und/oder Lider Bauabweichungen aufweisen, wenn eindeutige Beschädigungen vorliegen und unbedingt dann, wenn der Augapfel hervortritt (Notfall!);
- der Verdacht besteht, daß der Hund nicht gut sieht;
- der Hund ständig mit den Augen zwinkert oder das Auge ganz zukneift; dies ist zum Beispiel der Fall, wenn ein Fremdkörper in das Auge gelangt ist, bei einer Hornhautbeschädigung, bei Lichtscheu, Entropium (Einwärtskehrung eines Augenlides) usw.;

– das Auge bleibend grünlich aussieht; die ansonsten schwarze Pupille ist grün, wie man dies gelegentlich bei einem Hund sieht, der böse wird: Dies ist ein Glaukom. Hierbei kann die Netzhaut durch den erhöhten Augeninnendruck sehr schnell und irreversibel beschädigt werden.

Achtung!
Auch flüssige homöopathische Arzneimittel (in Tropfenform, das heißt auf Alkoholbasis) für Augenbeschwerden müssen *oral* verabreicht werden. Nur dann, wenn dies ausdrücklich angegeben ist, sind die Tropfen (und auch dann nur stark verdünnt) *in das Auge* zu geben!

Verschiedene Augenbeschwerden

»Blaues Auge«

Ein blaues Auge ist ein Bluterguß unter der Haut im Bereich des Auges, der durch einen Schlag auf die Augenhöhle hervorgerufen wird. Die blaue Farbe ist beim Hund nicht deutlich sichtbar, weil die Haut mit Haaren bedeckt ist. Das Auge selbst ist meist nicht in Mitleidenschaft gezogen.

Ledum
Seltsamerweise ist nicht Arnica, das allgemeingebräuchliche Mittel bei Verletzungen, sondern Ledum das Mittel der Wahl für ein blaues Auge. Die beiden Mittel können natürlich miteinander kombiniert werden. Bei starken Schmerzen ist eventuell auch an Hypericum zu denken.
Ledum D6, täglich 1 Dosis, 7–10 Tage lang. Eventuell mit Arnica D6 und/oder Hypericum D6 kombinieren (dieselbe Anwendung wie von Ledum D6).

Blutungen im Augapfel

Eine Blutung im Augapfel kann dadurch entstehen, daß das Auge selbst einen Schlag abbekommt. In diesem Fall findet sich Blut in der vorderen Augenkammer (hinter der Hornhaut, vor der Iris). Die Diagnose »Blutung im Augapfel« muß vom Tierarzt gestellt werden, bevor man Behandlungsmaßnahmen einleiten kann.

Symphytum
Symphytum ist das Mittel der Wahl für eine Augapfelblutung, nicht Arnica. Eventuell kann zusätzlich Hamamelis als Allgemeinmittel bei Blutungen gegeben werden.

Symphytum D2, 3 x täglich 1 Dosis, 7–10 Tage lang. Eventuell mit Hamamelis D3 kombinieren (dieselbe Anwendung wie die von Symphytum D2).

Verletzungen

Bezüglich Verletzungen des Lides siehe die allgemeinen Kapitel *Verletzungen* und *Entzündungen allgemein.*
Bei Verletzungen der Bindehaut oder des Augapfels selbst muß man immer zum Tierarzt. Eine nicht rechtzeitig eingeleitete Behandlung durch einen Tierarzt führt sehr schnell zur Erblindung oder dem Verlust des Auges.

Geschwollene Lider

Ursachen für geschwollene Lider können unter anderem sein eine Entzündung aufgrund einer Infektion, die über eine Bißwunde eingedrungen ist, oder eine Überempfindlichkeitsreaktion auf einen Wespenstich. In letzterem Fall findet man vielfach eine Schwellung des oberen wie des unteren Lides, eine Schwellung der Schnauze und manchmal sogar der Ohrmuscheln. Die Schwellungen treten akut auf. In einigen Fällen erscheinen auch Eruptionen auf der übrigen Haut. Die Schwellungen können Juckreiz verursachen und Schmerzen. Der Hund ist unruhig. Wenn der Stachel noch zu finden ist, muß er entfernt werden.

Homöopathie
Für die Behandlung einer Augenlidschwellung durch eine Wundinfektion siehe die allgemeinen Kapitel *Wunden* und *Entzündungen allgemein.*

Apis
Apis findet Anwendung bei starker Schwellung der Lider durch

ein Ödem, das infolge einer allergischen Reaktion auftritt; meist dürfte ein Wespenstich die Ursache sein. Die geschwollenen Lider sind berührungsempfindlich. Apis kann eventuell mit Ledum kombiniert werden.

Apis D3, anfangs 3 x 1 Dosis, in Abständen von 15–30 Minuten, anschließend 3 x täglich 1 Dosis, 2 Tage lang. Eventuell mit Ledum D6 kombinieren (dieselbe Anwendung wie von Apis D3). Auch wenn der Fall sehr selten ist, verweise ich doch auf die Möglichkeit, daß der Hund in einen Schockzustand gerät oder Halsgeräusche hören läßt, wobei gleichzeitig Atemnot vorliegt (Kehlkopfschwellung). In einem solchen Fall sofort zum Tierarzt gehen!

Feigwarzen

Feigwarzen am Lidrand können bluten und die Hornhaut wund machen. Sie entstehen dadurch, daß eine Drüse im Lidrand chronisch entzündet ist. Die operative Entfernung ist harmlos und kann eigentlich in allen Fällen unter örtlicher Betäubung durchgeführt werden. Eine Operation ist nicht möglich, wenn mehrere Warzen am Lidrand sitzen (vor allem größere); zu beachten ist auch, daß man mit dem Eingriff natürlich nicht verhindern kann, daß an anderen Stellen neue Warzen erscheinen.

Acidum nitricum
Zur Behandlung der zum Bluten neigenden Lidwarzen muß eine Kombination von Acidum nitricum und Thuja gegeben werden.
Acidum nitricum D4, 3 x täglich 1 Dosis, 3–6 Wochen lang. Immer mit Thuja D3 kombinieren.

Thuja
Siehe *Acidum nitricum.*
Thuja D3, 3 x täglich 1 Dosis, 3–6 Wochen lang.

Entzündete Lidranddrüsen

Am Lidrand befinden sich zahlreiche Drüsen unterschiedlicher Art, die normalerweise nicht mit bloßem Auge zu sehen sind. Bei Überfüllung oder Entzündung schwillt eine solche Drüse an und wird dann als kleiner Knoten am Lidrand sichtbar. Die operative Entfernung eines einzelnen Knotens ist ein einfacher Eingriff, der meist mit lokaler Betäubung durchgeführt werden kann. Eine solche Operation verhindert freilich nicht, daß später an anderer Stelle an den Lidrändern neue Knoten entstehen. Meist handelt es sich aber nur um einen einzelnen Knoten, der nicht schmerzt und eine talgige Substanz enthält: ein Hagelkorn (Chalazion).
In seltenen Fällen liegt eine Entzündung vor, die schließlich zu einem Abszeß führt: ein Gerstenkorn (Hordeolum). Letzteres ist schmerzhaft und muß wie eine normale Entzündung behandelt werden, eventuell als Abszeß (siehe hierzu das Kapitel *Entzündungen allgemein*).

Myristica sebifera

Dieses Mittel wird auch das »homöopathische Messer« genannt. Es dient dazu, einen reifen und sehr schmerzhaften Abszeß, in diesem Fall ein Gerstenkorn, schnell aufbrechen zu lassen. Die Wirkung von Myristica sebifera kann mit Hepar sulfuris unterstützt werden.
Myristica sebifera D2, 6 x täglich jeweils 1 Dosis, 2 Tage lang. Eventuell mit Hepar sulfuris D3 kombinieren (dieselbe Anwendung wie bei Myristica sebifera D2).

Platanus occidentalis

Aus der Pflanzenheilkunde ist das Platanus occidentalis bekannt. Das Mittel sollte auch noch bei älteren Fällen wirken, bei denen der Lidrand deformiert ist.
Platanus occidentalis, 3 x täglich 1 Dosis, 3–6 Wochen lang.

Staphisagria

Harte Knötchen, die wenig oder nicht schmerzen (Chalazion). Nicht zu unterscheiden von einer verstopften Talgdrüse, wofür Graphites angezeigt ist. Deshalb ist meist eine Kombinationsbehandlung am besten.
Staphisagria D6, 3 x täglich 1 Dosis, 3–6 Wochen lang. Eventuell mit Graphites D6 kombinieren (dieselbe Anwendung wie bei Staphisagria D6).

Sulfur jodatum

Wenn mehrere Drüsen am Lidrand entzündet sind, ist ein operativer Eingriff nicht zu empfehlen. In diesem Fall liegt eine Lidakne vor. Die Akne kann auch an anderen Stellen des Körpers gefunden werden, zum Beispiel unter dem Kinn (Furunkulose) und zwischen den Zehen (siehe hierzu das Kapitel *Haut*). Die Behandlung kann, wenn die tierärztliche Untersuchung ergeben hat, daß Staphylokokken-Bakterien im Spiel sind, mit einer isopathischen Behandlung begleitet werden.
Sulfur jodatum D6, 3 x täglich 1 Dosis, 3–6 Wochen lang. Eventuell mit Staphylococcus D30 kombinieren, 1 x täglich 1 Dosis, 6 Wochen lang.

Triefauge

Ein Triefauge entsteht dadurch, daß die Tränenflüssigkeit nicht (mehr) nach innen über die Tränenkanäle in die Nase abgeleitet wird, sondern im Augenwinkel über den Rand läuft und zwischen Auge und Nase eine nasse, dunkle »Straße« auf der Behaarung bildet.
Ursache für die Entstehung eines Triefauges kann sein, daß die Tränenproduktion gesteigert ist und/oder die Ableitung der erzeugten Tränenflüssigkeit behindert ist.

Die Tränenproduktion kann durch Irritation erhöht sein, zum Beispiel bei einer Bindehautentzündung (siehe den entsprechenden Abschnitt in diesem Kapitel). Die Ableitung kann behindert sein durch Tränenkanäle, die verstopft, unzulänglich oder überhaupt nicht angelegt sind oder zum Beispiel durch Entropium (Einwärtskehrung des Lides) abgeklemmt werden. In allen Fällen ist es unbedingt erforderlich, zunächst vom Tierarzt eine Diagnose stellen zu lassen. Dieser wird, sofern möglich, die Tränenkanäle durchspülen.

Einen durch zähe Absonderungen oder beginnende Verklebungen verstopften Tränenkanal und übermäßigen Tränenfluß durch eine allergische Reaktion auf eine Bindehautentzündung kann man mit homöopathischen Mitteln behandeln.

Im übrigen ist das Triefauge nicht mehr als ein Schönheitsfehler, der weiter für das Auge selbst keine nachteiligen Wirkungen hat.

Kalium bichromicum

Kalium bichromicum verflüssigt zähe Absonderungen. Wenn ein ableitender Tränenkanal vermutlich wegen einer solchen Absonderung verstopft ist, ist Kalium bichromicum das Mittel der Wahl.

Kalium bichromicum D6, 3 x täglich 1 Dosis, 3 Wochen lang.

Silicea

Das Mittel für die chronische Entzündung, durch die Verklebungen im Tränenkanal entstehen können, die die Ableitung der Tränenflüssigkeit behindern können. Zusammen mit Graphites verabreichen.

Silicea D6 und Graphites D6, 3 x täglich jeweils 1 Dosis, 6 Wochen lang. Eventuell danach noch einmal durchspülen lassen.

Zu wenig Tränenflüssigkeit

Zu wenig oder gar völliger Stillstand der Tränenflüssigkeitsproduktion ist eine ausgesprochene Bedrohung für das Auge. Unverzüglich zum Tierarzt gehen! Durch das Einträufeln künstlicher Tränen muß das Auge vor der Austrocknung bewahrt werden (auch noch zu Beginn der homöopathischen Behandlung; die Anwendung allmählich verringern, wenn die Tränenproduktion wieder in Gang kommt). Außer Pilokarpin-Tropfen zur Stimulierung der Tränenproduktion hat die reguläre Tierheilkunde wenig mehr zu bieten als die operative Belegung eines ableitenden Kanals der Ohrspeicheldrüse. Das Ohr wird dann durch Speichel befeuchtet. Nachteile einer solchen Operation sind: eventuelle Kalkablagerungen aus dem Speichel auf der Hornhaut, und der Hund beginnt zu »weinen«, wenn er etwas Leckeres riecht.

Alumina
Alumina wird gegeben, wenn das Auge trocken ist. Eventuell mit Kalium bichromicum kombinieren.
Alumina D6, 3 x täglich 1 Dosis, 6 Wochen lang.

Aurum jodatum
Bei einem trockenen Auge. Viel Pigment und Blutgefäße auf der Hornhaut. Ausschließlich in Absprache und unter der Kontrolle eines Tierarztes behandeln. Eventuell mit Kalium bichromicum kombinieren.
Aurum jodatum D6, 3 x täglich 1 Dosis, 6 Wochen lang.

Kalium bichromicum
Wenn ein zäher Ausfluß die Ableitung von der Tränendrüse behindert, ist Kalium bichromicum das Mittel der Wahl. Es läßt sich häufig gut mit Alumina kombinieren.
Kalium bichromicum D6, 3 x täglich 1 Dosis, 6 Wochen lang.

Bindehautentzündung

Ursachen für eine Bindehautentzündung können sein: eine bakterielle oder Virusinfektion, eine Beschädigung (zum Beispiel ein Kratzer von einer Katze), ein Fremdkörper, Grannen, eine Allergie, Windeinwirkung, chemische Mittel usw. Mögliche Symptome sind: gesteigerte Tränenproduktion, Absonderung, die wäßrig (bei Virus oder Allergie) bis schleimig-eitrig (bei bakterieller Infektion) sein kann, Rötung und Schwellung. Im Gegensatz zum Menschen wird der Hund bei einer bloßen Reizung der Bindehaut nicht mit den Augen zwinkern oder die Augen zusammenkneifen.

Aus der Praxis ...

Um zu illustrieren, wie wichtig eine individuelle Arzneimitteldiagnose sein kann, möchte ich Ihnen die folgende Geschichte erzählen. Bobby war ein etwa drei Jahre alter Teckel. Bevor er zu mir in die Sprechstunde kam, war er schon geraume Zeit wegen eines trockenen Auges beim Augenspezialisten gewesen. Die reguläre Behandlung mit Arzneimitteln brachte die Tränenproduktion nicht in Gang, und Bobby schien zur lebenslangen Anwendung von Kunsttropfen verurteilt zu sein, sofern man nicht der Operationsempfehlung des Spezialisten folgen wollte. Dabei sollte der ableitende Kanal der Ohrspeicheldrüse verlegt werden, so daß der Speichel das Auge befeuchten würde. Der Besitzer wollte es davor aber noch mit Homöopathie versuchen und wandte sich daher an mich.

In der Tat war das linke Auge völlig trocken, und die Hornhaut war bereits deutlich in Mitleidenschaft gezogen. Durch ein Gespräch mit dem Besitzer und eine sorgfältige Untersuchung erfuhr ich mehr über Bobby, als daß nur sein linkes Auge trocken war: Im Alter von zwölf Wochen hatte Bobby eine sehr schwere Infektion durchgemacht (Erkältung mit schwerer Lungenentzündung), die durch starke Medikamente schließlich überwunden werden konnte. Seine linke Nase war ständig verstopft und auffällig war auch, daß er immer links eine Ohrentzündung hatte.
Auf das Verhalten des Hundes war der Besitzer nicht gut zu sprechen, seit ein zweiter Hund dazugekommen war: Bobby war rasend eifersüchtig. Positiv war immerhin, daß er jetzt seine Schüssel leer fraß; wenn aber der andere Hund an seine Spielsachen kam oder mit diesem geschmust wurde, wurde Bobby aggressiv.
Die Linksseitigkeit der Beschwerden, das eifersüchtig-aggressive Verhalten und die »Reste« einer unterdrückten Infektion passen gut zum Mittel Lachesis. Bobby bekam 1 x täglich 5 Kügelchen Lachesis D30. Nach drei Wochen war die Tränenproduktion wieder völlig hergestellt. Ein Glück für diesen Hund, der sonst nach der Operation in sein eigenes Auge hätte sabbern müssen!
In allen Fällen einer Bindehautentzündung muß das Auge gespült werden; häufig genügt schon eine Augenspülung. Durch die Spülung wird das Auge gereinigt und ist aufnahmebereiter für die Arzneimittel in der Spülflüssigkeit.

Augenspülung

Zusammensetzung: 1 Messerspitze Kochsalz auf 100 ml Wasser, 5 Minuten kochen, auf Körpertemperatur abkühlen lassen; 1 ml (= 40 Tropfen) Euphrasia Tinktur und 1 ml (= 40 Tropfen) Echinacea Tinktur hinzufügen. Schütteln.

Anwendung: 2–3 x täglich die Augen spülen, 7–14 Tage lang. Die Lösung täglich frisch zubereiten. Als Spülfläschchen kann eine Laborflasche aus Kunststoff mit geknicktem Rohraufsatz benutzt werden. Wenn man die Lösung immer auf Körpertemperatur bringt, akzeptiert der Hund die Behandlung am ehesten.

Zur Unterstützung der Augenspülung können dienen:

Aconitum

Aconitum paßt zur akuten Bindehautentzündung (hat der Hund beim Autofahren doch wieder den Kopf aus dem Fenster gesteckt, obwohl es ihm das Herrchen verboten hatte?).

Akute Irritation, auch nach der Entfernung eines Fremdkörpers aus dem Auge.

Aconitum D6, 3 x 1 Dosis in Abständen von 15–30 Minuten. Anschließend nach Erfordernis 3 x täglich 1 Dosis, 2 Tage lang.

Allium cepa

Allium cepa ist die Küchenzwiebel. Jeder kennt die Wirkung der Zwiebel auf die Augen. Allium cepa kann zusammen mit Euphrasia bei einer allergischen Bindehautentzündung angewandt werden.

Allium cepa D6, 3 x täglich 1 Dosis, 5–7 Tage lang. Eventuell mit Euphrasia D6 kombinieren (dieselbe Anwendung wie bei Allium cepa D6).

Apis

Auch Apis paßt zur akuten Bindehautentzündung, insbesondere dann, wenn durch Entzündungsneigung eine starke Schwellung

eingetreten ist. Juckreiz und Schmerzen. Meist handelt es sich um eine allergische Reaktion.
Apis D6, 3 x täglich 1 Dosis, 5–7 Tage lang.

Argentum nitricum
Argentum nitricum paßt zur chronischen Bindehautentzündung. Auf der Bindehaut sind manchmal stecknadelgroße Drüsenschwellungen zu sehen. Man kann zur Unterstützung der Therapie Hepar sulfuris geben, wenn eitrige Absonderungen vorliegen. Bei sehr zähen Absonderungen unterstützend Kalium bichromicum geben.
Argentum nitricum D6, 3 x täglich 1 Dosis, 3 Wochen lang. Eventuell mit Hepar sulfuris D12 oder Kalium bichromicum D6 kombinieren, 2- bzw. 3 x täglich 1 Dosis, 3 Wochen lang.

Belladonna
Wenn mit Aconitum nicht innerhalb eines Tages eine deutliche Besserung eintritt, und wenn dazu eitriger Ausfluß erscheint, gibt man Belladonna.
Eventuell dazu oder im Anschluß daran Mercurius vivus (siehe das Kapitel *Entzündungen allgemein*).
Belladonna D6, 3 x täglich 1 Dosis, 5–7 Tage lang.

Calendula
Calendula ist das Mittel für Verletzungen, auch im Bereich des Auges.
Calendula D2, 3 x täglich 1 Dosis, 7–14 Tage lang.

Cineraria maritima
Cineraria maritima ist ein bekanntes Mittel für Hornhaut- und Linsentrübungen, ist aber auch bei Bindehautentzündungen anwendbar.
Cineraria maritima D2, 3 x täglich 1 Dosis, 7–14 Tage lang (bei

Linsentrübungen teilweise bis zu 6 Monaten unter strenger Kontrolle eines Tierarztes).

Echinacea angustifolia

Echinacea angustifolia steigert die körpereigene Abwehr gegen Infektionen.

Echinacea angustifolia Ø, 3 x täglich 1 Dosis, 7 Tage lang. Echinacea angustifolia kann auch äußerlich angewandt werden (siehe Augenspülung).

Euphrasia

Mehr das Bild einer allergischen Reaktion. Irritierte Bindehaut mit übermäßiger Tränenproduktion.

Euphrasia D6, 3 x täglich 1 Dosis, 5–7 Tage lang. Euphrasia kann auch äußerlich angewandt werden (siehe Augenspülung). Eventuell mit Allium cepa D6 kombinieren (dieselbe Anwendung wie bei Euphrasia D6).

Pulsatilla

Eitriger Ausfluß: manchmal mehr, manchmal weniger.

Weniger akuter Zustand als bei Belladonna und Mercurius vivus.

Pulsatilla kann man gut mit Hepar sulfuris unterstützen.

Pulsatilla D6, 3 x täglich 1 Dosis, 7–14 Tage lang. Eventuell mit Hepar sulfuris D3 kombinieren (dieselbe Anwendung wie bei Pulsatilla D6).

Linsentrübung (Katarakt)

Katarakt, auch Grauer Star genannt, ist als weiße Trübung der Pupille erkennbar, die mehr oder weniger ausgeprägt sein kann. Entsprechend der Ursache kann man die folgende Einteilung vornehmen: angeborener Katarakt, in späterem Alter erworbener Katarakt (kann auch erblich sein) und Altersstar.
Eine wichtige Ursache des Stars ist Zuckerkrankheit – erkennbar an einer sehr weißen Trübung. Man kann nur hoffen, daß man die Entwicklung des sogenannten »Zuckerstars« vermeiden kann, indem sich die anderen Zucker-Symptome rechtzeitig äußern. Bei Verdacht auf Zuckerkrankheit sollte man niemals zögern, zum Tierarzt zu gehen. Es ist überhaupt von größter Bedeutung, daß jeder Katarakt umgehend behandelt wird; nur dann bestehen Erfolgsaussichten. Die Behandlung erstreckt sich über lange Zeiträume. In der Literatur ist manchmal von Kuren bis zu 6 Monaten die Rede, selbstverständlich unter Kontrolle des Tierarztes.
Zum Altersstar ist noch zu sagen, daß der Hund häufig noch recht gut sieht, auch wenn die Augen auf den ersten Blick getrübt erscheinen; die Krankheit entwickelt sich langsam und führt nicht immer zu völliger Erblindung. Der Altersstar tritt etwa um das 10. Lebensjahr auf.
Am besten besprechen Sie mit Ihrem Tierarzt, ob Sie den Katarakt selbst behandeln können oder nicht.
Es ist sehr schwierig, zwischen den verschiedenen homöopathischen Mitteln zu differenzieren, die für die Behandlung eines Katarakts in Frage kommen.

Cineraria maritima

Wenn das Mittel rechtzeitig eingesetzt wird, kann man von Cineraria maritima eine günstige Wirkung auf einen Katarakt erwarten, und zwar sowohl im jugendlichen Alter als auch beim

Altersstar. Das Mittel ist gut mit Naphtalinum D12 zu kombinieren. Als tiefer greifende Mittel bei Linsenkatarakt können noch genannt werden Causticum, Calcium fluoratum und Sulfur. Andere Symptome können in die Richtung der richtigen Arzneimitteldiagnose weisen.

Cineraria maritima D2, 3 x täglich 1 Dosis, 3–6 Monate lang. Eventuell mit Naphtalinum D12 kombinieren, 2 x täglich 1 Dosis, 3–6 Monate lang. Daneben empfiehlt es sich, 1 x monatlich 1 Dosis Sulfur M zu geben, jedoch nur bei monatlicher Kontrolle durch den Tierarzt.

Hornhautentzündung

Eine Hornhautentzündung muß stets vom Tierarzt behandelt werden.

Homöopathie

Auch bei einer Hornhautentzündung (Keratitis) kann die Augenspülung die innere Behandlung unterstützen.
Für die Auswahl des homöopathischen Heilmittels zur Behandlung einer Hornhautentzündung empfiehlt es sich, auch die Abschnitte *Bindehautentzündung* und *Zu wenig Tränenflüssigkeit* zu lesen.
Bei einer Perforation der Hornhaut kann die Homöopathie mit Mitteln unterstützen, die allgemein für Schnitt-, Stich- und Bißwunden eingesetzt werden (siehe Kapitel *Verletzungen*).

Aethiops antimonialis
Eine chronische eitrige Entzündung unter anderem der Hornhaut mit der Neigung zur Geschwürbildung.

Aurum jodatum
Aurum jodatum ist angezeigt bei chronischer Hornhautentzündung, wobei auf der Hornhaut deutlich Blutgefäße zu sehen sind und Pigmentierung auftritt. Dies führt zur allmählichen Erblindung des Hundes. Darauf achten, daß das Auge aufgrund mangelnder Tränenflüssigkeit auch zu trocken sein kann.

Calendula
Selbstverständlich kann auch Calendula zur Heilung eines Hornhautgeschwürs beitragen.

Conium

Conium ist das Mittel für stark verhärtete Narben. Auch beinharte Tumore und Drüsen (nach einer Entzündung) passen zu Conium. Mit diesem Mittel lassen sich auch Narben von Hornhautgeschwüren behandeln; die Ergebnisse sind unterschiedlich. In diesem Zusammenhang nenne ich auch noch Graphites D6 und Silicea D6 als Mittel zur Behandlung von Narben und Verwachsungen.

Kalium bichromicum

Bei Geschwürbildung in der Hornhaut, auch ohne zähe eitrige Absonderung, ist immer an Kalium bichromicum zu denken. In akuten Fällen läßt sich Kalium bichromicum gut mit Mercurius corrosivus kombinieren.

Silicea

Silicea ist insbesondere bei Geschwürbildungen in der Hornhaut angezeigt, die nicht heilen wollen. Diese findet man relativ häufig beim Boxer. In Kombination mit Graphites kann Silicea bei der Heilung von Narben und Verklebungen gute Dienste leisten.

Milchglasauge

Unter Milchglasauge versteht man eine milchige Trübung der Hornhaut, die nach einer Hepatitis contagiosa canis entstehen kann, in sehr seltenen Fällen auch nach einer Impfung gegen diese Krankheit. Diese Impfung ist Bestandteil der Mehrfachimpfung. Gelegentlich ist das Auge leicht irritiert, und es findet sich eine wäßrige Absonderung. Meist tritt die Erkrankung einseitig auf.

Thuja
Milchglasauge. Wenn die Erkrankung einmal durch die Cocktail-Impfung ausgelöst wurde, zögern manche Menschen, diese noch einmal vornehmen zu lassen; dann kann Thuja vorbeugend gegeben werden.
Thuja D6, 3 x täglich 1 Dosis, 3 Wochen lang. Zur Vorbeugung Thuja D6, 3 x täglich 1 Dosis, 1 Woche vor und 1 Woche nach der Impfung.

Aus der Praxis ...

»Sehr geehrter Herr Westerhuis,

im September kauften wir unseren schwarzen Cocker-Spaniel Beau, als er noch ein Welpe war. Er war innerhalb kürzester Zeit stubenrein. Wir gaben ihm wie einem Baby viel Spielzeug, so daß er gar nicht dazu kam, andere Dinge zu zerstören.
Mein Mann und ich dachten nur, daß er ein bißchen dumm war; er stieß immer überall mit seinem Kopf an. Auch wenn wir einen Ball warfen, begriff er nicht, was wir wollten, und schaute uns nur interessiert an. Ich glaubte aber, daß es ganz normal sein könnte, weil Babys solchen schnellen Bewegungen noch nicht folgen können.

Der einzige Nachteil bei Beau war der Spaziergang am späten Abend; wir wohnten damals noch in einem kleinen Dorf, und er bellte dabei die ganze Zeit, vor allem vor Mülltonnen und Kartons mit Altpapier. Aber das wurde durch die Freude mit diesem Tier leicht aufgewogen. Das Schwesterchen Manou aus demselben Wurf wie Beau wurde erst im Januar verkauft. Ihr neuer Besitzer bemerkte bald, daß Manou blind war. Der Züchter tauschte sie dann gegen eine Hündin um, die er eigentlich selbst behalten wollte.

Als wir dies hörten, beschlossen wir, Beaus Augen untersuchen zu lassen. Die Augenspezialistin Dr. Roelofsen stellte fest, daß Beau Star hatte. Das einzige, was man schulmedizinisch tun konnte, war warten, bis die Linsen völlig getrübt wären, und sie dann entfernen. Die Ärztin schlug uns vor, eine homöopathische Behandlung zu versuchen. Da ich mir keinen Rat mehr wußte, ging ich erst noch zu anderen Tierärzten, die mir auch nichts anderes sagen konnten.

In den vorangegangenen Monaten hatten Beau und ich einen Gehorsamkeitskurs besucht, und wir waren Mitglied eines Hundevereins geworden. Dieser organisierte u. a. Vortragsabende. Eines Abends hörten wir dabei auch etwas über die Homöopathie. Ich war von dieser Heilmethode nicht so überzeugt, aber weil ich gerade in den Vorstand gewählt worden war, mußte ich der Ordnung halber anwesend sein. Im Laufe des Abends wurde dann doch mein Interesse geweckt.

Ich vereinbarte einen ersten Termin für Beau am 2. Februar. Auch Sie stellten fest, daß sich zu viele Pigmentflecke auf den Linsen befanden, die das Sehvermögen von Beau praktisch völlig ausschalteten. Wir begannen damals mit Cineraria maritima D2 in Tropfenform und sollten nach einem Monat wiederkommen.

Nach Ablauf dieses Monats konnte Beau etwas besser sehen, und wir gaben die Tropfen noch einen weiteren Monat; ich hatte aber immer noch meine Bedenken. In dieser Zeit *sah* er eine Katze auf der anderen Straßenseite und ging wütend auf sie los. Ich wartete aber doch die nächste Kontrolle ab, denn ich konnte es kaum glauben. Tatsächlich hatte Beaus rechtes Auge große Fortschritte gemacht; das linke Auge blieb etwas zurück. Also weiter Tropfen geben und nochmals ein neuer Termin.

So ging es weiter. Im April gingen wir nochmals zu Dr. Roelofsen, die inzwischen von dem Wunder gehört hatte. Auch sie stellte fest, daß es mit dem rechten Auge viel besser ging. Am 5. Juli waren wir zum letzten Mal bei Ihnen. Das Pigment hatte sich inzwischen aufgelöst, jedoch bestand noch eine gewisse Trübung der Linse. Sie meinten, daß Sie weiter nichts für uns tun könnten, waren aber, wie ich glaubte, noch nicht ganz zufrieden. Für uns aber war es großartig, daß Beau schon so viel mehr sehen konnte. Wir setzten dann die Tropfen ab. Bei einem Besuch bei Dr. Roelofsen im September ergab sich, daß die Linsentrübung langsam zurückging. Wir gaben doch nochmals Cineraria maritima D2.

Nun ist es November, und Beau macht immer noch Fortschritte. Ich bin so froh, daß Beau wieder sehen kann und hege jetzt sogar die Hoffnung, daß seine Augen eines Tages ganz gesund sein werden!«

Ohr

Repertorium Ohrerkrankungen

Dies ist eine globale Übersicht. Genauere Anweisungen finden Sie bei den Beschreibungen der einzelnen homöopathischen Heilmittel.

Beschwerden	*Indikationen*	*Arzneimittel*
Bluterguß	in der Ohrmuschel (Othämatom)	Arnica, Hamamelis
Ohrentzündung, akute	eitrige und schmerzhafte	Hepar sulfuris
	wäßrig-eitrige	Mercurius vivus
Ohrentzündung, chronische	den Gehörgang verschließend	Tellurium metallicum
	eitrige, mit Geschwürbildung	Aethiops antimonialis
	schrundige, blutige	Acidum nitricum
	mit honigartigem Ausfluß	Graphites
	wäßrig-eitrige, irritierende	Silicea
Warzen im Ohr		Acidum nitricum, Causticum, Thuja

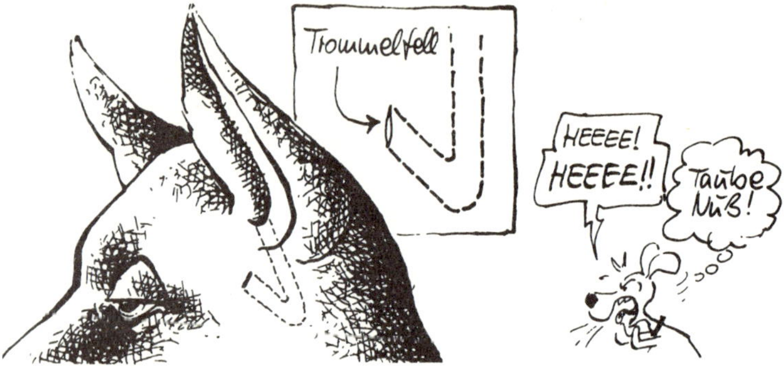

Das Ohr besteht aus drei Teilen, dem Außenohr, dem Mittelohr und dem Innenohr.
Wir befassen uns hier nur mit dem Außenohr. Erkrankungen des Mittelohrs und des Innenohrs sind weniger häufig. Außerdem müssen solche Beschwerden in jedem Fall vom Tierarzt behandelt werden und eignen sich nicht zur Selbstmedikation.
Die wichtigsten Krankheitsbilder, die hier besprochen werden, sind:
- Entzündung des äußeren Gehörgangs (Otitis externa);
- Bluterguß in der Ohrmuschel (Othämatom);
- Ohrenverletzungen.

Zum Tierarzt gehen, wenn:
- der Hund plötzlich seinen Kopf schief hält. Das Ohr, das nach unten gehalten wird, schmerzt: Es befindet sich ein Fremdkörper im Ohr! Sehr oft handelt es sich dabei um Grannen, die der Tierarzt schnell entfernen muß.
- der Hund eine Verletzung an der Ohrmuschel aufweist. Diese kann sehr stark bluten. Erste Hilfe: Ohrmuschel zurückklappen und ein Geschirrtuch oder ein Stück Laken wie ein Kopftuch umbinden.

- der Hund plötzlich taub ist;
- der Hund bei einer Ohrerkrankung allgemein krank ist;
- der Hund Gleichgewichtsstörungen hat.

Grannen gibt es von Juni bis Oktober. Sie dringen nicht nur immer weiter ins Ohr ein, sondern haben eine so harte Spitze, daß sie leicht das Trommelfell durchbohren können, ja sogar die relativ dünne Haut zwischen den Zehen. Ich hatte einen Fall, in dem ein halbes Jahr, nachdem eine Granne zwischen den Zehen eingedrungen war, diese schließlich unter dem Ellbogen wieder zum Vorschein kam.
Andere Stellen, an denen man gelegentlich Grannen findet, sind: hinter dem dritten Augenlid (plötzliches heftiges Zukneifen des Auges mit starkem Tränenfluß und manchmal schon eitrig-schleimigen Absonderungen aus dem Auge), in der Mandelfalte (plötzliches und unaufhörliches Würgen und Jaulen) und der Nase (plötzliches und unaufhörliches heftiges Niesen und über den Boden Fegen mit der Nase).

Ohrentzündung

Mit dem Ausdruck Ohrentzündung bezeichnen wir hier eine Entzündung der Haut an der Innenseite der Ohrmuschel und dem äußeren (vertikalen und horizontalen) Gehörgang bis zum Trommelfell. Die Beschwerden können sein: Kopfschütteln (auch vor allem bei Ohrmilben), Kratzen, mit dem Kopf über den Boden Fegen – dies alles aufgrund von Juckreiz und/oder Schmerzen. Die Haut ist gerötet und verdickt; letzteres kann sogar zum Verschluß des Gehörgangs führen, wodurch auch der Infektionsherd nach außen verschlossen ist und sich die Entzündung verschlimmert.

Der Ohrausfluß kann folgende Konsistenz haben:

- wäßrig, wäßrig-eitrig, eitrig;
- blutig;
- schwarzbraun, ölig: Pseudomonas;
- schwarzbraun, pastenartig: zuviel Ohrschmalz;
- schwarzbraun, kohlenrußartig: Ohrmilben;
- honigartig.

Darauf achten, daß bei Welpen Juckreiz am Ohr auch Läuse anzeigen kann. Das Ungeziefer befindet sich an der Außenseite des Ohrrandes und ist deutlich zu sehen. Eine Ohrentzündung ist häufig Bestandteil einer allgemeinen Hauterkrankung. Deshalb ist in vielen Fällen eine individuelle Arzneimitteldiagnose, das heißt also ein Besuch beim homöopathisch arbeitenden Tierarzt sinnvoll.

Einfache Ohrentzündungen können nach den hier gegebenen Ratschlägen gut behandelt werden, die übrigens auch als Dauerbehandlung in chronischen Fällen nützlich sind.

Ursachen für eine Ohrentzündung können sein:

1. Veranlagung oder »Anfälligkeit«. Häufig ist durch andere Symptome das passende (auf den ganzen Patienten wirkende) Mittel zu erkennen.

2. Abnormaler Bau des Ohrs, zum Beispiel bei manchen Spaniels. Angesichts der Tatsache, daß es auch bei diesen Rassen Hunde ohne Ohrentzündung gibt, obwohl sie ein »verkehrt« gebautes Ohr haben, muß die Anfälligkeit auch bei diesen Hunden eine Rolle spielen.
3. Zufällige Infekte, zum Beispiel durch Schwimmen in schmutzigem Wasser. Solange das Verhalten dasselbe bleibt, wird eine regelmäßige Behandlung der Ohren notwendig sein.
4. Unzweckmäßiger Gebrauch von Ohrsalben oder Überempfindlichkeit hierfür. Es ist falsch, eine Kur mit antibiotikahaltigen Salben nach der anderen durchzuführen; noch schlechter ist es, immer gleich mit einer solchen Salbe zur Hand zu sein, wenn der Hund ein »Wehwehchen« hat. Dann besteht die reelle Chance, daß es zu Resistenz (Unempfindlichkeit gegenüber Antibiotika) kommt, so daß hartnäckige Bakterien, Hefen oder Schimmelpilze erst recht wachsen können. Eine gefürchtete, fast nicht zu kontrollierende bakterielle Infektion, die auf diese Art entsteht, ist die Pseudomonas-Infektion. Man bedenke auch, daß ein Hundeohr für bestimmte Ohrensalben oder Ohrreinigungsmittel überempfindlich sein kann und daß die Entzündung durch den Gebrauch solcher Mittel nur schlimmer wird statt besser. Auch können sie in tiefer gelegenen Teilen des Innenohrs irreparable Schäden hervorrufen.
5. Ohrmilben. Eine Erkrankung, die sehr leicht von einem Hund auf den anderen übertragen wird. In dem kohlenrußartigen Ohrinhalt kann der Tierarzt mit seinem Ohrenspiegel (Otoskop) die Ohrmilben sehen. Es ist wichtig, daß die Quelle der Ansteckung und die ebenfalls angesteckten Tiere gleichzeitig behandelt werden.
6. Regelmäßige Reinigung mit Wattestäbchen ist falsch und führt zu Reizungen. Wenn der Hund keine Ohrbeschwerden hat, muß man das Ohr in Ruhe lassen, auch wenn sich darin ein wenig Schmutz findet!

Grundsätzlich muß ein Hund, der wegen Ohrbeschwerden behandelt wird, innerhalb der angegebenen Behandlungszeit gesund werden und darf keine Restbeschwerden mehr haben. Wenn trotzdem regelmäßige Behandlungen erforderlich sind, dann am besten mit homöopathischen Mitteln. Dies betrifft Patienten mit:

- chronischen Ohrbeschwerden, die offenbar mit keinem Mittel wirklich zu heilen sind;
- ständig wiederkehrende Ohrreizungen nach dem Schwimmen in schmutzigem Wasser, zur Verhütung von Schlimmerem;
- zu starker Haarwuchs, der nach der Entfernung irritiert.

Für eine gute Diagnose und Behandlung gilt eine Untersuchung mit dem Ohrspiegel und Ohrspülung vielfach als unverzichtbar. Über die Notwendigkeit von Ohrspülungen gehen die Meinungen allerdings auseinander, um so mehr, als eine Kur mit geeigneten Ohrentropfen das Ohr meist innerhalb von 10 Tagen völlig säubern kann.

Wenn man die Anmerkungen »Zum Tierarzt gehen, wenn ...« im Hinterkopf behält, ist eine Selbstmedikation zu verantworten. Häufig handelt es sich um Patienten, die schon mehrmals beim Tierarzt waren, aber trotz einer guten Diagnose und Spülungen auf die reguläre Behandlung nicht ansprachen. Anmerken möchte ich noch, daß vielfach nicht an eine bakteriologische Untersuchung des Ohrenschmalzes mit einem Empfindlichkeitstest (Bestimmung, welche Arznei den Erreger abtöten kann) gedacht wird, während dies doch sehr sinnvoll sein kann.

Acidum nitricum

Acidum nitricum paßt zu einer chronischen Entzündung des äußeren Gehörgangs. Es treten reichlich Schrunden auf; diese Schrunden bluten leicht.

Acidum nitricum D6, 3 x täglich 1 Dosis, 3 Wochen lang.

Aethiops antimonialis

Aethiops antimonialis paßt zu einer chronischen Entzündung des äußeren Gehörgangs. Es findet sich ein eitriger Ausfluß mit Neigung zu Geschwürbildung.

Aethiops antimonialis D3, 3 x täglich 1 Dosis, 3 Wochen lang.

Graphites

Eine chronische Entzündung des äußeren Gehörganges mit honigartigem Ausfluß paßt zu Graphites. Der Patient sollte möglichst ein Graphites-Typ sein (siehe das Kapitel *Homöopathische Typen und Verhalten*).

Graphites D6, 3 x täglich 1 Dosis, 3 Wochen lang.

Hepar sulfuris

Akute Entzündung des äußeren Gehörgangs mit eitrigem Ausfluß. Wärme bessert (im Gegensatz zu Mercurius vivus), Kälte verschlechtert die Beschwerden. Auffallend ist die starke Schmerzempfindlichkeit (»man braucht nur darauf zu deuten«).

Hepar sulfuris D3, 3 x täglich 1 Dosis, 7–10 Tage lang.

Mercurius solubilis

Akute Entzündung des äußeren Gehörgangs mit stinkendem, wäßrigem bis dünnem eitrigen Ausfluß. Wärme verschlimmert (im Gegensatz zu Hepar sulfuris), Kälte bessert die Beschwerden.

Mercurius solubilis D6, 3 x täglich 1 Dosis, 7 Tage lang.

Silicea

Chronische Entzündung des äußeren Gehörgangs. Der Patient sollte möglichst ein Silicea-Typ sein (siehe das Kapitel *Homöopathische Typen und Verhalten*). Es findet sich ein säuerlich stinkender, wäßriger bis dünner eitriger Ausfluß, der die Haut wund macht (unter anderem Entzündung der Ohrränder).

Silicea D12, 2 x täglich 1 Dosis, 3 Wochen lang.

Tellurium
Chronische Entzündung des äußeren Gehörgangs mit einem Ausfluß, der nach Fisch riecht. Durch die chronische Entzündung kommt es zu einer Grauverfärbung und Verdickung der Haut, was zu einem Verschluß des Gehörgangs führen kann und die Entzündung verschlimmert. Auch anderswo können chronische Hautentzündungen auftreten: um die Geschlechtsöffnung und den Anus, unter dem Kinn, in den Gelenkbeugen, in Achseln und Leisten und zwischen den Zehen. Daneben findet sich gelegentlich eine chronische Schleimhautentzündung und Rückenschmerzen.
Tellurium D12, 2 x täglich 1 Dosis, 3–6 Wochen lang.

Othämatom

Beim Hund findet sich nicht selten ein Bluterguß an der Ohrmuschel (Othämatom), weil ein Blutgefäß in der Ohrmuschel verletzt ist – vielfach durch Kratzen am Ohr. Es muß untersucht werden, ob die Ursache im Gehörgang liegt oder nicht (zum Beispiel durch Ohrmilben). Das Ohr ist geschwollen und hängt nach unten. Der Bluterguß kann sich gelegentlich über die ganze Ohrmuschel ausbreiten. Ein Othämatom darf nicht mit einem (selten auftretenden) Abszeß verwechselt werden: Dieser ist schmerzhaft, und das Tier ist insgesamt krank, während ein Othämatom nicht schmerzhaft ist und das Tier nicht krank ist.
Bei einem ausgedehnten Othämatom muß mit folgendem gerechnet werden:

- Nach der Heilung entsteht häufig ein »Schrumpfohr«.
- In der Ohrmuschel können lokal schmerzhafte, knorpelige Narben zurückbleiben. Hierfür kann Conium gegeben werden: *Conium D6, 3 x täglich 1 Dosis, 3–6 Wochen lang.* Es ist allerdings sehr leicht möglich, daß auch Conium nichts mehr bewirkt.
- Der Gehörgang kann durch die Schrumpfung verschlossen werden, wodurch es zu einer chronischen Entzündung des äußeren Gehörgangs kommen kann.

Meist ist eine operative Behandlung des Ohrs unumgänglich. Dies kann auch erst 10 Tage oder später nach der Entstehung des Blutergusses geschehen.
Bei kleinen Othämatomen, die der Tierarzt lieber nicht operiert, kann Homöopathie eine Heilung bringen:
Arnica D6 und Hamamelis D3, 3 x täglich jeweils 1 Dosis, 2–3 Wochen lang.

Ohrverletzungen

Eine blutende Ohrwunde ist ein Notfall. Sie muß schnellstens genäht werden, und zwar nicht nur wegen der kosmetischen Wirkung, sondern insbesondere deshalb, weil meist nur so die Blutung gestoppt werden kann. Wunden, die nicht (stark) bluten, zum Beispiel durch einen Biß oder Stacheldraht, kann man wie gewöhnliche Verletzungen behandeln (siehe das Kapitel *Verletzungen*).

Entzündungen allgemein

Repertorium Entzündungen allgemein

Dies ist eine globale Übersicht. Genauere Anweisungen finden Sie bei den Beschreibungen der einzelnen homöopathischen Heilmittel.

Beschwerden	*Indikationen*	*Arzneimittel*
Allgemein	allgemein unterstützende Mittel	Arnica, Calendula, Echinacea angustifolia
	Allgemeininfektion des Körpers	Ferrum phosphoricum, Lachesis
	Anfangsstadium, meist noch keine lokalen Symptome	Aconitum
	Infiltrationsstadium, Beginn der lokalen Symptome	Belladonna
	lokale Störungen lassen sich in ein Mittel »übersetzen«, keine Eiterung	Apis mellifica, Bryonia
	Auftreten von Eiterung bis Abszeßbildung	Hepar sulfuris, Mercurius solubilis, Myristica sebifera, Siegesbeckia orientalis, Tarantula cubensis
Schlecht heilende Entzündungen	mit Fistelbildung	Calcium sulfuricum, Silicea
	Therapie mit Nosoden (Tierarzt!)	Pyrogenium, Staphylococcinum u. a.

Homöopathie

Nachfolgend die Beschreibungen einer Reihe homöopathischer Arzneimittel, die bei Entzündungen eingesetzt werden können. Die Mittel sind entsprechend der Entwicklungsphase der Entzündung geordnet.

Aconitum

Plötzlich auftretendes sehr hohes Fieber (höher als bei Belladonna) als schnelle, heftige Abwehrreaktion gegen den Krankheitserreger, ganz zu Beginn einer Entzündung. Der Hund zittert heftig, schwitzt nicht (winselt nicht). Wäßriger Augenausfluß. Angst, große Unruhe, Panik (heftige Abwehrbewegungen bei der Untersuchung durch den Tierarzt). Die Entzündung läßt sich meist noch nicht lokalisieren. Die Ursache kann trockener kalter Wind oder Zugluft sein.

Aconitum D6, anfangs 3 x 1 Dosis in Abständen von 15–30 Minuten. Das Aconitum-Stadium geht, sofern keine Heilung eintritt, sehr schnell in ein Bild über, das zu einem der folgenden Mittel paßt. Das Aconitum-Stadium ist vorüber, wenn der Hund zu schwitzen (winseln) beginnt.

Belladonna

Fieber (weniger hoch als bei Aconitum), schwitzen (winseln), aber trockene Schleimhäute. Angst, Abwehrbewegungen bei der Untersuchung durch den Tierarzt (weniger heftig als bei Aconitum). Lokale Symptome der Entzündung werden sichtbar. Schwellung, Wärme, Schmerzen, Rötung – die typischen Merkmale einer Entzündung. Abends und nachts tritt Verschlechterung ein.

Belladonna D6, anfangs 3 x 1 Dosis in Abständen von 30–60 Minuten, anschließend 3 x täglich 1 Dosis, 5 Tage lang. Belladonna kann wiederum sehr schnell in eines der folgenden Bilder übergehen.

Bryonia

Die Entzündung ist trocken (zum Beispiel trockener Husten, trockener Stuhl, wenig Harn). Gelegentlich erst trocken, dann naß. Harte, gerötete und sehr schmerzhafte Schwellung (Brustdrüsenentzündung, Gelenkentzündung). Greift insbesondere an Geweben wie dem Bauchfell, dem Rippenfell und der Innenauskleidung der Gelenke an. Das Bild bleibt stationär.
Berührung (leichter Druck) verschlimmert den Schmerz; ständiger starker Druck (fester Verband oder Liegen auf der schmerzenden Stelle) bringt Besserung. Die geringste Bewegung verschlimmert den Schmerz (das Tier bleibt unbeweglich liegen). Fieber (weniger hoch als bei Aconitum und Belladonna); häufig findet sich eine wechselnde Körpertemperatur. Durst. Reizbarkeit. Eventueller Husten verschlimmert sich beim Übergang von frischer Luft in einen stickigen Raum.
Bryonia D6, 3 x täglich 1 Dosis, 7–10 Tage lang.

Apis

Charakteristisch für die Apis-Entzündung ist die Bildung von reichlich Entzündungsflüssigkeit (Ödem). Fieber, schneller Puls. Trinkt wenig, wenig Harn. Der Hund will sich ständig bewegen, leidet unter starker Unruhe. Der Entzündungsherd ist sehr schmerzhaft. Wärme und Berührung führen zur Verschlimmerung, während Kälte Besserung bewirkt.
Apis D6, 3 x täglich 1 Dosis, 7–10 Tage lang.

Mercurius solubilis

Die Entzündung hat eine Tendenz zu Eiterung, Geschwür- und Fistelbildung (siehe Silicea), ist aber nicht so schmerzhaft wie bei Hepar sulfuris. Die Beschwerden verschlimmern sich nachts und durch Wärme (im Gegensatz zu Hepar sulfuris).
Mercurius solubilis D6, 3 x täglich 1 Dosis, 7–10 Tage lang.

Tarantula cubensis

Eitrige Entzündung der Unterhaut, insbesondere der Zehen, mit Neigung zu einer Allgemeininfektion. Purpurfarbene oder bläuliche Verfärbung des Entzündungsherdes (siehe Lachesis). Starke Schmerzen. Entzündungsmittel vor Tarantula cubensis sind Hypericum oder Ledum (siehe das Kapitel *Verletzungen*).
Tarantula cubensis D6, 3 x täglich 1 Dosis, 7–10 Tage lang.

Hepar sulfuris

Akute eitrige Entzündungen und Abszeßbildungen passen zu Hepar sulfuris, das heißt also auch die stark eiternde Analbeutelentzündung und der Analbeutelabszeß. Charakteristisch sind die starken Schmerzen, die Angst, berührt zu werden, und eine Verschlechterung durch Kälte (im Gegensatz zu Mercurius solubilis); der Hepar-sulfuris-Patient ist allgemein gegen Kälte empfindlich. Wärme bessert (im Gegensatz zu Apis, Mercurius solubilis). Häufig besteht Fieber.
Hepar sulfuris fördert in niedriger Potenz (D3, D4, D6) die Reifung und das Durchbrechen eines Abszesses (siehe Myristica sebifera), in höheren Potenzen (D12) ein Einschmelzen.
Hepar sulfuris D3, anfangs 3 x 1 Dosis in Abständen von 1–2 Stunden, anschließend 3 x täglich 1 Dosis, 2 Tage lang. Bei eitrigen Entzündungen in geschlossenen Höhlen (zum Beispiel in der Nasennebenhöhle) niemals eine niedrigere Potenz als D12 anwenden, da die Gefahr einer Eiteransammlung besteht.
Hepar sulfuris D12, 3 x täglich 1 Dosis, 1–3 Wochen lang, wenn der Abszeß einschmelzen soll.

Myristica sebifera

Myristica sebifera oder das »homöopathische Messer« beschleunigt das Durchbrechen eines reifen Abszesses. Auch weniger akut verlaufende und weniger schmerzhafte Schwellungen können durch Myristica sebifera zum Durchbrechen gebracht werden.

Myristica sebifera D2, anfangs 3 x 1 Dosis in Abständen von 1–2 Stunden, anschließend 3 x täglich 1 Dosis, 2 Tage lang. Eventuell mit Hepar sulfuris D3 und/oder Tarantula cubensis D6 kombinieren.

Siegesbeckia orientalis

Siegesbeckia orientalis hat etwa dasselbe Bild wie Hepar sulfuris. Der Siegesbeckia-orientalis-Patient ist noch empfindlicher gegen Kälte und Berührung als der Hepar-sulfuris-Patient. Bewegung führt zu Verschlechterung. Es besteht die Neigung zu einer Allgemeininfektion. Akute, aber auch chronische Abszesse können mit Siegesbeckia orientalis behandelt werden.

Siegesbeckia orientalis D4, 3 x täglich 1 Dosis, 7–10 Tage lang.

Calcium sulfuricum

Calcium sulfuricum folgt auf Hepar sulfuris, wenn der Abszeß ständig wiederkehrt. Dies gilt daher auch für die ständig wiederkehrende Analbeutelentzündung mit zähem, eitrigem Inhalt. Zu Beginn sollte man eine Analbeutelentzündung mit Hepar sulfuris behandeln, eventuell in Kombination mit anderen »Eitermitteln«. Wenn dies nicht hilft, ist Calcium sulfuricum in Erwägung zu ziehen. Dabei ist anzumerken, daß der Hund die Analbeutel nicht unbedingt braucht, und daß eine operative Entfernung eine gute Prognose hat.

Calcium sulfuricum D6, 3 x täglich 1 Dosis, 3–6 Wochen lang.

Silicea

Silicea wird angewandt, wenn eine Entzündung oder ein Abszeß nicht heilen will oder wenn eine Fistel entstanden ist, insbesondere eine Knochenfistel (siehe auch das Kapitel *Homöopathische Typen und Verhalten*).

Silicea D6, 3 x täglich 1 Dosis, 3–6 Wochen lang.

Lachesis

Allgemeininfektion und Blutvergiftung passen zum Mittel Lachesis. Die Ursache kann eine Wundentzündung oder eine Entzündung zum Beispiel der Brustdrüsen oder der Gebärmutter sein. Der Entzündungsherd ist blau verfärbt und zeigt meist (noch) keine Neigung zur Eiterung. Verschlimmerung der Beschwerden durch Berührung und Wärme; Absonderungen im weitesten Sinne des Wortes fehlen. Charakteristisch ist die Linksseitigkeit der Beschwerden (zum Beispiel Entzündung der linken Mandel).

Lachesis D12, 2 x täglich 1 Dosis, 7–10 Tage lang.

Ferrum phosphoricum

Erschöpfung durch ein regelmäßig wiederkehrendes Fieber, gepaart mit Blutarmut. Das Fieber ist nicht so hoch, aber hartnäckig. Abneigung gegen Fleisch kann ein Hinweis für Ferrum phosphoricum sein.

Ferrum phosphoricum D6, 3 x täglich 1 Dosis, 1–3 Wochen lang. Eventuell mit Arnica D6 kombinieren (dieselbe Anwendung wie Ferrum phosphoricum D6).

Echinacea angustifolia

Stimuliert die körpereigene Abwehr gegen Infektionen (durch Vermehrung der Zahl der weißen Blutkörperchen).

Echinacea angustifolia Ø, 3 x täglich 1 Dosis, 7 Tage lang.

Calendula

Calendula aktiviert die Wundheilung, wobei das Mittel gleichzeitig zusätzlichen Schutz gegen Infektionen bietet (siehe das Kapitel *Verletzungen*).

Calendula D2, 3 x täglich 1 Dosis, 1–3 Wochen lang.

Arnica

Erschöpfung durch langwierige Infektionen (siehe das Kapitel *Bewegungsapparat*).

Arnica D30, 1 x täglich 1 Dosis, 3 Wochen lang.

Pyrogenium

Allgemeininfektion und Blutvergiftung. Blutiger Durchfall. Entzündung des Herzmuskels kann als Komplikation einen schnellen Tod bedeuten (wie zum Beispiel bei Parvovirus-Durchfall). Ein typisches Pyrogenium-Symptom kann sein, daß die Körpertemperatur steigt, während der Puls sinkt und umgekehrt. Pyrogenium ist ein wichtiges Mittel bei lebensbedrohlichen Infektionen und kann eine rasche Wende herbeiführen.

Verletzungen

Repertorium Verletzungen

Dies ist eine globale Übersicht. Genauere Anweisungen finden Sie bei den Beschreibungen der einzelnen homöopathischen Heilmittel.

Beschwerden	*Indikationen*	*Arzneimittel*
Äußere Blutungen	kleinere	Arnica, Hamamelis, Millefolium
Bißwunden		siehe **Schnitt-, Stichwunden**
Bluterguß		Arnica, Bellis perennis
Fisteln		Hypericum, Silicea
Gewebeverlust	stark	Bellis perennis
Haut- oder Muskelverletzung		Arnica, Bellis perennis, Calendula
Infektionen		Calendula, Echinacea angustifolia, Lachesis, Pyrogenium
Knochenhaut- und Knochenverletzungen		Hekla lava, Ruta, Symphytum
Narben	hart und schmerzend	Calendula, Conium, Graphites, Silicea
Operationswunden		Arnica, Calendula, Echinacea angustifolia, Hypericum, Staphisagria

Beschwerden	*Indikationen*	*Arzneimittel*
Schnitt-, Stichwunden		Arnica, Hypericum, Ledum, Staphisagria
Schürfwunden		Calendula
Sehnenverletzung		Calendula, Ledum, Rhus toxicodendron, Ruta
Verbrennungen	ersten Grades	Calendula, Urtica
	zweiten Grades, Blasen	Cantharis, Urtica
Wildfleischbildung		siehe **Knochenhaut- und Knochenverletzungen, Sehnenverletzungen**
Wunden in nervenreichem Gewebe		Hypericum
Wundliegen		Arnica, Bellis perennis, Calendula
Zehenverletzung		Hypericum, Ledum

Mit der Wundbehandlung soll folgendes erreicht werden:

- Vorbeugung gegen Infektionen;
- Linderung der Schmerzen;
- Blutstillung;
- Beschleunigung des Wundschlusses;
- Verhütung der Bildung von wildem Fleisch;
- Kosmetische und funktionelle Wiederherstellung.

In vielen Fällen ist es wichtig, daß die Wunde rechtzeitig (innerhalb einiger Stunden) genäht wird. Infizierte Wunden läßt man am besten etwas offen, damit Wundflüssigkeit wie zum Beispiel Eiter nach außen abfließen kann; außerdem ist es dann auch möglich, die Infektion lokal anzugehen. Manchmal ist Nähen nicht möglich (Wunde zu groß und zu alt); in solchen Fällen ist es immer wieder erstaunlich, wie günstig eine Wundheilung mit innerlich und äußerlich angewandten homöopathischen Mitteln verlaufen kann.

Homöopathie

Nachfolgend die Beschreibungen einer Reihe homöopathischer Mittel, die zur Wundheilung eingesetzt werden können. Die Mittel sind in alphabetischer Reihenfolge angegeben.

Arnica
Als Traumamittel spielt Arnica eine wichtige Rolle für die Wundbehandlung (siehe das Kapitel *Bewegungsapparat*). Blutergüsse und Wundflüssigkeit werden durch Arnica abgeleitet; dadurch geht die Wundschwellung und damit auch der Schmerz zurück. Vor allem an nervengewebereichem Gewebe kann Arnica in Kombination mit Hypericum die Schmerzen lindern. Mit Arnica gelingt es weiterhin, kleinere Blutungen zu stillen; die größeren Blutungen müssen natürlich umgehend vom Tierarzt behandelt werden. Bei kleineren Blutungen kann Arnica mit Hamamelis und Millefolium kombiniert werden.
Arnica nicht äußerlich auf offenen Wunden anwenden!
Der Arnica-Patient will sich übrigens nicht berühren und massieren lassen. Bei Wundliegen (Dekubitus) kann Arnica als innerliches homöopathisches Mittel äußerlich durch Calendula unterstützt werden.
Arnica D6, 3 x täglich 1 Dosis, 1–2 Wochen lang.

Bellis perennis
Wird innerlich bei erheblichem Verlust von »weichem« Gewebe angewandt (wie zum Beispiel Haut und Muskelgewebe). Bellis

perennis kann gut durch äußerlich angewandtes Calendula unterstützt werden (siehe das Kapitel *Bewegungsapparat*).
Bellis perennis D6, 3 x täglich 1 Dosis, 3 Wochen lang.

Calendula

Calendula ist das Hauptmittel für die Wundbehandlung in der Homöopathie. Meist wird es äußerlich angewandt, kann aber auch innerlich eine enorme Unterstützung für die Wundheilung bedeuten. Calendula wird erfolgreich eingesetzt bei Wunden, die offen (»per secundam«, die Wundränder sind nicht zusammengenäht) heilen müssen. Zusätzlich kann Calendula auch innerlich durch Bellis perennis unterstützt werden. Calendula hat die folgenden Eigenschaften: verhindert Infektionen (siehe Echinacea angustifolia), stillt kleinere Blutungen (siehe Hamamelis, Millefolium), lindert den Schmerz (siehe Arnica, Hypericum), begünstigt den schnellen Wundschluß (siehe Symphytum), beugt der Bildung von wildem Fleisch vor und begünstigt eine kosmetische Narbenbildung. Calendula erstaunt uns immer wieder durch die Schnelligkeit der Heilung und die relativ kleine Narbe, die zurückbleibt. Selbst ältere, unschöne Narben lassen sich noch häufig durch eine Behandlung mit Calendula korrigieren (siehe Graphites, Silicea).
Calendula D2, 3 x täglich 1 Dosis, 3 Wochen lang. Calendula-Salbe wird 3 x täglich in einer dünnen Schicht auf die Wunde aufgetragen, bis diese geschlossen ist.

Cantharis

Cantharis hat heilende Wirkung auf die Blasenbildung bei Verbrennungen zweiten Grades. Außerdem spielt Cantharis eine wichtige Rolle bei der Heilung einer eventuell auftretenden Nierenentzündung. Cantharis läßt sich gut mit Urtica kombinieren, das ebenfalls eine heilende Wirkung auf Haut und Nieren hat.
Cantharis D6, 3 x täglich 1 Dosis, 3 Wochen lang.

Echinacea angustifolia

Echinacea angustifolia stimuliert die körpereigene Infektionsabwehr.

Echinacea angustifolia Ø, 3 x täglich 1 Dosis, 7 Tage lang.

Graphites

Graphites ist bei schwieligen Narben wichtig. Auch innere Verklebungen (nach einer Bauchoperation) können durch Graphites »aufgelöst« werden. In beiden Fällen läßt sich Graphites gut mit Silicea kombinieren.

Graphites D6, 3 x täglich 1 Dosis, 3–6 Wochen lang. Die äußere Form von Graphites (Graphites-Salbe) ist sehr erfolgreich bei der Behandlung von schwieligen, schrundigen Narben.

Hamamelis

Hamamelis hat wie Arnica und Millefolium blutstillende Wirkung. Selbstmedikation selbstverständlich nur bei kleineren Blutungen (siehe Arnica, Millefolium).

Hamamelis D3, 3 x täglich 1 Dosis, 7–10 Tage lang.

Hekla lava

Siehe *Symphytum.*

Hypericum

Wunden in Nervengewebe oder nervenreichem Gewebe müssen immer mit Hypericum behandelt werden. Das Mittel lindert nicht nur den Schmerz, sondern kann auch Nervengewebe wiederherstellen, sofern es nicht zu sehr beschädigt ist. Es empfiehlt sich, Hunden, die im Bereich wichtiger Nerven operiert wurden (zum Beispiel im Ringmuskelbereich des Anus), bei der Nachbehandlung Hypericum zu geben (innerlich und äußerlich).

Hypericum D6, 3 x täglich 1 Dosis, 3–6 Wochen lang.

Lachesis

Bei Wundinfektionen, insbesondere dann, wenn eine Blauverfärbung der Wundränder und nur geringe Eiterbildung vorliegt. Auch dann, wenn eine Generalisierung der Infektion droht (der Patient wird allgemein krank), kann Lachesis bei dieser »Blutvergiftung« noch viel leisten. In solchen Fällen ist allerdings unbedingt ein Tierarzt zur Begleitung der Behandlung einzuschalten. Er wird Lachesis möglicherweise mit Echinacea angustifolia und Pyrogenium kombinieren.

Lachesis D12, 2 x täglich 1 Dosis, 7–10 Tage lang.

Ledum

Ledum muß bei Schnitt-, Stich- oder Bißwunden mit oder ohne Infektion eingesetzt werden, insbesondere dann, wenn die Wundinfektion von unten nach oben gehen (zum Beispiel eine Sohlenwunde, die zur Entzündung des Fersengelenks führt). Der Schmerz verschlimmert sich durch Wärme und bessert sich durch Kälte. Ledum kann innerlich und äußerlich angewandt werden.

Da Ledum unter anderem auch heilende Wirkung auf das Sehnengewebe von Gelenkkapseln hat, kann das Mittel bei Verletzungen in solchen Gebieten einer Bildung von wildem Fleisch vorbeugen; indem es das tiefer liegende Gewebe heilt, wird für die Ruhe gesorgt, die für die Verhütung von wildem Fleisch wichtig ist.

Ledum D6, 3 x täglich 1 Dosis, 3 Wochen lang. Äußerlich kann Ledum (eventuell kombiniert mit Symphytum-Salbe) 3 x täglich als Salbe oder Gelee dünn auf die Wunde aufgetragen werden. Zusammen mit Calendula-Salbe kann diese Kombination bei Wunden angewandt werden, bei denen auch Sehnengewebe, Knochenhaut und/oder Knochen betroffen sind. Dies mindert die Gefahr der Entstehung von wildem Fleisch.

Millefolium

In Kombination mit Arnica und Hamamelis wirkt Millefolium als blutstillendes Mittel bei den kleineren Blutungen (wie zum Beispiel bei Schürfwunden). Bei größeren Blutungen verbietet sich Selbstmedikation; zum Tierarzt gehen!
Millefolium D6, 3 x täglich 1 Dosis, 7–10 Tage lang. Millefolium-Salbe wird 3 x täglich in einer dünnen Schicht auf die Wunde aufgetragen.

Rhus toxicodendron

Rhus toxicodendron wird angewandt, wenn Sehnengewebe betroffen ist. Das Mittel kann auch die Bildung von wildem Fleisch verhindern.
Rhus toxicodendron D6, 3 x täglich 1 Dosis, 3 Wochen lang.

Ruta

Bei Beschädigung von Sehnengewebe und Knochenhaut ist Ruta das angezeigte Mittel (siehe das Kapitel *Bewegungsapparat*). Innerlich angewandt kann Ruta eine Entzündung in solchem Gewebe beseitigen, so daß sich dieses beruhigt und der Bildung von wildem Fleisch vorgebeugt wird.
Ruta D6, 3 x täglich 1 Dosis, 3 Wochen lang.

Silicea

Das Mittel der Wahl bei einer Fistel, die sich nicht schließen will oder immer wieder aufgeht; dabei handelt es sich um eine Loch an der Körperoberfläche mit einem Kanal, der zum Verursachungsherd verläuft. Am besten läßt man zunächst vom Tierarzt eine Diagnose stellen, was die Ursache der Fistel ist – eine Luftgewehrkugel, eine Granne, eine Entzündung von Knochenhaut, Knochen oder Sehnengewebe. Auch bei einer chronischen Entzündung von Narbengewebe (gelegentlich sogar mit Abszeßbildung) ist Silicea angezeigt (siehe Graphites). Bei Verklebun-

gen im Bauch nach einer Operation ist Silicea zusammen mit Graphites indiziert.
Silicea D6, 3 x täglich 1 Dosis, 3–6 Wochen lang.

Staphisagria
Staphisagria hat bezüglich der Wundheilung zwei wichtige Eigenschaften. Das Mittel fördert die Heilung von Schnitt-, Stich- und Bißwunden (siehe Ledum) und beschleunigt die Wiederherstellung der Magen-Darm-Bewegung nach einer Operation. Der Staphisagria-Patient ist sehr schmerzempfindlich.
Staphisagria D4, 3 x täglich 1 Dosis, 7–10 Tage lang.

Symphytum
Symphytum fördert die Heilung von Schädigungen der Knochenhaut und des Knochens. Außerdem regt das Mittel den Wundschluß an. Meist wird Symphytum innerlich zusammen mit Hekla lava verabreicht.
Symphytum D2 und Hekla lava D3, 3 x täglich 1 Dosis, 3–6 Wochen lang. Bei Knochenbrüchen bis 12 Wochen lang. Äußerlich wird Symphytum (eventuell mit Ledum zusammen mit Calendula-Salbe) bei Wunden angewandt, bei denen Knochenhaut und Knochen betroffen sind.

Urtica
Urtica wird in Kombination mit Cantharis bei Verbrennungen zweiten Grades angewandt.
Urtica D6, 3 x täglich 1 Dosis, 3 Wochen lang.

Anhang

Was ist Homöopathie?

Ähnlichkeit

Ein gesunder Hund leckte ein wenig von einem Insektizid auf, in dem Weißarsenik verarbeitet war. Zum Glück war die Menge so gering, daß er es überlebte.
Allerdings wurde er sehr krank: Er mußte erbrechen, litt aber auch unter Durst; deshalb trank er häufig kleine Schlucke Wasser, die er aber sofort wieder erbrach. Durch die Bauchschmerzen war er unruhig. Auffällig war, daß er so schnell abmagerte und einen erschöpften Eindruck machte. Das arme Tier stand ganz wackelig auf seinen Beinen. Im Erbrochenen fand sich etwas Blut. Der stinkende dünne Stuhl, den er immer wieder in kleinen Mengen ausschied, enthielt sehr viel mehr Blut. Appetit hatte er nicht.
Dieses Bild entsteht nur, wenn ein Hund eine bestimmte, nicht zu große und nicht zu kleine Menge Weißarsenik aufnimmt. Es zeigt sich nun, daß Hunde, bei denen die oben genannten Erscheinungen als Krankheitsbild auftreten, wobei jedoch die Ursachen unterschiedlichster Natur sein können, mit kleinen Mengen, homöopathischen Verdünnungen desselben Weißarseniks (lat.: Arsenicum album) geheilt werden können. Die Wirkung einer sehr kleinen Menge Arsenicum album ist also umgekehrt zu derjenigen einer großen Menge. Eine kleine Menge heilt eine Krankheit, die genau der Krankheit (oder dem Vergiftungsbild) gleicht, das durch eine große Menge Arsenicum album hervorgerufen wird. Die Krankheitsbilder sind also gleich, während die Ursachen unterschiedlich sind. Eine Ursache für ein Krankheitsbild, das genau einer Vergiftung mit Weißarsenik gleicht, ist zum Beispiel die Magen-Darm-Entzündung nach dem Fressen von Schnee.

Dieses Phänomen nennt man die Wirkungsumkehr eines Stoffs nach Verkleinerung der Dosis; diesen Effekt hat man inzwischen bei sehr vielen Stoffen gefunden. Einige bekannte Beispiele hierfür sind:

- Die Spanische Fliege (Cantharis) (in hoher Verdünnung) ist bekannt für ihre aphrodisische Wirkung. In der Homöopathie wird Cantharis dagegen unter anderem gegen die unangenehmen Begleiterscheinungen eines übermäßigen Geschlechtstriebs eingesetzt.
- Kaffee (Coffea) macht munter, regt an. Coffea wird in der Homöopathie unter anderem zur Beruhigung junger Hunde eingesetzt, die einen nicht zu bändigenden Spieltrieb zeigen, alles und jeden über den Haufen rennen und niemals schlafen.
- Die Brennessel (Urtica) regt die Milchproduktion bei einer Hündin an, die soeben geworfen hat, aber nicht genügend Milch für ihre Welpen hat. In homöopathischer Verdünnung, Urtica D6, wird die Brennessel aber gerade bei einer scheinträchtigen Hündin eingesetzt, bei der Milchproduktion unerwünscht ist.

Das letztgenannte Beispiel verdeutlicht auch den Unterschied zwischen Pflanzenheilkunde (Phytotherapie) und Homöopathie. Die anregende Wirkung der »unverdünnten« Brennessel auf die Milchproduktion ist Pflanzenheilkunde. Die hemmende Wirkung der »verdünnten« Brennessel (so weit verdünnt, daß der sogenannte Umschlagpunkt überschritten ist) ist Homöopathie.

Das Wort »Homöopathie« kommt aus dem Griechischen: homoios (= gleich) und pathos (= Krankheit). »Homöopathie« bedeutet also: eine Heilweise, die eine Krankheit mit einer anderen Krankheit heilt, die dieser gleicht. Samuel Hahnemann (1755–1843), der Begründer der Homöopathie, machte die Beobachtung, daß eine Krankheit spontan heilen konnte, wenn eine andere Krankheit hinzukam, die der ersten Krankheit ähnelte. Eine ähnliche Krankheit ist also das Heilmittel! Eine natürliche Krankheit ist

freilich als Heilmittel ungeeignet. Zum einen gibt es nicht genügend ähnlicher natürlicher Krankheiten, um alle Leiden von Mensch und Tier behandeln zu können. Zum anderen ist es viel zu riskant, einen Patienten zusätzlich mit einer Krankheit zu belasten, deren Verlauf man nicht kontrollieren kann. Die natürliche Krankheit ist ein »Heilmittel«, das man nicht dosieren kann. Man kann bloß die Reaktion abwarten, und dies hat natürlich mit Heilkunst nichts zu tun. Die Natur bietet aber einen Ausweg!
Es zeigt sich nämlich, daß viele pflanzliche, tierische, mineralische und chemische Stoffe Krankheitsbilder auslösen können, die Krankheiten bei Mensch und Tier genau gleichen. Ihre Zahl und Vielfalt ist fast unerschöpflich. Ich möchte fast behaupten, daß es keine Krankheit gibt, für die die Natur nicht einen »Stoff« hat, der ein ganz ähnliches Krankheitsbild erregen kann. Eine Reihe dieser Stoffe harren sicherlich noch der Entdeckung, doch sind uns sehr viele schon bekannt. Alle diese Stoffe haben auch die Eigenschaft, die wir schon bei Arsenicum album erwähnt haben: Nach Verringerung der Dosis kann ein Stoff eine Krankheit heilen, die der Krankheit ähnelt, welche der unverdünnte Stoff in einem gesunden Körper erzeugen würde.
Ein sehr wichtiger Vorteil der Stoffe aus der Natur ist, daß wir sie genau dosieren können. Damit verfügen wir über eine beeindruckende Menge homöopathischer Arzneimittel!

Potenzieren

Wenn man einen bestimmten Stoff über den Umschlagpunkt hinaus verdünnen will, das heißt eine Dosierung des Stoffs erreichen will, die den Patienten nicht kränker, sondern gesünder macht, dann muß man die Dosis stark verringern. Verringerung der Dosis bedeutet aber, daß die Wirkung schwächer wird. Bei vielen Stoffen ist schon keine Wirkung mehr vorhanden, bevor der Umschlagpunkt erreicht ist. Der verdünnte Stoff macht den Patienten dann zwar nicht mehr krank, heilt ihn aber auch nicht.

Es muß mit einem solchen Stoff also mehr geschehen als nur eine bloße Verringerung der Dosis.

Was geschieht beim Potenzieren?

Heute sind etwa 1700 verschiedene Grundstoffe für homöopathische Arzneimittel in Gebrauch; 80 Prozent davon sind pflanzlichen Ursprungs, die restlichen 20 Prozent sind tierische, mineralische oder chemische Substanzen. Weil die meisten Ausgangsstoffe pflanzlicher Art sind, ist die Gleichsetzung von Homöopathie und Pflanzenheilkunde zwar verständlich, aber trotzdem nicht richtig. Pflanzliche Grundstoffe werden mit Alkohol vermahlen und zwei Wochen lang in Edelstahlbehältern mazeriert (»ausgezogen«). Anschließend wird der Pflanzenbrei unter hohem Druck ausgepreßt und filtriert. In dieser Weise entsteht die sogenannte Urtinktur, die als Grundlage für die Zubereitung der homöopathischen Verdünnungen oder Potenzen dient. Daneben werden die Urtinkturen auch zu Tinkturen zum äußerlichen Gebrauch verarbeitet und bilden einen wichtigen Bestandteil von Salben, Gelees und Emulsionen. Die Urtinktur ist die am stärksten konzentrierte flüssige Zubereitung eines Grundstoffs und wird mit dem Zeichen Ø bezeichnet. Für die Zubereitung der ersten Potenz wird ein Teil Urtinktur in 9 Teilen Alkohol aufgelöst, anschließend 10mal kräftig geschüttelt (sogenannte »Schüttelstöße«), und es entsteht eine D1. Zur Bereitung einer D2 nimmt man 1 Teil der D1 und verdünnt dieses wiederum mit 9 Teilen Alkohol; anschließend wird wiederum 10mal kräftig geschüttelt, und man erhält eine D2. Zur Zubereitung einer D3 nimmt man 1 Teil der D2, löst dieses in 9 Teilen Alkohol auf, schüttelt wiederum 10mal, und man erhält die D3. In dieser Weise gelangt man Schritt für Schritt zur D6, D12, D30, D200 usw.

Die Potenzen werden bei uns meist in Schritten von 1:10 bereitet. Dies ist die dezimale Potenzierung. Das »D« geht also auf das Wort »dezimal« zurück. Die Zahl hinter dem »D« gibt die Anzahl der Schritte an. Es ist aber auch möglich, die Schritte größer zu

machen und Potenzen zum Beispiel im Verhältnis 1 : 100 zuzubereiten, der zentesimalen Potenzierung; C3 bedeutet dann 3 Schritte mit der Verdünnung 1 : 100.
Potenzieren ist also das schrittweise Verdünnen eines Stoffs, wobei bei jedem Schritt kräftig geschüttelt wird, um die Heilwirkung winziger Dosen zu verstärken. Arsenicum album D6 und eine einfache Verdünnung von Arsenicum album im Verhältnis 1 : 1 000 000 sind mathematisch dasselbe, doch hat nur das potenzierte Arsenicum album (D6) heilkräftige Wirkung.
Es gibt zwar Vermutungen darüber, wie dies möglich sein kann, doch weiß man es nicht sicher. Man nimmt an, daß das kräftige Schütteln oder Reiben des Stoffs gewissermaßen dessen heilkräftige Eigenschaften auf den »Träger«, den Alkohol, überträgt. Möglicherweise durch Energieübertragung oder durch eine bestimmte Anordnung der Trägermoleküle empfängt der Träger einen »Abdruck« des wirksamen Stoffs. Auch in den höchsten Verdünnungen bleibt also der Abdruck des Ausgangsstoffs im Träger enthalten. Der kranke Körper erkennt diesen Abdruck als spezifisches Signal, wodurch der Selbstheilungsprozeß des Körpers in Gang gesetzt wird.

Arzneimittelprüfung – Arzneimittelbild – Krankheitsbild – Arzneimitteldiagnose

Zum Abschluß dieses Kapitels noch einige Begriffe. Zur Erläuterung diene das auf der nächsten Seite abgebildete Schema der Ähnlichkeitsregel.
Auf der rechten Seite dieses Schemas ist die »Arzneimittelprüfung« dargestellt: der oben erwähnte Hund (a), der unglücklicherweise etwas Insektenvernichtungsmittel aufgeleckt hat, in dem Weißarsenik = Arsenicum album (b) verarbeitet war. Der Hund wurde krank und zeigte die folgenden Symptome (c): Erbrechen und Durst (er trank häufig kleine Mengen Wasser, die er sofort wieder erbrach); im Erbrochenen fanden sich blutige

Schlieren; der Appetit fehlte völlig; heftiger, stinkender Durchfall, der sehr häufig und in kleinen Mengen entleert wurde; im Stuhl fand sich reichlich Blut; große Unruhe, vermutlich durch starke Bauchschmerzen; auffallend schnelle Abmagerung und Erschöpfung, der Hund stand wackelig auf seinen Beinen.

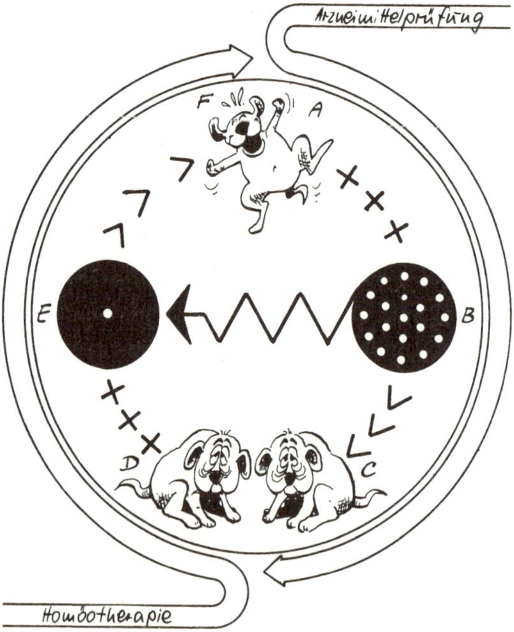

Dies (a + b › c) nennt man eine *Arzneimittelprüfung,* in diesem Fall eine unfreiwillige. Das Ergebnis der Arzneimittelprüfung nennt man das *Arzneimittelbild* (c).

Auf der linken Seite des Schemas ist die Homöopathie dargestellt: Ein kranker Hund zeigt das *Krankheitsbild* (d), hervorgerufen durch das Fressen von Schnee, das genau dem Arzneimittelbild (c) von Arsenicum album gleicht, wie es oben beschrieben wurde.

Es zeigt sich nun, daß der kranke Hund (d) durch Behandlung mit einer potenzierten Verdünnung von Arsenicum album (b › e), in diesem Fall Arsenicum album D6 (e), wieder gesund wird (a). Dies (d + e › a) nennt man Homöopathie. Arsenicum album D6 ist ein homöopathisches Heilmittel.

Ein Arzneimittelbild eines bestimmten Mittels stützt sich in Wirklichkeit nicht auf eine einzige Arzneimittelprüfung. Ein Arzneimittelbild wird aus folgendem ermittelt:

1. Einer Vielzahl von Arzneimittelprüfungen, absichtlichen wie unabsichtlichen (bei zufälligen Vergiftungen);
2. Erfahrungen mit der homöopathischen Behandlung in der Praxis.

Absichtliche Arzneimittelprüfungen erfolgen mit sehr niedrigen Dosierungen eines Stoffs, auf die eigentlich nur für diesen Stoff empfindliche Menschen vorübergehend reagieren. Dadurch lernt man gerade die Feinheiten des Arzneimittelbildes kennen. Bisher wurden absichtliche Arzneimittelprüfungen praktisch nur am Menschen durchgeführt. In der Homöopathie waren also, anders als in der Schulmedizin, die Menschen die Versuchskaninchen, und die Nutznießer sind jetzt die Tiere.

Die zweite Quelle von Daten ist die praktische Erfahrung. Wenn man feststellt, daß ein bestimmtes Krankheitsbild nach Verabreichung eines bestimmten Mittels beseitigt wird, dann ist zu erwarten, daß die Symptome des Krankheitsbilds auch im Arzneimittelbild des Mittels vorhanden sind, das die Heilung zustande gebracht hat. In der Tierheilkunde sind uns diese praktischen Erfahrungen sehr wertvoll. Praktisch alle Arzneimittelbilder, die uns heute zur Verfügung stehen, sind in der Form aufgezeichnet, wie man sie beim Menschen entdeckt hat. Mensch und Tier sind aber nicht in allem gleich. Zumindest im Detail können sich Mensch und Tier und ebenso die verschiedenen Tierarten erheblich voneinander unterscheiden.

In der Tiermedizin werden zwar die Arzneimittelbilder des Men-

schen herangezogen, jedoch braucht man unbedingt die Erfahrungen der Praxis, um diese in brauchbare Arzneimittelbilder für die verschiedenen Tierarten umsetzen zu können.
In der normalen Tierheilkunde bekommt ein bestimmtes Krankheitsbild einen Namen, und dies ist dann die Diagnose. Weil in der Homöopathie des Krankheitsbild genau dem Arzneimittel (-bild) gleicht, bekommt das Krankheitsbild den Namen des dazu passenden Heilmittels. Deshalb spricht man in der Homöopathie von der *Arzneimitteldiagnose.*
Die Arzneimitteldiagnose enthält weitaus mehr Informationen als die normale Diagnose. Diese brauchen wir auch unbedingt, denn je größer die Ähnlichkeit zwischen Krankheitsbild und Arzneimittelbild ist, desto größer ist auch die Chance, daß die Behandlung »greift« und eine dauerhafte Heilung erzielt wird. Das Krankheitsbild muß also möglichst umfassend sein. Es sollte alle Symptome des Patienten umfassen – vom Scheitel bis zur Sohle, auch Symptome, die scheinbar nicht zu einer Diagnose gehören. Man nehme zum Beispiel sechs Hunde mit Durchfall. In der Diagnose »Durchfall« ähneln die Hunde einander sehr stark; wenn wir sie jedoch etwas näher beobachten, kommen wir zu ganz unterschiedlichen Arzneimitteldiagnosen:

Hund 1: Der Stuhlgang hat ständig wechselnde Farbe und Konsistenz. Durchfall nach dem Genuß fetter Speisen. Kein Durst.
Pulsatilla

Hund 2: Stinkender Durchfall. Durst – trinkt häufig kleine Mengen Wasser, die sofort wieder erbrochen werden. Abmagerung und Erschöpfung.
Arsenicum album

Hund 3: Wäßrig dünner Stuhl, der »meterweit« herausspritzt. Heftige Bauchschmerzen (Wimmern). Muß seinen Stuhl im Stehen entleeren.
Podophyllum peltatum

Hund 4: Durchfall – der dünne Stuhl ist mit viel Blut vermischt. Durst – trinkt viel Wasser auf einmal, das erst nach einiger Zeit wieder erbrochen wird.
Phosphorus

Hund 5: Nur morgens Durchfall. Kann es unmöglich halten und verrichtet sein Geschäft im Haus.
Sulfur

Hund 6: Nur morgens Durchfall, der pünktlich mittags vorbei ist.
Natrium muriaticum

Bei genauerer Beobachtung kann man in sehr vielen Fällen noch mehr Symptome sammeln, die eine noch bessere Differenzierung erlauben und damit eine noch bessere Arzneimitteldiagnose. Im Grunde muß bei jedem Patienten immer wieder aufs neue ermittelt werden, welches Arzneimittelbild genau zum Krankheitsbild paßt. Diese Vorgehensweise nennen wir eine »individuelle Arzneimitteldiagnose«, das heißt eine Arzneimitteldiagnose »nach Maß«.
Bedeutet dies nun, daß die Behandlungsvorschriften in diesem Führer letztlich unbrauchbar sind? Natürlich nicht. Der Unterschied zwischen einer individuellen Arzneimitteldiagnose und den Behandlungsvorschriften in diesem Buch ist zu vergleichen mit dem Unterschied zwischen einem Maßanzug und Konfektionsware, aber immerhin einer Konfektionsware, die noch an den Träger angepaßt wurde. Indem ich Leitsymptome für die homöopathischen Arzneimittel angegeben habe, habe ich bereits Schritte in Richtung einer individuellen Arzneimitteldiagnose eingeleitet.
Mit diesem Buch in der Hand kann man also selbst in der Praxis erprobte homöopathische Mittel auswählen. Für eine echte individuelle Arzneimitteldiagnose muß man zum homöopathisch arbeitenden Tierarzt gehen. Dieser ist hierfür entsprechend ausgebildet.

Auf dem Weg zu einer Arzneimitteldiagnose

Für die Stellung der Arzneimitteldiagnose geht der homöopathisch arbeitende Tierarzt in folgenden Schritten vor:

1. Sammlung einer möglichst großen Zahl von Symptomen durch das Gespräch mit dem Besitzer/der Besitzerin (Anamnese), durch eigene Wahrnehmungen (klinische Untersuchung) und durch ergänzende Untersuchungen (Untersuchung von Blut, Urin und Stuhl, Röntgenaufnahmen usw.)
2. Die Auswahl und Ordnung brauchbarer Symptome.
3. Das Aufsuchen eines passenden Mittels mit Hilfe eines Symptomenregisters (Repertorium) und eines Nachschlagewerks mit vollständigen Arzneimittelbildern (Materia medica).

Man versteht daher, warum ein homöopathisch arbeitender Tierarzt für einen Patienten so viel Zeit braucht. Sie müssen ihm wirklich alles berichten, auch alles, woran Sie sich aus der Vergangenheit Ihres Hundes erinnern:

- Denken Sie unbedingt über die Ursache der Beschwerden nach, auch wenn Sie es nicht (sicher) wissen – war es eine Vergiftung, Kastration, ein Unfall, Eifersucht?
- Auffällige, merkwürdige, typische, widersprüchliche Symptome. Denken Sie nicht: »Das interessiert den Tierarzt nicht, damit langweile ich ihn nur.« Er hat sich hierfür extra Zeit genommen! Beispiel: Ihr Hund spürt schon Tage zuvor, daß ein Gewitter kommt, oder er bekommt einen Anfall nach Strafe, oder er frißt Holz, Plastiktüten und anderen Unrat, aber er erbricht niemals.
- Das Verhalten eines Hundes kann wichtige Hinweise geben: Ist er fröhlich, reizbar, anhänglich, ängstlich, kann er nachts im Dunkeln nicht allein sein?
- Nützlich sind auch die folgenden Modalitäten: Wann tritt eine Besserung oder Verschlimmerung der Beschwerden auf (nachts oder mittags, durch Kälte oder durch Wärme, im Som-

mer oder im Winter), und sind die Beschwerden nur linksseitig oder nur rechtsseitig?
- Die örtlichen Beschwerden, und dies sind vielfach gerade diejenigen, derentwegen Sie zum Tierarzt gegangen sind, können für die Mittelfindung von zweitrangiger Bedeutung sein. Wenn mit Hilfe der vorgenannten Arten von Beschwerden das Bild des Patienten »steht« und das passende Mittel gefunden ist, heilen die lokalen Symptome von selbst.

Der homöopathisch arbeitende Tierarzt kennt zwar eine große Zahl von Arzneimittelbildern auswendig, aber von diesen doch nicht alle Symptome. Für manche Arzneimittelbilder wurden über 1000 verschiedene Symptome gesammelt!
Damit wir das richtige homöopathische Heilmittel finden können, wurden Symptomenregister verfaßt. Ein bekanntes Symptomenregister oder Repertorium ist dasjenige von Kent. Wenn der homöopathisch arbeitende Tierarzt in seinem Buch blättert, ist dies eine schlichte Notwendigkeit, damit er keinen einzigen Hinweis übersieht.

Wie wirkt ein homöopathisches Mittel?

Dies läßt sich nicht in wenigen Worten sagen, schon deshalb nicht, weil man es nicht genau weiß. Ich will trotzdem einen Versuch wagen. Wenn man eine gewisse Vorstellung davon hat, wie ein homöopathisches Mittel im kranken Körper wirkt, wird man auch besser verstehen, warum:

- Homöopathie in bestimmten Fällen hilft, wo die Schulmedizin versagt;
- Homöopathie trotzdem nicht immer helfen kann;
- wir ohne die reguläre Tierheilkunde nicht auskommen.

Eine Krankheit ist ein Kampf zwischen Krankheitserreger und dem Körper. Der Krankheitserreger greift an und zerstört, der Körper verteidigt und stellt wieder her. Symptome sind Merkmale des »Angriffs« und/oder der »Verteidigung«. Der Krankheitserreger und der Schaden, den er dem Körper zufügt, rechne ich zu den »Angriffssymptomen«; alle durch die Angriffssymptome provozierten Abwehrreaktionen des Körpers rechne ich zu den »Verteidigungssymptomen«.

Was tut nun die reguläre Tiermedizin?

1. Sie verringert die Angriffssymptome oder schaltet sie aus (zum Beispiel: Antibiotika töten Bakterien).
2. Sie unterstützt Verteidigungssymptome (zum Beispiel: Impfungen und Serumtherapie).
3. Sie unterdrückt Verteidigungssymptome: Manchmal zu Recht, wenn sie zu heftig sind (Beispiel: ein erschöpfender Durchfall), manchmal zu Unrecht (Beispiel: die Unterdrükkung des Juckreizes mit Kortikosteroiden).

Die Meinung, daß die reguläre Tierheilkunde nur Symptome unterdrückt, ist also grob vereinfachend!

Die Homöopathie unterstützt die Verteidigungssymptome des Kranken durch die Bereitstellung zusätzlicher (passender oder

gleicher) Verteidigungssymptome. Die Homöopathie kann in einzigartiger Weise die Abwehr des Körpers aktivieren und bietet dadurch einen Schatz an Heilungsmöglichkeiten, über die die reguläre Tierheilkunde nicht verfügt.
Indem man also die Möglichkeiten und Unmöglichkeiten der regulären Tierheilkunde und der Homöopathie gegeneinander abwägt, einschließlich einer kritischen Würdigung der eventuellen Nebenwirkungen, kann man zur Wahl eines Arzneimittels kommen, das dem Patienten am besten hilft. Im Vordergrund steht, daß der Patient so schnell wie möglich, so angenehm wie möglich und so durchgreifend wie möglich gesund wird.
Um weiter darlegen zu können, wie einmalig ein homöopathisches Arzneimittel in einem kranken Körper wirkt, muß ich hier noch auf den Begriff der »Lebenskraft« eingehen.
Eine Wunde in einem toten Körper heilt nicht. »Das ist logisch«, meint der geneigte Leser. Ich möchte aber doch darauf hinweisen, weil wir es uns häufig nicht mehr klarmachen, daß der Körper von Mensch und Tier über eine wunderbare Kraft verfügt, die dafür sorgt, daß viele krankheitserregende Einflüsse aus unserer Umgebung daran gehindert werden, den Körper krank zu machen. Diese Kraft nennen wir die *Lebenskraft.* Dies ist das Prinzip, das über unsere Gesundheit wacht und dafür sorgt, daß die Verteidigungssymptome in diejenigen Körperbereiche geschickt werden, in denen ein Krankheitserreger angreift. Die allermeisten Auseinandersetzungen zwischen Krankheitserreger und Körper laufen unbemerkt ab. Der Körper leistet, ohne daß wir dies bemerken oder Symptome feststellen können, unaufhörlich Schwerstarbeit zu seiner Gesunderhaltung. Wenn ein Krankheitserreger stärker auf den Körper einwirkt, muß der Körper auch stärker reagieren. Dabei treten dann ausgeprägte Angriffs- und Verteidigungssymptome auf, und wir nennen den Körper krank.
Zur Illustration gebe ich eine schematische Darstellung der Wirkung eines Krankheitserregers auf den Körper:

Krankheitserreger (zum Beispiel: Trauma) → Angriffssymptome (zum Beispiel: Wunde, Infektion) → Signal an die Lebenskraft → Verteidigungssymptome (Infektionsabwehr, wundschließende Maßnahmen).

Das Signal an die Lebenskraft ist spezifisch, und entsprechend sind die Verteidigungssymptome. Wenn die Verteidigungssymptome nicht kräftig genug sind, um eine Krankheit zu heilen, brauchen sie weitere Unterstützung, zusätzliche Verteidigungssymptome. Diese müssen maßgeschneidert sein. Die Wirkung eines homöopathischen Arzneimittels auf den Körper ist beinahe dieselbe wie diejenige eines Krankheitserregers. Aber eben nur beinahe – ein homöopathisches Mittel ruft keine Angriffssymptome hervor. Zur Illustration gebe ich auch eine schematische Darstellung der Wirkung eines homöopathischen Mittels auf den Körper:

Homöopathisches Mittel → scheinbare Angriffssymptome → Signal an die Lebenskraft → Verteidigungssymptome.

Obwohl die Angriffssymptome eines homöopathischen Arzneimittels nur scheinbar vorhanden sind, empfängt die Lebenskraft doch das spezifische Signal und reagiert mit spezifischen Verteidigungssymptomen, die genau auf die Krankheit passen.
Die Heilwirkung eines homöopathischen Mittels richtet sich insgesamt danach, inwieweit es den Körper zu den individuell richtigen Verteidigungssymptomen aktivieren kann. Je aggressiver der Krankheitserreger ist, je stärker der Appell an die Verteidigung sein muß, desto wahrscheinlicher wird eine Situation, in der die Verteidigung des Körpers nicht ausreichend reagieren kann.
Dem therapeutischen Effekt eines homöopathischen Mittels sind also Grenzen gesetzt. Daß wir vielfach verblüffende Ergebnisse erzielen, beruht nicht auf therapeutischer Gewalt, sondern auf der

therapeutischen Spezifität: Man muß den Nagel auf den Kopf treffen. Der Anstoß zur Gesundung braucht gar nicht so gewaltigen sein, und es gibt zudem keine Nebenwirkungen, die man in Kauf nehmen müßte.

Der kleine, aber genau richtige Anstoß an der richtigen Stelle – dies ist die Stärke der Homöopathie.

Sehen wir uns zur Verdeutlichung einen praktischen Fall an.

Ein Hund stürzt aus dem ersten Stock eines Wohnblocks und hat einen leichten Schock, Blutergüsse und eine gebrochene Vorderpfote. Die Homöopathie kann mit Arnica die leichten Schockerscheinungen und die Blutergüsse schneller heilen lassen, doch brauchen wir die reguläre Tierheilkunde, um die gebrochene Pfote mit einem Gipsverband oder einer Schiene einzurichten. Die Homöopathie hält dann wieder ein Mittel bereit (Symphytum), um die Heilung des Bruchs zu beschleunigen.

Einer schweren Virusinfektion wie einer Parvovirus-Diarrhöe kann die Homöopathie kaum etwas entgegensetzen. Zum Glück kann man eine vorbeugende Impfung vornehmen, die die reguläre Tierheilkunde entwickelt hat. Wenn ein Hund trotz einer Impfung einen Parvovirus-Durchfall bekommt, ist der Krankheitsverlauf etwas leichter. Bei solchen Patienten möchte ich nicht auf die Homöopathie verzichten. Sie werden auf alle Fälle dadurch wieder schneller gesund.

Wenn wir einen Hund mit Hautbeschwerden nur mit Kortikosteroiden behandeln, um den Juckreiz zu unterdrücken, helfen wir ihm nur teilweise und vorübergehend. Bei langdauernder Anwendung von Kortikosteroiden treten außerdem Nebenwirkungen auf, die nicht mehr so einfach zu beseitigen sind. Die Symptome werden unterdrückt, doch die eigentliche Krankheit heilt nicht, während der Patient auch noch unter iatrogenen Beschwerden zu leiden hat.

Hauterkrankungen kann man in vielen Fällen auch ohne Kortikosteroide behandeln. Die Erfolgsquote bei Hunden mit Hautbeschwerden, die ich in meiner Praxis homöopathisch behandle, liegt bei mindestens 70 Prozent. Trotzdem bin ich auch froh, daß man einem alten Hund, der schon jahrelang unter unerträglichem Juckreiz leidet, mit einer vernünftigen Dosis des einen oder anderen Kortikosteroids ein juckreizfreies Alter bescheren kann.

Wie wendet man homöopathische Mittel an?

Nachdem die Arzneimitteldiagnose gestellt ist, muß noch festgelegt werden, wie das Mittel verabreicht werden soll: In welcher Potenz? In welcher Form (Tabletten, Kügelchen, Tropfen)? Wie oft? Injektionen werden in diesem Buch nicht behandelt. Sie liegen normalerweise außerhalb des Bereichs der Selbstbehandlung. Es werden nur die innerlichen homöopathischen Mittel besprochen.

Welche Potenz nimmt man?

Da die Homöopathie den Körper zur Bereitstellung von (zusätzlichen) Verteidigungssymptomen stimuliert, wird die Homöopathie gelegentlich auch eine Reiztherapie genannt. Durch die Stellung der Arzneimitteldiagnose kennen wir die Art des Reizes; es bleibt noch festzulegen, wie stark der Reiz sein soll.
Der Reiz darf nicht zu schwach und nicht zu stark sein, sondern muß gerade ausreichen, um die Krankheit problemlos heilen zu lassen. Eine Anfangsverschlechterung der Beschwerden nach Einleitung einer homöopathischen Medikation kann ein günstiges Zeichen sein: Es ist ein Hinweis darauf, daß das Mittel richtig ist, aber der Reiz zu stark. Eine Anfangsverschlechterung ist also nicht unbedingt notwendig, um eine Heilung herbeizuführen. Mehr noch – die meisten homöopathischen Heilungen verlaufen ohne Anfangsverschlechterung.
Bei einem zu schwachen Reiz tritt keine Wirkung ein. Man kann dabei natürlich der Täuschung erliegen, daß man das falsche Mittel ausgewählt hat, so daß man zu Unrecht das Mittel wechselt. Die notwendige Reizstärke ergibt sich aus der Beurteilung des folgenden:

1. Der Art des Mittels.
2. Der Art der Krankheit.
3. Der individuellen Empfindlichkeit des Patienten für das Mittel.

Vor allem der dritte Punkt, die Empfindlichkeit des individuellen Patienten für das Mittel, ist nicht immer leicht zu bestimmen. Deshalb ist die Feststellung der Reizstärke immer nur eine Annäherung. Nur die richtige Interpretation der Reaktion des Patienten auf das vorgeschriebene Mittel kann uns Informationen darüber geben, wie wir die Reizstärke und eventuell die Arzneimitteldiagnose korrigieren müssen.

In schwierigen Fällen können durchaus mehrere Besuche beim Tierarzt notwendig sein, um der Wahrheit näher zu kommen.

Es kommen immer wieder Menschen zu mir in die Sprechstunde, die nach jahrelangem Herumkurieren an ihrem Hund, durch das nutzlose Verabreichen von Pillen und die enormen Rechnungen, vor allem aber wegen einer tiefen Betroffenheit über das Leiden ihres Hundes der Verzweiflung nahe sind und sagen: »Ich versuche es noch ein einziges Mal, dann gebe ich es wirklich auf!« Eine solche Hexerei kann man natürlich von einem homöopathisch arbeitenden Tierarzt nicht verlangen. Er braucht manchmal recht lange, um das Krankheitsbild zum Vorschein zu bringen: Das ursprüngliche Krankheitsbild ist vielfach inzwischen »in Vergessenheit geraten« und durch die Symptome der vielen verabreichten Arzneimittel überdeckt, die außerdem die Wirkung eines homöopathischen Mittels hemmen können. Wenn Sie Ihrem Hund wirklich noch eine Chance geben wollen, dann müssen Sie auch mit Ihren Ansprüchen an den homöopathischen Tierarzt realistisch sein.

Es gibt eine Reihe von Möglichkeiten, die Reizstärke zu modulieren. Im Rahmen dieses Buches nenne ich nur die Reizstärken, die für die Selbstmedikation in Frage kommen.

1. Potenzierungsschritt	D
2. Potenzierungsstufe	zum Beispiel D3, D6, D12, D30
3. Dosis und Häufigkeit	zum Beispiel 3 x täglich 5 Tropfen, 1 x täglich 5 Kügelchen usw.

Dosis

Für die Dosis und die Häufigkeit der Verabreichung benutzen wir einige Faustregeln. Indem wir nur die Potenzierungsstufe ändern, haben wir die Änderung der Reizstärke vereinfacht.
Je höher die Zahl nach dem »D« ist, desto mehr Potenzierungsschritte hat das homöopathische Mittel durchlaufen. Arsenicum album D6 bedeutet also: Arsenicum album, Potenzierungsschritt dezimal, Zahl der Potenzierungsschritte 6. Die Zahl der Potenzierungsschritte kann D1000 und höher sein. Diese astronomisch hohen Verdünnungen machen die Homöopathie in den Augen mancher Menschen unglaubwürdig. Zum Glück kennen Tiere keine Suggestion. Ihre Heilung ist also ein echter Beweis dafür, daß auch extrem hohe Verdünnungen wirksam sind. Auch kann man sich nicht auf zufällige spontane Heilung berufen, wenn die Homöopathie erst dann eingesetzt wird, nachdem viele andere Behandlungsversuche gescheitert sind.
Bezüglich der Potenzwahl ist bei der Selbstmedikation folgendes zu beachten:

- Halten Sie sich von der Urtinktur (Ø) bis zur D30 strikt an die Verordnungen des Homöopathen.
- Gehen Sie niemals auf eigene Faust über die D30.

Es zeigt sich, daß das homöopathische Mittel mit steigender Potenz immer stärker wirkt. Wenn zum Beispiel Sulfur D30, 1 x täglich 5 Kügelchen, nach 2 Wochen eine geringfügige Besserung bestimmter Hautbeschwerden erkennen läßt, dann gelingt es nicht selten, mit Sulfur D1000, einmalig 5 Kügelchen, eine schnelle und vollständige Heilung herbeizuführen. Wenn die D30 statt einer Besserung gerade eine leichte Verschlechterung der Beschwerden bewirkt, kann die D1000 zu einer massiven Verschlechterung führen.

Faustregeln für die Darreichungsform

Sofern der Tierarzt nichts anderes verordnet hat, gelten folgende Faustregeln für die Verabreichung homöopathischer Mittel:

Homöopathisches Einfachmittel: 1 Dosis = 5 Tropfen = 5 Kügelchen = 1 Tablette

Darreichungsform: In das saubere Maul, das heißt mindestens eine halbe Stunde vor oder nach dem Essen. Homöopathische Mittel werden größtenteils über die Mundschleimhaut aufgenommen; deshalb muß das Maul sauber sein.

Tropfen: Meist eine alkoholische Lösung (Dilutio). Die Tropfen verdünnt mit etwas Wasser mit einem Kaffeelöffel oder mit einer Einmalspritze in die Backentasche einbringen.

Kügelchen: Direkt in das Maul »werfen«.

Tabletten: Direkt in das Maul »werfen«. Tabletten können in ein wenig Wasser leicht aufgelöst und eventuell auf die Zunge gestrichen werden.

Häufigkeit der Gaben

Tiefe Potenzen: Ø, D1, D2, D3, D4, D6, 3–4 x täglich 1 Dosis. In sehr akuten Fällen muß möglicherweise zu Beginn 3 x 1 Dosis im Abstand von 15–30 Minuten oder 1–2 Stunden gegeben werden.

Mittlere Potenzen: D8, D10, D12, D30, 1–2 x täglich 1 Dosis.

Hochpotenzen: Potenzen über D30 (für die Selbstmedikation ungeeignet). Ausschließlich nach Maßgabe der Reaktion geben, das heißt 1 Dosis geben und die Wirkung abwarten, dann erst gegebenenfalls die nächste Dosis. Da dies eine ganz ungewöhnliche Form der Verabreichung von Arzneimitteln ist, werden hier nicht selten Fehler gemacht. Wenn auf dem Etikett von Ihrem

Tierarzt, das auf die Packung aufgeklebt ist, »1 x 5 Kügelchen« angegeben ist, dann bedeutet dies auch wirklich *ein einziges Mal* und nicht *1 x täglich!* Eine einzige Dosis einer Hochpotenz kann einen ganzen Monat wirksam bleiben; gelegentlich genügt sogar eine einzige Dosis, um eine völlige Heilung zu bewirken.

Das Mittel ist verabreicht. Und dann?

Daß es bei homöopathischen Mitteln immer etwas länger dauert, bis sich eine Wirkung zeigt, ist ein Irrtum. In akuten Fällen, aber auch bei chronischen Beschwerden, die noch nicht zu weit fortgeschritten sind, kann ein homöopathisches Mittel verblüffend schnell wirken. Wenn die Schäden größer sind, dauert die Heilung natürlich länger.

Wenn lokale Beschwerden sehr schnell verschwinden (zum Beispiel Juckreiz, der innerhalb einiger Tage abgeklungen ist) und diese Teil einer chronischen Erkrankung waren, ist dies häufig ein Zeichen, daß die Besserung nur vorübergehender Art ist.

In einigen Fällen findet man statt einer Verbesserung und einem Abklingen der Beschwerden eine andere, unspezifische Reaktion auf die Verabreichung eines homöopathischen Mittels. Hieraus ergeben sich Hinweise darauf, ob und welche Korrekturen an unserer Arzneimitteldiagnose und/oder Potenzwahl notwendig sind. Die Interpretation der Reaktion auf die Verabreichung eines homöopathischen Arzneimittels muß dem homöopathischen Tierarzt überlassen werden. Wenn ich trotzdem einiges zu den möglichen Reaktionen sage, dann deshalb, damit der Leser besser beobachten und dadurch den Tierarzt bis ins kleinste Detail informieren kann.

Man fährt fort mit der Medikation (bei Anwendung tiefer und mittelhoher Potenzen) bzw. wartet noch ab (bei Anwendung von Hochpotenzen):

1. Wenn keine Besserung oder Veränderung der Situation eintritt, aber die in diesem Buch oder die vom Tierarzt verordnete Behandlungsdauer noch nicht abgelaufen ist.
2. Wenn die Besserung noch weitergeht.

Man beendet die Medikation:

1. Wenn der Patient gesund ist. »Sicherheitshalber« weiterzumachen ist im Prinzip falsch. Das gilt beim Menschen wie beim

Tier. Bei einem Tier kann man freilich die subjektiven Symptome nicht feststellen. Wenn die objektiven Symptome verschwunden sind, ist es noch nicht gewiß, ob man den Patienten für gesund erklären kann. Deshalb verordnet man bei der homöopathischen Behandlung eines Tiers im allgemeinen etwas längere Einnahmezeiten, je nach Dauer der Krankheit und dem Heilungsfortschritt etwa 4–10 Tage. Bei Verhaltensabweichungen haben wir festgestellt, daß vielfach eine Behandlungsdauer von 6–8 Wochen erforderlich ist, auch wenn der Patient schon innerhalb von 3 Wochen beschwerdefrei ist.

2. Wenn es dem Patienten schnell, aber nur kurzzeitig besser geht. Dann wirkt das Mittel zu oberflächlich (ein tiefer wirkendes Mittel muß gesucht werden), und es sind Störfaktoren im Spiel, zum Beispiel in der Umgebung, im Futter, bestimmte Arzneien, angeborene Abweichungen. Wenn dies der Fall ist, immer zum Tierarzt gehen.
3. Wenn sich die Situation innerhalb der in diesem Buch oder vom Tierarzt vorgeschriebenen Behandlungsdauer nicht oder nur wenig bessert. In den meisten Fällen ist dann die Arzneimitteldiagnose falsch. Wenn immerhin eine Verbesserung von etwa 80 % besteht, kann man noch kurze Zeit mit der Medikation fortfahren (tiefe und mittelhohe Potenzen) bzw. abwarten (Hochpotenzen), um zu einer völligen Heilung zu gelangen. Wenn dann noch keine zügige Besserung eintritt, muß man den Rat des Tierarztes einholen. Ein ergänzendes Mittel oder eine höhere Potenz desselben Mittels kann die Heilung vielleicht doch noch vollenden. Es kann vorkommen, daß man sich mit einer teilweisen Genesung zufrieden geben muß oder daß eine Kombinationsbehandlung notwendig ist. Ein homöopathisches Mittel in Kombination mit einem regulären Mittel, mit einer Diät oder einem chirurgischen Eingriff kann die richtige Lösung sein. Eine Entscheidung hierüber kann natürlich nur in Absprache mit Ihrem Tierarzt fallen.

4. Wenn sich die Beschwerden verschlimmern. Gelegentlich handelt es sich dabei um eine echte homöopathische Anfangsverschlechterung: Das Mittel ist zwar richtig, nicht aber die Potenz (zu hoch oder zu tief). Bei einer echten homöopathischen Anfangsverschlechterung fühlt sich der Hund in der Regel besser (lebendiger, verspielter), während die körperlichen Beschwerden schlimmer werden. Wenn das Umgekehrte der Fall ist – die körperlichen Beschwerden bessern sich, doch wird der Hund träger –, dann ist dies keine homöopathische Anfangsverschlechterung. In diesem Fall ist höchstwahrscheinlich das Mittel nicht richtig, und in Absprache mit dem Tierarzt muß eine bessere Wahl getroffen werden.
   Bei einer echten homöopathischen Anfangsverschlechterung gilt als Grundsatz: Das Mittel absetzen und abwarten. Wenn es das richtige Mittel ist, tritt statt der Verschlechterung eine Heilung ein. Wenn der Hund nach der Verschlechterung wieder ebenso krank ist wie vor der homöopathischen Behandlung, dann lag keine homöopathische Anfangsverschlechterung vor. Das weitere Vorgehen mit dem Tierarzt besprechen. Wenn nach einer homöopathischen Anfangsverschlechterung die Heilung noch nicht zu 100 % eingetreten ist, kann ein ergänzendes Mittel oder eine höhere Potenz die Angelegenheit beschleunigen.
   Meist ist eine Verschlechterung keine echte homöopathische Anfangsverschlechterung, jedoch ist dies schwierig zu unterscheiden. Deshalb ist vermutlich der beste Rat, bei einer Verschlechterung immer den Tierarzt zu befragen. Andere Möglichkeiten einer Verschlechterung können sein: Die Krankheit verschlechtert sich spontan entweder dadurch, daß die (unterdrückenden) regulären Arzneimittel abgesetzt wurden, oder der Patient ist zu schwach.
5. Wenn neue Beschwerden hinzukommen. Wenn die aktuellen Beschwerden abklingen und dafür frühere Beschwerden wie-

der auftreten, nimmt die Heilung den richtigen Verlauf. Bei chronischen Erkrankungen findet man des öfteren, daß Symptome in der umgekehrten Reihenfolge ihres Auftretens wieder verschwinden. Als allgemeine Faustregel kann gelten, daß der Patient auf dem Weg der Besserung ist, wenn sich Beschwerden von innen nach außen (zum Beispiel das Verhalten wird besser, jedoch tritt ein leichtes Hautjucken auf) und von lebenswichtigen Organen zu weniger wichtigen Organen verlagern (zum Beispiel von den Atemwegen zur Haut).

Der Weg, auf dem die Heilung einer chronischen Erkrankung mehr oder weniger deutlich verläuft, ist durch folgende drei Gesetzmäßigkeiten (nach ihrem Begründer »Heringsche Gesetze« genannt) definiert:

1. Die Symptome verschwinden in der umgekehrten Reihenfolge ihres Auftretens.
2. Die Symptome gehen von innen nach außen.
3. Die Symptome gehen von lebenswichtigen zu weniger wichtigen Körperteilen.

Wenn die Symptomatik nicht nach dem »Heringschen Gesetz« verläuft, ist unverzüglich der Tierarzt aufzusuchen.

Bibliographie

(Benutzte und/oder empfohlene Literatur)

Alexander, F.: »Veterinary Pharmacology«, 2nd ed., E. & S. Livingstone Ltd., Edinburgh 1969.

Boericke, W.: »Homöopathische Mittel und ihre Wirkungen«, Verlag Grundlagen und Praxis, 3. Auflage, Leer 1988.

Braun, A.: »Methodik der Homöotherapie«, Johannes Sonntag Verlagsbuchhandlung, Regensburg 1975.

Hahnemann, S.: »Organon der Heilkunst«, Hippokrates Verlag, Nachdruck der von R. Haehl herausgegebenen 6. Auflage, Stuttgart 1982.

Huijsen, L. P.: »Der Homöopathie-Führer«, Droemer Knaur, München 1991.

Julian, O.: »Materia Medica der Nosoden«, Haug Verlag, 4. Auflage, Heidelberg 1980.

Kent, J. T.: »Kent's Repertorium« (3 Bände), Haug Verlag, 9. Auflage, Heidelberg 1986.

Kent, J. T.: »Kent's Arzneimittelbilder«, Haug Verlag, 5. Auflage, Heidelberg 1985.

Köhler, G.: »Lehrbuch der Homöopathie« (2 Bände), Hippokrates, Stuttgart 1986.

Mezger, J.: »Gesichtete homöopathische Arzneimittellehre« (2 Bände), Haug Verlag, 6. Auflage, Stuttgart 1986.

Rakow, B./Rakow, M.: »Bewährte Indikationen der Homöopathie in der Veterinärmedizin«, Johannes Sonntag Verlagsbuchhandlung, Regensburg 1988.

Roy, R.: »Selbstheilung durch Homöopathie«, Droemer Knaur Verlag, München 1988.

Vithoulkas, G.: »Die wissenschaftliche Homöopathie«, Burgdorf Verlag, Göttingen 1986.

Vithoulkas, G.: »Medizin der Zukunft«, Wenderoth Verlag, Kassel 1979.

Westerhuis, A. H.: »A study of veterinary homoeopathic treatment of some cases of active and passive psychogene incontinentia urinae in dogs«, International Journal for Veterinary Homoeopathy, 1 (1986), 1, 24–36.

Westerhuis, A. H.: »Bespreking van enkele homoeotherapeutische ervaringen in de kleine huisdieren praktijk«, S. S. C., 8 (1978), 4, 106–111.

Westerhuis, A. H. e. a.: »Compendium Veterinaire Homeopathie«, Groep Veterinaire Homeopathie KNMvD/VSM Geneesmiddelen bv, Alkmaar 1985–1989.

Westerhuis, A. H.: »Digestietractusstoornissen, gedragsproblemen en homeopathie«, Groep Veterinaire Homoeopathie KNMvD/VSM Geneesmiddelen bv, Alkmaar, Najaarstraining, 1986.

Westerhuis, A. H.: »Inleiding in de veterinaire homoeotherapie«, VSM Geneesmiddelen bv, Alkmaar 1981.

Westerhuis, A. H.: »Klinische lessen veterinaire homoeopathie«, Groep Veterinaire Homeopathie KNMvD/VSM Geneesmiddelen bv, Alkmaar 1979–1984.

Westerhuis, A. H.: »Praxisstudie über die homöopathische Behandlung von einigen Verhaltensstörungen beim Hund«, Tierärztliche Umschau, 41 (1986), 6, 408–417.

Westerhuis, A. H.: »Toepassing van de homeotherapie in de diergeneeskunde«, Groep Veterinaire Homoeopathie KNMvD/VSM Geneesmiddelen bv, Alkmaar, 1977–1986.

Westerhuis, A. H.: »Zo baas, zo hond«, S.S.C., 13 (1983), 2., 51–57

Wolff, H. G.: »Unsere Hunde gesund durch Homöopathie«, Johannes Sonntag Verlagsbuchhandlung, Regensburg 1977.

Stichwortverzeichnis

Ein herzliches Dankeschön ...!

Margareth, meiner Frau, für die vielen Stunden am Textverarbeitungssystem und die zahlreichen Tips für die Lesbarkeit des Textes.

Arie Vrijlandt, homöopathischer Arzt, für die Ergänzungen und kritischen Anmerkungen, und vor allem für die vielen Unterrichtsstunden. Sie sind die Basis meiner Liebe zum Fach und dem Inhalt von diesem Buch.

Frans de Wit, Tierarzt, für die Ratschläge als kenntnisreicher und erfahrener schulmedizinischer und homöopathisch arbeitender Tierarzt.